«Para María, Reina de reyes:
me rescataste con todo tu amor,
aun sabiendo que también le crucifiqué»

«A quien quiere Dios hacer muy santo, lo hace muy devoto de la Virgen María».

(San Luis Mª Grignion de Montfort)

Madre María, Madre de misericordia: rocía con tu misericordia colmada de ternura cada una de estas páginas. Que lleguen al corazón de cada lector. Te ruego que empapes de amor los ojos, los oídos y las almas de cada uno de los lectores de este escrito. Pide al Espíritu Santo que derrame todo su poder sobre cada uno de ellos, para que tras la lectura puedan ser luz entre las tinieblas de este mundo.

Amén.

* * *

Señor Jesús: que ni la muerte, ni la vida, ni un ángel, ni un príncipe, nada de lo que exista, nada de lo que tenga que venir, ningún poder en las alturas o en las profundidades, ningún ser o cosa creada, que nada, absolutamente nada, me aparte jamás de Ti. Te hago ahora este voto de fidelidad; es mi voto solemne con el que te muestro que deseo permanecer siempre en Ti. Ayúdame, Jesús, a guardar por siempre este voto de amor hacia Ti.

Amén.

María Vallejo-Nágera

Madrid, 12 de septiembre de 2014

(Día de la celebración del Dulce Nombre de María)

Prólogo
Un auténtico disparate

«Ten siempre el corazón en el cielo y los ojos en el suelo».
(Beato Fray Leopoldo de Alpandeire, Granada 1936)

La Virgen María fue durante muchos años una gran desconocida para mí, querido lector. Me importaba muy poco –quizá nada– quién era o de dónde venía. Creo que incluso me llegué a plantear si había existido alguna vez o si, por el contrario, pertenecía a la invención de un presbítero loco de los primeros siglos. Era –aún soy– una mujer ignorante; exudo lagunas escatológicas por cada poro de la piel y mi aprendizaje, aunque impulsado por una indiscutible e incesante curiosidad espiritual, es lento y laborioso. No soy teóloga ni erudita, pero tengo claro que la existencia de María, Madre de Dios y Madre nuestra, no es una memez provocada por una disparatada quimera religiosa. Hoy sé que Ella se manifiesta de forma real y que actúa eficiente y directamente sobre nuestras vidas. Su papel, situado en una balanza perfecta, se basa en una maternidad extraordinariamente protectora que supera toda expectativa, comprensión y raciocinio humano. Y sostengo algo más inaudito aún: su presencia hoy entre nosotros es tan real como lo fue hace 2.000 años, cuando recorría tierras galileas y alimentaba, educaba y finalmente enterraba a su Hijo Jesús. No siempre he pensado así, querido lector: mi camino hacia la Virgen María comenzó de una manera extraña y desconcertante, siendo ya una madre con tres hijos, y habiendo cumplido los 35 años.

Puedo asegurarle que antes de ese *encuentro* simplemente me importaba un rábano.

* * *

La llegada de la Madre de Dios a mi alma aconteció en el año 1999 durante un almuerzo en un restaurante de moda de Londres, ciudad en la que llevaba residiendo pocos años por motivos laborales. Por aquel entonces mis hijos eran aún muy pequeños y mi vida giraba, de forma serena y feliz, en torno a la familia que había creado con mucho amor, dedicación y sacrificios. Las grandes y pequeñas cruces que a todos acompañan –no han faltado en mi vida enfermedades muy serias y fallecimientos de seres queridos– intentaba sobrellevarlas con la mayor templanza posible. Hoy sé que todo lo iba superando al observar con gozo cómo mis hijos crecían sanos y vigorosos; solo eso me bastaba para ser feliz y tirar para adelante.

Tener que vivir obligadamente en la preciosa ciudad de Londres facilitaba las cosas. Magnánima en riqueza artística y cultural, Londres me ofrecía aspectos muy enriquecedores a nivel formativo, y, habiendo sido siempre amante del Arte y la Historia, decidí no perder la oportunidad y aprovecharme eficazmente de ello. Llegué incluso a estudiar un curso de Egiptología en el que logré aprender a descifrar la escritura jeroglífica de las piezas de arte del Antiguo Egipto... Pero eso forma parte de otra historia que le contaré otro día, querido lector.

Sin embargo, a pesar de la luz cultural que emanaba de tan espectacular cuidad, había algo de ella que no dejaba de sorprenderme negativamente: la frialdad del anglosajón y el horrendo clima. El inglés de pura cepa puede llegar a ser muy frío si se le compara con el extrovertido, impetuoso y pasional carácter de mi tierra... Me entristecí al descubrir el poco sentido del humor anglosajón, lo que me hacía mirar con ojos asombrados a mis nuevas amistades, sin entender su incapacidad para captar ciertos aspectos de diferentes culturas. Siempre flemáticas y reservadas, las mujeres que Inglaterra me presentaba pronto me hicieron comprender que Londres y sus habitantes no se acoplarían jamás a mí ni a mi carácter típicamente español. Así que tomé una decisión sabia que me solucionaría muchos problemas prácticos en el futuro: sería yo quien haría un esfuerzo grande por conocer y adaptarme al carácter inglés, por muy diferente que en un principio pareciera ser con respecto a mi forma de pensar, a mi cultura e incluso al tibio concepto que tenía sobre la religión católica que supuestamente debía profesar. Y así, poco a poco y a pesar de las dificultades iniciales, intimé antes de lo esperado con algunas mujeres inglesas entre las que rápidamente destacaron dos hermanas anglicanas llamadas Angie y Kristina*.

Angie era pelirroja, alegre y tímida. De tez muy blanca y rostro salpicado de pecas, era físicamente opuesta a su hermana Kristina, de cabello oscuro y ojos negros. Durante mis primeros años como emigrante me ayudaron en un sinnúmero de tropiezos en mi camino de adaptación, siendo fundamental su apoyo para lograr alcanzar metas complicadas. Quizá por ello les tomé un enorme cariño que el paso del tiempo se encargó de enriquecer hacia lo que hoy es una amistad profunda y verdadera. Eran muchas las características de sus personalidades las que me atraían. La alegría, la sensatez, la fuerza interior y serenidad con las que afrontaban los problemas en sus vidas –algunos de gravedad– me conmovían y asombraban. Asimismo compartíamos gustos y afinidades, como un gran aprecio y una atracción por el mundo del arte, de la pintura, la escultura y el teatro. Kristina era una verdadera experta en ballet clásico y aprendí a su lado los misterios del preciosísimo arte de la danza.

Ahora sonrío al caer en la cuenta de que jamás se me pasó por la cabeza entonces que esas dos nuevas amistades, tan típicamente anglosajonas, me arrastrarían de la forma más extraña y misteriosa a enamorarme perdidamente de todo un Dios.

* * *

Un día en que llovía ferozmente recibí una llamada de Kristina que me asombró.

—Deja todo lo que estés haciendo y baja a almorzar al *Launceston* –dijo–. Estoy con Angie y hemos decidido comunicarte algo.

---

* Esta religión, profundamente arraigada en Inglaterra hasta el día de hoy, nace de la ruptura del rey Enrique VIII con el Papa Clemente VII en el siglo XVI. De ella se ramifican varias religiones protestantes, como Luteranismo, Presbiterianismo, etc. No profesan devoción a la Virgen María ni creen en la verdadera presencia de Cristo en la Eucaristía (N. de la A.).

Un hilo de misterio colgaba de la voz de mi amiga. *Launceston Place Restaurant** es un restaurante céntrico del barrio de Kensington. Pequeño, delicado y con clientes que provienen del mundo del cine, del teatro y de la música, lo frecuentábamos al estar situado muy cerca de nuestras viviendas. En alguna ocasión en su inmaculadamente decorado interior nos tropezamos con personajes tan conocidos del mundo del Rock como Mick Jagger –líder de los *Rolling Stones*–, y hasta con algún miembro de la realeza, como la princesa Diana o la princesa Margarita, hoy tristemente fallecidas y quienes fueron nuera y hermana, respectivamente, de la Reina Isabel de Inglaterra.

—¡Pero si diluvia! –respondí.

—No seas vaga; es importante –aquel comentario despertó mi atención.

—¿Qué mosca te ha picado? ¿A qué tanta urgencia?

—Baja y no refunfuñes –insistió.

—Estoy en pantuflas –Kristina suspiró hastiada desde el otro lado de la línea telefónica.

—Vamos a ver cómo te lo explico... Digamos que se trata de algo importante... Yo diría que de naturaleza *sobrenatural*... Sé que suena extraño pero creemos que ha llegado el momento de compartir contigo la información que traemos desde Bosnia. Es un hecho fascinante que atañe al mundo católico... Realmente conmueve y sorprende a toda persona, independientemente de la religión que profese. Y tú eres católica, ¿no?

Guardé silencio. ¿Qué misterio era aquel? ¿Y a qué venía de pronto esa mención sobre mi religión cuando poco me importaba la misma?

* * *

Efectivamente yo era católica. Como tantos españoles nacidos en la década de los 60 en una España muy diferente a la actual, había sido bautizada a los pocos días de nacer. Ocho años más tarde hice la Primera Comunión dentro del seno de una familia

---

* Launceston Place, London W85RL (N. de la A.).

católica no profundamente practicante. Por dar un ejemplo diré que mi padre no acudió a la celebración de mi Primera Comunión porque tuvo un partido deportivo que le interesó más. Tristemente así fue...*

En mi hogar se hablaba poco de Dios, aunque, cuando se hacía, era con delicadeza. Por ello me enseñaron a cuidarme mucho de atacar o ser grosera con alguien a causa de sus creencias religiosas, cualesquiera que fuesen. «*La espiritualidad de cada ser humano es una riqueza individual que todo prójimo debe respetar; nunca olvides que se trata de algo sagrado*», me repitió muchas veces mi padre. Sin embargo dentro de nuestro entorno privado nuestra fe solo se basaba en acudir los domingos a misa en familia, sin importar demasiado si llegábamos tarde o temprano... Ni siquiera nos enseñaron a rezar el rosario, dado que se consideraba una práctica pasada de moda y tal vez ajena a la nueva generación que despuntaba en los años 70 en una España marcada por una rebeldía contra lo establecido y en constante evolución y cambio. Por ello no puedo afirmar que me enterara de lo que supuso hacer mi Primera Comunión más allá de la fiesta infantil que organizó mi madre tras la ceremonia, y a la que acudieron las amigas del colegio. Recuerdo que lo pasé muy bien, tuve muchos regalos bonitos y me forré a tarta y pasteles... Claramente no entendí el significado que supone poder comulgar, y no sentí nada de la tremenda responsabilidad espiritual que conlleva recibir el Cuerpo y la Sangre de Cristo encarnado en un pequeño trozo de pan consagrado. Ni siquiera comprendí lo que era consagrar.

Realmente todo aquello me sonaba a chino.

* * *

Pasaron los años. La escasa formación religiosa recibida en mi hogar y en el colegio y la ignorancia y el desinterés creciente sobre mi fe en la adolescencia habían encaminado mi espiritualidad ju-

* Muchos años después, aquejado de una grave enfermedad, sintiendo cercana la muerte, tuvo una conversión muy profunda y me pidió de corazón perdón por ello (N. de la A.).

venil hacia un respeto insulso hacia todo lo que hacía referencia al cristianismo. Llegué a plantearme incluso la necesidad de visitar o acudir a una iglesia más allá de la celebración de una boda, un bautizo o un funeral. Los domingos acompañaba perezosamente a mi madre a misa con la esperanza de que aquel aburrimiento finalizara pronto. No prestaba atención a las lecturas ni a la homilía, y los sacerdotes comenzaron a parecerme gentes extrañas y complejas. Suponía para mí un absoluto misterio y un gran disparate que hombres jóvenes, con estudios y un futuro prometedor, decidieran abandonar todo –incluso novias y la posibilidad de ser padres– para hablar a los demás de Dios. Mi raciocinio me gritaba que aquello les empujaría irremediablemente hacia una espantosa soledad que, con toda probabilidad, haría desembocar sus vidas en una vejez amargada y muy poco envidiable. Todo aquello me escandalizaba... Solía distraerme perdida en ese tipo de elucubraciones especialmente durante las homilías en las que el clérigo se dirigía a los fieles de forma teórica o demasiado racional, pero como no deseaba ofender o disgustar a mi madre nunca protestaba al respecto. Mi madre era una mujer de carácter fuerte y se ofuscaba por cualquier nimiedad, y esa era una época en la que los jóvenes no chistaban a los padres. La sociedad te imponía el hermoso criterio de intentar agradarles siempre, y en familias cuyos padres eran creyentes se iba a misa porque *«era lo que se debía hacer y punto»*. Así era. Así vivía yo.

A los pocos años me enamoré y me casé... ¡Por la iglesia! Y ahí acabó mi interés por los misterios de la religión, por los curas y las monjas. Tanto la Virgen María como su hijo Jesús se convirtieron en figuras borrosas y enigmáticas en mi alma y en mi mente, posándose tímidamente sobre los nimios límites de mi racionalidad. Se podría decir que solo me importaba aquello que pudiera ser demostrable en un laboratorio, y la religión pasó a formar parte de aquellos temas *innombrables* que a nadie gusta sacar en las reuniones sociales. Sin embargo, misteriosamente, en el fondo de mi corazón aún me cuestionaba quién era Dios, por qué sentían esa necesidad de reverenciar a su Madre los fieles católicos y cuáles fueron las motivaciones sobrenaturales para que, dos mil años después de su paso físico por la tierra, aún se hablara de ellos en todos los rincones del mundo y hasta se fraguasen guerras en su nombre o a causa de sus añejas palabras.

* * *

«¿Qué habrá querido decir con *hay algo importante de naturaleza sobrenatural que deseamos compartir contigo?*», me pregunté... Mis amigas anglicanas conocían mi tedio y poco interés con respecto a una religión que en teoría debía profesar desde mi bautismo. Fue precisamente por ello por lo que me sorprendió sobremanera que Kristina mencionara aquella mañana de lluvia mi catolicismo.

Miré por la ventana y observé disgustada cómo un viento furioso agitaba las ramas del gran árbol que rozaba los cristales de mi piso londinense. «No me apetece salir de casa...», musité tras colgar. Pero el átomo de curiosidad que había sembrado en mi corazón se comenzaba a agitar; así que me puse el abrigo, me calcé las botas de agua y agarrando mi paraguas a regañadientes salí de casa.

«A ver hacia dónde me lleva todo esto...», meditaba cabizbaja calle abajo en dirección al restaurante. «Veremos si realmente vale la pena esta historia; por ahora apesta a mojigatería barata».

* * *

Kristina y Angie solían reír mucho en mi compañía. Decían que disfrutaban vivamente de mi fuerte y extrovertido carácter español dado que en su cultura anglosajona no está bien visto soltar las cosas de forma tan coloquial. El temperamento de la mujer inglesa es generalmente privado y le supone un martirio abrir su corazón de forma inmediata –la espontaneidad no forma parte de su educación cultural–. Pero yo, contrariamente a lo que estaban acostumbradas, decía lo primero que se me venía a la cabeza y mi extraño sentido del humor les fascinaba y hasta les escandalizaba. Por ello cuando llegué al restaurante me sorprendió ser recibida con gestos serios.

—¿Qué pasa? –dije en cuanto me senté–. Por vuestra culpa traigo el abrigo empapado... ¿A quién se le ocurre obligarme a salir de casa con este temporal? ¡Ah, no me acostumbraré nunca a este clima horrorosamente inglés!

La respuesta de Kristina me dejó absolutamente perpleja:

—No podíamos esperar más: acabamos de regresar de un viaje por los montes de Bosnia y debes escuchar lo que hemos descubierto. Es misterioso... –les clavé una mirada escrutadora: la guerra en los Balcanes acababa de finalizar oficialmente y sabía que la situación era aún peligrosa e incierta.

—¿Te das cuenta de lo mal que suena eso? –contesté–. ¡Habéis perdido la cabeza!

Kristina continuó:

—Hemos ido para ayudar a los damnificados tras lo sucedido y a rezar... No es peligroso, pues la situación está controlada con la intervención de los Cascos Azules y...

—¡¡Qué barbaridad!! –interrumpí. No me entraba en el entendimiento que hubieran cometido tal imprudencia. Eran madres jóvenes, con maridos e hijos a quienes debían cuidar, y su gesto sonaba absolutamente egoísta y peligroso. Tenían grandes responsabilidades hacia ellos y no se les había ocurrido otra cosa que marcharse y enredar en esas zonas de guerra como el que pasea por un parque. A mis ojos aquello no era sino un disparate, una falta de criterio y de madurez; una somera imprudencia que podría haberles costado la vida o arrimarlas a un precipicio de nefastas consecuencias.

Kristina meneó la cabeza de un lado a otro con gesto preocupado:

—Sabíamos que no entenderías...

—¿Y qué esperabais? ¡Es una locura! –comencé a comer mi pasta con el estómago hecho un nudo.

Kristina se encogió de hombros:

—Hemos pensado mucho en ti en este viaje... Estuvimos en un pueblo entre montañas al que no han logrado bombardearlo. Se llama Medjugorje y está situado a pocos kilómetros de Móstar... Allí entablamos relación con unos franciscanos; son curas católicos de los tuyos. Desde nuestro encuentro pensamos que deberías acompañarnos en nuestro próximo viaje.

Aquel comentario puso fin a mi paciencia. Solté los cubiertos sobre el plato y les clavé una mirada interrogante.

* * *

El almuerzo continuó como un tenso hilo de intercambios de ideas contradictorias. Les preguntaba una y otra vez qué se les había perdido en un lugar tan revuelto y agitado, desde donde llegaban noticias terribles sobre la recientemente finalizada guerra; una contienda que había dejado tras sí un reguero de 100.000 víctimas mortales y de 1.800.000 desplazados. La población había perdido a sus hijos, sus casas, sus enseres y ganancias. El país había quedado desolado, en ruinas... Miles de jóvenes y niños habían desaparecido y se sospechaba que estaban siendo utilizados en mafias clandestinas de prostitución y violencia. El caos reinante era total y el hambre azotaba a los civiles cuyas casas habían sido pulverizadas por las bombas. Móstar, una ciudad pequeña de belleza medieval extraordinariamente única, había sido arrasada por los serbios... ¡Y mis amigas me informaban sobre sus andanzas religiosas enredando en un pueblo cercano! Cierto era que esa terrible guerra de los Balcanes había finalizado en teoría gracias a la inevitable intervención de militares de naciones externas que, horrorizados, habían enviado con urgencia a los Cascos Azules al lugar de los hechos*. Pero la situación era aún un polvorín cargado de tensión internacional, de deseos de venganza y de odios étnico-religiosos. Los corresponsales de guerra informaban sobre la peligrosidad de las zonas montañosas, cuyas lomas y cumbres habían sido sembradas de minas antipersonas como si de champiñones se tratara. En definitiva, aquello era un conflicto privado que había arrastrado su propia tensión interna hacia el exterior, forzando a otros países –entre los que se encontraba España– a enviar soldados en una misión de paz muy compleja. Solo así se había logrado dar carpetazo a un genocidio que se llevó por delante miles de víctimas y que en cierto momento se sospechó que no tendría fin.

Las causas de esa terrible guerra eran variadas. Sin saber cómo ni por qué, tras la muerte del general Tito –magno representante

* Entre los que estaba nuestro ejército español, cuya ayuda había sido muy efectiva a todos los niveles (N. de la A.).

del comunismo más acervado de la antigua Yugoslavia–, el país había explotado de forma misteriosa y radical en un conflicto de odio entre dos bandos en los que reinaba un nacionalismo enfermizo y exacerbado. En pocos días todos deseaban dominar al hermano y ambos bandos exigían que reinara una única religión. El problema residía en un entramado de tensiones apoyadas sobre una grave crisis económica, política y religiosa*. La atmósfera de irritación que aún se respiraba era inmensa: el destrozo humano, el reguero de víctimas y las heridas abiertas en cada alma durante esa espantosa calamidad bélica ya no se podrían olvidar jamás. ¡Y en semejante ambiente bélico se habían inmiscuido mis dos amigas! ¡Y para mi total asombro pretendían repetir el viaje y que las acompañara! Las miré desconcertada.

—Estáis locas –dije regresando a mi pasta con el ceño fruncido–. Y por vuestra imprudencia podríais haber perdido la vida. No habéis pensado en vuestros hijos... Me escandalizáis.

Angie y Kristina guardaron silencio unos segundos. Después fue Kristina quien tomó de nuevo la palabra.

—Vamos a regresar y esta vez vas a venir con nosotras. Disfrutarás más de lo que puedas imaginar y entenderás muchas cosas nuevas.

¡Me entró la risa floja, querido lector!

—Ni hablar.

Kristina puso los ojos en blanco:

—Vamos... Eres católica.

—Vaya estupidez. ¿Qué tiene eso que ver? –mi enfado crecía por momentos...

—¿Tienes acaso miedo? –preguntó Angie.

—¡Pues claro que lo tengo!

—No temas: ya te he dicho que la situación está controlada. No te pasará nada.

—¿Y cómo lo sabes? –no daba crédito a lo que estaba sucediendo...

—Porque vamos a llevarte a un sitio en donde, según los testi-

* En el mismo territorio se profesaban a la vez las religiones católica, ortodoxa y musulmana (N. de la A.).

monios, seis muchachos ven a la Virgen, a la Madre de Dios, tal y como los niños de Fátima aseguraron que la vieron. Vas a venir porque esa Virgen vuestra, la de los católicos, María Madre de Dios, te está esperando ahí...

Ni contesté. Simplemente pensé que mis amigas anglicanas se habían vuelto totalmente locas.

PRIMERA PARTE

LA LLAMADA DE UNA MADRE

Capítulo 1

¿Qué hago aquí?

«Lo único importante en la vida es vivir en gracia de Dios».
(Beato Fray Leopoldo de Alpandeire)

Dubrovknic, 5 de mayo de 2000

Aterricé en Croacia con el corazón agitado y de muy mal humor, sin comprender aún cómo me había dejado embaucar en semejante disparate. El almuerzo en Launceston Place había sido el disparadero que daría comienzo a una aventura extraña en mi vida... Tanto que, aún a día de hoy, me sigo cuestionando cómo pudo haber sucedido aquello que irremediablemente me arrastró hacia una Bosnia devastada. Los tanques a lo largo del camino, el polvo y las carreteras dañadas por las bombas recibidas en los últimos años, hacían que todo a mi alrededor oliera a tensión militar y a conflicto resuelto a medias. «¿Qué hago metida en este lío siendo madre de tres niños pequeños?», me repetía. «¡Te sacaremos el billete antes de que te arrepientas!», habían afirmado mis amigas. Aun sabiendo que no estaríamos solas –nuestro grupo se compondría finalmente de veinte peregrinos a los que se unió una gran amiga española–, no pude evitar que me invadiera una malsana inquietud. Me sentía incómoda: la situación de paz se sostenía sobre una fina tela de araña, tensada en sus extremos por soldados de naciones externas, lo que hacía que atravesar los montes de Bosnia, Croacia y Herzegovina fuera extraordinariamente delicado. Los cascos azules no deseaban marcharse de una tierra en la que las hostilidades entre razas y religiones habían abocado a sus habitantes a convivir de mala gana durante siglos sobre un mismo suelo, y los reporteros de guerra aseguraban que no lo podrían hacer sin que estallaran conflictos bélicos y odios raciales hasta que pasaran años. «Estoy en territorio protegido gracias a una eficiente misión de paz internacional», me repetía varias veces al día con la intención de tranquilizarme. «Si no hubiese ido ese día al restaurante, hoy estaría en Londres llevando a los niños al colegio». Aún retumbaban en mi memoria las palabras de mis amigas en ese elegante restaurante: «no puedes perderte esta oportunidad; los seis videntes insisten en que la Virgen se les aparece desde que eran muy jóvenes; en Medjugorje hay una espiritualidad candente; el amor de Dios se palpa en la atmósfera... Y, mira por dónde, resulta que tú eres católica...».

* * *

Launceston Place Restaurant, Londres 8 de noviembre de 1999

Aquel día, aburridas por la retahíla de mis razonamientos, mis amigas optaron al fin por guardar silencio y escuchar mi reprimenda. «¿Y si se da el caso de que esos muchachos son embusteros o farsantes? Tal vez todo forme parte de una gran mentira, de un plan arbitrado por los franciscanos que les acompañan, quizá para desarrollar la zona o sacar de la pobreza a su iglesia... ¡Sois muy inocentes! Es bien sabido que la Iglesia católica ha cometido barbaridades de este tipo a lo largo de los siglos; no es la primera vez que escucho que se enriquecen con mentiras...».

Y entonces, cuando ya parecía que no cesarían mis protestas, el cielo, en su más sublime poder sobrenatural, intervino... Lo hizo de forma atropellada, inesperada, no deseada... Fue el atrevimiento de un huésped misterioso y ajeno a mi persona el que decidió de un instante a otro colarse en mi alma, formando desde entonces parte de mi vida como una esencia o perfume inseparable a mi piel. Lo que hizo en mí y lo que sucedió no pertenece a la coherencia humana, sino a un mundo sobrenatural al que nada ni nadie nos ha acostumbrado. Por ello, aún hoy después de 15 años, sigo buscando las palabras adecuadas para describir lo que aconteció, sin conseguir atinar en el sentido de las mismas. Quizá no existe lenguaje humano capaz de hacerlo.

Lo único que puedo asegurar es que ese día descubrí algo que por entonces ni me había planteado: Dios irrumpe en un alma ciega, torpe e ignorante cuando uno menos lo espera. Y, una vez que lo hace, el alma corre el riesgo de reventar de amor.

* * *

Miré a mi alrededor... De pronto me sentí avergonzada a causa del tono de mi voz. «¿Y si los clientes del restaurante hubieran oído mis amonestaciones?», me dije. Caí en la cuenta de que no debía sentirme incomodada por el mero hecho de que mis amigas desearan vivir una aventura; no debía ser juez de sus actos o decisiones. No obstante, no deseaba ocultar mi opinión, tan contraria a sus expectativas. Comprobé aliviada que los comensales no parecían haberse percatado de nuestra conversación. Devolví la mirada hacia el plato y fue entonces cuando percibí cómo una sensación misteriosamente ajena a mi voluntad comenzaba a agitarme el corazón. ¿Qué era aquello y de dónde provenía? Lo desconocido brotaba desde mi interior arropado con un entendimiento extraño y claro a la vez... Se trataba de algo parecido a *un movimiento de amor*, que en forma de ondas concéntricas comenzaba a expandirse hacia mi cerebro, buscando refugio en la inteligencia, en la razón y en las emociones. Desprendía un halo en forma de ternura infinita cuyas ondas crecientes de amor aumentaban mi extrañeza y confusión... Entonces, de un segundo a otro, percibí que *algo* o *alguien* ajeno a mi persona contactaba fructíferamente con lo más profundo de mi alma. De forma tierna y clara dijo:

«Hija mía, ¿por qué me temes? Ven: te espero aquí».

Me quedé de una pieza. La voz era de mujer.

* * *

Todo en mí quedó unos instantes impregnado de un amor tan hiperbólico que hasta el último poro de mi piel quedó cargado de su esencia. Pero entonces, también de forma incontrolada, mi cerebro y todos los entendimientos de la razón comenzaron a trabajar a velocidad de vértigo, recorriendo cada sílaba pronunciada, cada sentido y sonido percibido. «¡Dios mío!», susurré mientras un escalofrío me recorría la espalda. «¡Me están envenenando!». Solté los cubiertos con brusquedad sobre el plato y observé la comida que había probado. ¡Pasta con setas! Eso resolvía el dilema... Mi intelecto se zambulló en un mar de respuestas: «no soy yo quien ha recibido un mensaje sin lógica, sino el producto de un sutil veneno de hongos; el vino es fuerte; no he desayunado suficiente y tengo el estómago vacío...». Sin embargo, algo me revelaba que no se trataba de eso; se podría decir que capté con absoluta claridad que ese *algo o alguien*, irremediablemente intrínseco y a la vez extrínseco a mi persona, me acababa de hablar al corazón.

La magnitud del mensaje no podía medirse en palabras, solo en afecto y ternura.

Me agité intranquila sobre la silla y me volví hacia el resto de los clientes del restaurante. Todo a mi alrededor transcurría dentro de los parámetros de la más absoluta normalidad. Me preguntaba si aquel mensaje vendría acaso de la boca de algún cliente del restaurante, o si un camarero atrevido se había dirigido hacia mí es esos extraños términos... Sin duda debía tratarse de un comentario soltado al aire desde una de las mesas colindantes que, enredado entre las ondas provocadas por las risas, el tintineo de las copas o el bullir de las charlas, había ido a chocar de bruces contra mi oído. Las dudas volaban como balas atravesándome la razón: quizá aquel señor con pajarita o aquella señora elegante del rincón eran quienes se comunicaban conmigo... Pero sus respectivas actitudes traicionaban tal conclusión. Simplemente charlaban, comían y socializaban entre ellos sin fijarse siquiera en mi presencia. Entonces, ¿acaso algo extraordinario y misterioso acababa de sucederme? La respuesta fue afirmativa. Supe sin duda alguna que algo poderoso, extraordinariamente inusual y misterioso, acababa de dominar mi alma; algo que tardaría meses en descifrar.

Lo que no imaginé, ni por asomo, fue que aquello cambiaría mi vida para siempre.

* * *

No conocía yo a Dios entonces... Hoy sé que, cuando Él irrumpe en una vida, puede hacerlo jugando suavemente con los hilos de su inconmensurable sobrenaturalidad. Esto puede provocar que la inteligencia, asustada, se zambulla de forma vertiginosa en un caudal de silencios con los que tapar o acallar un posible disparate. La formación académica recibida durante toda una vida no sirve para resolver el dilema; ni siquiera para proporcionar un atisbo de luz. Intenta echar mano de la lógica más pura sin conseguir llevar conclusiones a buen puerto. Ya nos lo advirtió Jesús*: solo a los niños –esencia de la más pura inocencia– pertenece entender y aceptar las cosas de Dios con absoluta naturalidad. El adulto discierne, razona y casi de inmediato concluye que ha perdido la cordura. Es entonces cuando con vergüenza oculta el regalo recibido bajo mil candados racionales. Yo fui algo más original: opté por pensar que mi almuerzo contenía tóxicos que me estaban dañando el entendimiento.

Removí los pocos restos de comida con el tenedor y guardé silencio... Kristina me miró llena de sorpresa:

—¿Qué te pasa? ¿Por qué juegas con la comida?

Tragué saliva antes de contestar:

—Pues... No sé por qué te digo esto, pero me voy a Bosnia con vosotras. Sacadme el billete.

Cómo iba a explicarle que el rastro de ternura que habían dejado unas palabras inciertas en mi alma acababa de abrir una puerta hacia una sobrenaturalidad en la que yo jamás deseé inmiscuirme.

* * *

Croacia, Bosnia y Herzegovina, 5 de mayo de 2000

El autocar avanzaba torpemente por carreteruchas de montaña entre tierras desoladas. Nos cruzábamos frecuentemente con coches de la policía militar que nos instaban a tener en orden

* «En verdad os digo que, si no os hacéis y volvéis como niños, no entraréis en el reino de los cielos» (*Mt* 18, 3) (N. de la A.).

nuestros visados y pasaportes, dado que tendríamos que atravesar hasta tres controles fronterizos para llegar a Medjugorje. Una vez en las fronteras nos desesperamos al ver que abrían nuestro equipaje y hurgaban en nuestras pertenencias. Eran tiempos difíciles, tensos... Los ojos de los militares de los diferentes bandos reflejaban desconfianza y tedio. Me tranquilizaba ver cascos azules aquí y allá, entorpeciendo nuestro camino en grandes camiones militares desde donde nada parecía inquietarles. Los españoles sonreían y saludaban agitando la mano.

—¿Vais a Medjugorje? –preguntó uno de ellos cuando paramos junto a un semáforo.

—Sí –contestó nuestro guía.

—¡Qué bien! Los cascos azules españoles estamos emplazados ahí.

Me llevé una gran alegría al escucharle pronunciar aquellas palabras*.

* * *

Medjugorje me pareció un pueblo feo y despeluchado. Conforme pasaban las horas, mi corazón se encogía y mi enfado regresó con virulencia. No comprendía lo que me había sucedido en aquel restaurante ni por qué me había dejado llevar por un extraño fenómeno interior que no lograba descifrar. Sin embargo cada vez que reñía a mis amigas regresaba, como un dardo candente de amor, el recuerdo de aquellas misteriosas palabras. No había tenido el valor de compartirlas con nadie, asustada ante la posibilidad de que hubieran formado parte de aquel supuesto envenenamiento o de que me pudieran tomar por chalada.

La pensión en la que nos alojamos –los dueños eran gentes muy humildes de la aldea– era muy básica. La familia tenía un pequeño corral con gallinas situado a los pies de mi ventana, en donde manduqueaba un gallo pomposo y estirado que no dejó

* Más tarde, con el paso de los días y ya inmersa en la atmósfera de Medjugorje, pude descubrir que esto era cierto y pude compartir con ellos muchas de las anécdotas que habían vivido durante la guerra. ¡Eran tan jóvenes y valientes! Desde entonces he de decir que admiro mucho a los soldados que luchan por todo el mundo en misión de paz. Que Dios les bendiga y proteja siempre (N. de la A.).

de cantar durante tres noches seguidas. (Cuando algún biólogo o veterinario le diga que un gallo solo canta al alba, llámele embustero). La tercera noche tuve que hacer un gran esfuerzo para no tirarle un zapato a la cresta desde mi ventana. La cuarta no hizo ruido alguno e inocentemente pensé que estaría cansado de tanto dar la lata, pero cuál fue mi sorpresa al descubrir que al día siguiente alguien había escrito en nuestro menú: «*Hoy gallo con ajo*». Comprendí que a partir de esa noche dormiríamos todos mucho mejor...

Siempre de malas pulgas y, demostrando descaradamente mi descontento, intenté acoplarme al plan del peregrino. Nuestro día comenzaban muy temprano y tras un frugal desayuno nos dirigíamos a la iglesia del pueblo, en donde se celebraban misas sin descanso a causa del inmenso número de peregrinos provenientes de todas partes del mundo. No sentía deseo alguno de acudir a misa e intentaba escabullirme zanganeando más de la cuenta por la mañana. Pero mi truco no tardó en ser descubierto por el sacerdote irlandés que nos acompañaba –hombre de edad avanzada y de corazón noble–, quien me suplicó que no me separara del grupo. «Solo por usted haré un esfuerzo, padre O'Malley», dije torciendo el hocico. Me dibujó una cruz sobre la frente a modo de respuesta y se alejó. Percibí que el padre O'Malley era un hombre especial. Siempre alegre a pesar de las incomodidades, procuraba atender a los peregrinos con enorme respeto y cariño. Le sorprendió que yo no mostrara signos de quererme confesar a pesar de ser de las pocas viajeras que profesaban la religión católica en el grupo, en su mayoría anglicano.

—Hija –se atrevió a preguntarme al fin–. ¿Desde cuándo no te confiesas?

—Uffff... Ya ni me acuerdo –contesté despectivamente con un gesto de la mano.

—Quizá debieras aprovechar que estamos en un lugar de oración para hacerlo, ¿no te parece?

—A mí me deja usted tranquila, padre –respondí frunciendo el entrecejo–. Lo de contar mis intimidades a un señor que no conozco de nada no me va. Y eso que me cae usted muy bien. Prefiero pensar que Dios ve y conoce los corazones de forma privada y particular. Eso debería bastar a la gente para arreglar sus trapos sucios con Él –y me quedé tan ancha.

El sacerdote me clavó una tierna mirada, suspiró y se encogió de hombros.

—Está bien, hija. Nada es obligatorio en las cosas de Dios. Si se hacen, solo debe ser por amor.

No entendí sus palabras. La verdad es que tampoco me importó.

* * *

Durante la celebración de la primera misa me porté mal. Echaba pestes aduciendo que me aburriría soberanamente, así que tomé la cámara de vídeo y me puse a grabar sin caer en la cuenta sobre lo irrespetuoso del acto. Mi amiga española me riñó.

—No grabes.

—¿Por qué?

—No sé... Es que no me parece que sea correcto...

—No fastidies. No molesto a nadie.

—Me molestas a mí.

—Pues te aguantas.

La pobre puso los ojos en blanco al ver que no le hacía ningún caso. Hoy sé que mi arrogancia no tenía límites a causa de que mi alma padecía un misterioso adormecimiento o una especie de letargo cegador. Vivía anestesiada y no era capaz de percibir ni el más pequeño atisbo de la acción del amor de Dios, por mucho que sintiera respeto hacia Él gracias a esa lección bien sabida que un día me enseñó mi padre: «respeta siempre las creencias religiosas de todos...». Hoy sé que la misa no es un circo; hoy sé que es la celebración más importante del católico y significa la llegada real y verdadera de Cristo a la tierra durante los minutos de la consagración eucarística. Pero yo entonces ignoraba todo sobre Dios. Por ello, durante esa primera misa, tal y como me venía sucediendo durante años y años, no sentí nada durante la celebración más allá que un deseo de que finalizara pronto.

Sin embargo, todo se me antojó diferente con respecto a una charla que prometieron que comenzaría tras la celebración. Se trataba del testimonio personal de uno de los supuestos seis videntes de la aldea, Jakov, el más joven del grupo. Yo ansiaba encontrar un buen sitio en el recinto de conferencias, situado en la parte posterior de la iglesia, en donde ese muchacho había tenido la delicadeza de informar a los franciscanos de la parroquia que recibiría a los peregrinos. La propuesta despertó mi curiosidad... Imbuida en mi arrogancia, pensé que una persona de mis características –supuestamente preparada tras una carrera universitaria como la de Pedagogía, cuyo contenido posee tantas asignaturas afines a la Psicología– podía captar entre sus palabras una falsedad que le delatara. Simplemente no me cabía en la cabeza la posibilidad de que un muchacho llevara viendo a la Madre de Dios diariamente durante tantos años y dispuse todo mi arsenal de razonamiento para sorprenderle en su propia trampa.

Cuando por fin finalizó la celebración de la misa, nos encaminamos presurosos hacia el reguero de peregrinos que, ansiosos, se dirigían hacia el lugar desde donde –protegido y rodeado de un gran grupo de franciscanos– nos esperaba el joven vidente. Me sorprendió sobremanera ver una larga ristra de confesonarios situados al aire libre junto a los muros exteriores de la gran iglesia. «Están aquí fuera porque dentro de la iglesia no cabe el inmenso número de personas que quieren confesarse», me susurró el padre O'Malley al oído. Un escalofrío me recorrió la espalda al ver cómo muchos jóvenes soldados, sujetando el rosario en la mano, hacían cola para ser atendidos por un confesor. Nunca había visto una escena igual... En España, las pocas veces que visitaba una iglesia me topaba con la triste realidad de ver los confesonarios vacíos. Se me encogió el alma al pensar que aquellos muchachos tan jóvenes se jugaban la vida lejos de sus familias, temiendo quizá no verles en mucho tiempo... Ellos sí habían olido el hedor de la muerte y palpado su roce; solo Dios sabría las cosas que sus jóvenes ojos habrían tenido que presenciar durante la recientemente finalizada contienda en los Balcanes. Y fue así como por primera vez, en muchos años, imaginé el terror que debe sentir un alma joven al ver el rostro de la muerte. Pensé entonces que quizá el padre O'Malley no estaba descaminado al recomendar acercarme al sacramento de la confesión, sacramento que yo había despreciado durante demasiados años...

—Si queremos escuchar y ver de cerca al supuesto vidente, tendremos que correr para encontrar buen sitio o la gran masa de peregrinos nos lo impedirá –le escuché decir a mi lado. Mis amigas se encontraban cerca; hablaban y reían de sus cosas de forma relajada y disipada...

—¡Vamos! –dije dándoles un pequeño empujón–. ¡Démonos prisa o no veremos al muchacho!

—Vaya, hace un rato no te interesaba nada del lugar y ahora nos metes prisa... –oí refunfuñar a mi lado a mi amiga española.

—¿Acaso no quieres verle? Tú eras quien más curiosidad tenías –la reñí.

—¿Pues no decías que todo esto eran pamplinas? –mi amiga se encogió de hombros.

—No he cambiado de opinión... Este pueblo me sigue pareciendo un disparate; pero no perderé nada por escuchar a este muchacho que tanto promete ver a la Virgen. Así que apura el paso.

Esas palabras fueron las últimas que percibí salir de mi boca... Porque en un instante todo mi ser había quedado alejado, apartado y distante de la vida real. Toda función corporal quedó presa en una celda de absoluto misterio, dejando inertes los sentidos de espacio y tiempo, mientras que un silencio profundo se apoderaba total y atrevidamente del alma.

Noté un incontrolable deseo de levantar la mirada al cielo y clavé los ojos en su azul infinito. Había llegado, por fin, el momento de Dios a mi vida.

Capítulo 2

El despertar

«Dice el Señor: las mujeres de Sión son orgullosas, caminan con el cuello estirado, hacen guiños con los ojos y se contonean al andar haciendo sonar las ajorcas de sus pies. Por eso, el Señor cubrirá de tiña sus cabezas y descubrirá sus vergüenzas. Aquel día el Señor les quitará sus adornos: hebillas, diademas y lunetas; pendientes, brazaletes y velos; redecillas, ajorcas y cinturones; perfumes y amuletos; sortijas, aros de nariz, vestidos lujosos, mantos, chales, bolsos, ropa fina, turbantes y mantillas».

(Isaías *3, 16-23)*

Mi grupo de amistades y la gran masa de peregrinos y soldados que me rodeaba se desvanecieron ante mis ojos. No veía más que un cielo despejado y hermoso sobre mi cabeza, cuya quietud me estremeció... «El mundo se ha apeado en una acera extraña», pensé aturdida. Fijé la mirada en las nubes y, a pesar de la transparencia que emanaba ese cielo, me percaté de que algo que provenía de él comenzaba a caerme sobre los hombros. Mi visión física era incapaz de captar esa misteriosa esencia, pero a través del alma supe que su perturbadora existencia era absolutamente real. Agudicé la vista... Mis pupilas no atisbaban la naturaleza de aquella brisa tierna, de esa extraña bruma cargada de la esencia de Dios que caía en forma de rocío y se posaba sobre mí tal y como lo hacen los copos de nieve en un día de invierno. Notaba el aliento de Dios calándome suavemente los miembros, posándose sobre brazos, cabeza y espalda... Cada poro de mi piel captaba y recibía de forma sublime aquel misterioso haz de luz formado de agua fina materialmente inexistente y sobrenaturalmente real. Me conmoví profundamente... Aquello se anclaba en el centro de mi corazón perfilando una sensación de puro amor.

Entonces, como si un huracán la revolviera, mi alma, anestesiada y cegada durante toda una vida, despertó de golpe.

* * *

Sufrí una gran sacudida durante tres segundos; un zarpazo de amor tan imponente que aún no alcanzo a comprender que no muriera en ese instante... Hoy sé con toda claridad que esos tres segundos cambiaron mi vida para siempre, trazando una línea compacta entre un antes y un después en el estado de mi alma. Nada ni nadie será capaz jamás de entender cómo y cuánto nos ama Dios; sin embargo yo lo supe en ese instante: se trataba de un amor monumental e incontenible, un río de afecto hiperbólico, absoluto y perfecto, tan extraordinariamente luminoso que no existen palabras humanas en ninguna lengua capaces de describirlo. No podía compararse a ningún tipo de ternura que yo hubiera experimentado antes, dejando muy atrás el inmenso amor que yo sentía por mi esposo e hijos.

Me miré aturdida las manos y comprobé que no estaban mojadas. ¿Por qué sentía entonces que se empapaban con un rocío fino y delicado? Mi cerebro buscaba desesperadamente respuestas que no encontraba. Una certeza real de ser amada me poseyó por completo, hasta llegar a dominar de forma sublime todos mis sentidos. El corazón me comenzó a latir a velocidad de vértigo. Me asusté. ¿Qué era aquello que me rociaba desde el cielo? Todo a mi alrededor había dejado de existir o importarme; nada parecía ya más esencial que captar ese amor en forma de rocío... Fue entonces cuando, tal y como había sucedido días atrás en aquel restaurante, *algo* o *alguien* contactó con mi entendimiento desde la profundidad de mi corazón. El tono de aquella voz rebosaba de una dignidad poderosa y perfecta que hizo que mi cuerpo se estremeciera; supe entonces que la presencia de un espíritu inconmensurable, cuyo roce sería inevitable, se avecinaba.

Estas fueron sus palabras:

«Hija mía, así es como te amo. Amo así a todas las personas de este mundo, pero nadie me corresponde...».

En una milésima de segundo sentí cómo un haz de luz pasaba frente a mis ojos, arrastrando en su estela todas las escenas de mi vida. Miles de imágenes y secuencias desfilaron representando los momentos más esenciales que había experimentado a lo largo de mis treinta y seis años de entonces: los afectos, las heridas, los errores, los pecados, las palabras... Todo, absolutamente todo, me fue revelado: vi a mis padres, a mis amistades, las relaciones amorosas de la juventud, aquel muchacho a quien partí el corazón y a los amigos del colegio con los que pude ser cruel en una adolescencia inconsciente y egoísta... Un infinito número de pecados, negros como una noche de tinieblas, enturbiaban e impregnaban mi alma de porquería. Percibí el dolor que en momentos de debilidad humana había provocado en otras personas y supe de inmediato que tal bofetada hacia los afectos ajenos había sido siempre direccionada hacia Jesús. Este hecho me llenó de espanto a la vez que una insoportable vergüenza sacudió todo mi interior. ¡Qué horrible es sentir el dolor de Dios! Supe que nuestros actos repercuten en su corazón de Creador. Las caretas de mi rostro cayeron de golpe a sus pies y descubrí que no era santa ni merecía su amor. Aunque mi naturaleza física no me permitía verle, supe que Él estaba frente a mí, que me observaba callado derramando su tristeza sobre mi alma. ¡Qué vergonzosa desnudez se llega a sentir ante los ojos de Jesús!

Fue así como supe que de Dios nadie puede ocultarse, que todo lo ve, que vive presente en cada paso de nuestras vidas... Saberlo me llenó de terror. «¡Basta!», gritó mi alma. «¡No puedo soportar ver mi inmundicia!». Pero los recuerdos no cesaban... Desfiló todo aquello que yo había enterrado con arrogancia y soberbia, y me di cuenta por primera vez de lo fácil que resulta al ser humano esconder los pecados bajo el felpudo del olvido cuando no se ha cuidado la conciencia. Sin embargo, el dolor provocado sobre la víctima y el hacerla recipiente de una maldad propia mancha su inocencia para siempre dejando su corazón proclive al tormento a causa de los recuerdos. Y así pasaron ante mis ojos personas cuyos caminos hacía muchos años que habían divergido del mío; entre ellas recordé a algunas en quienes había sembrado una semilla de rencor. Qué repugnancia sentí por aquellos pecados... Tenía sucia mi lengua: la maledicencia destruye vidas, corazones, seguridades, reputaciones... ¡Y qué pecado tan femenino es desparramar chismes sin piedad ni prudencia! Dios sufre con cada latigazo que damos con la lengua mientras que el demonio se encarga de ocultarnos los pésimos resultados de nuestra acción. Satanás es el gran cegador que trabaja en las tinieblas, mientras que Dios corre el velo de lo oscuro y lo llena todo de luz. Esa luz de Dios es muy poderosa, querido lector... Me sentí envuelta en su resplandor y créame si le digo que de ella nadie escapa, pues no existe escondite a su amor. El alma entonces se presenta tal cual es... ¡Y cuán grande era mi porquería en ella!

La imagen de una compañerita gruesa del parvulario de quien yo me burlaba cruzó como un rayo sobre mi entendimiento... «Señor, hasta en eso te herí», gemí. ¡Qué dolor habían causado mis risas sobre esa vulnerable criatura! También pasaron las pataletas frente a mi madre, los disgustos de desobediencia y mi rechazo a Dios. «¡Jesús, no lo soporto...! Quítame estos recuerdos...». Quise huir de su mirada y de su presencia. ¿Pero dónde puede escapar un ser humano a los ojos de todo un Dios?

No hay rincón en el mundo ni guarida en la que refugiarse, cuando un alma vive su juicio particular. Y yo lo estaba teniendo.

* * *

Hoy puedo afirmar que durante esos tres segundos viví toda una eternidad de entendimientos en los que me fueron revelados muchos misterios de Dios. Comprendí que Él todo lo ve, que es santo, perfecto y amoroso; pero también infinitamente justo. Este último entendimiento me llenó de temor: debía correr a reparar y limpiar mi alma. ¿Pero cómo hacerlo? ¿Acaso a través de la confesión? ¡Acababa de negarme a ello cuando el padre O'Malley me lo había propuesto! ¿Y qué hacer con tanto amor recibido? Sería imposible devolverlo... Todo mi ser se estremeció de miedo... ¡Cuántas tinieblas llevaba entre mis manos como único ofrecimiento ante la presencia de Dios! ¿Y era esa el alma que yo hubiera tenido que presentarle en caso de haber fallecido? ¿Acaso no había sido capaz a lo largo de mi vida de amarle correctamente? Qué horrible certeza y qué asquerosa vergüenza me invadió... Él había presenciado todo lo sucedido en mi vida y, aun conociendo mi alejamiento y desdén, nunca había dejado de derramar su amor y protección sobre mí.

Ahora ya no estaba ciega. Las escamas de mis ojos se me habían caído al fin y supe que no estaba preparada para entrar en el cielo. La mujer que arrogantemente se consideraba *buena* por el solo hecho de no matar ni robar, tendría un destino muy distinto a lo esperado.

La pura verdad era que me enfrentaba a un larguísimo purgatorio, dado que había amado poco. Y Dios me estaba haciendo entender que a Él solo le interesa nuestro amor.

* * *

Me procuró cierto alivio descubrir también algo de vital importancia en lo que nunca había reparado: para Dios no hay nada imposible. La certeza de que Él todo lo puede y controla me hizo entender que somos nosotros los que no somos capaces de captar su presencia y su amor a causa de nuestra nimiedad y ceguera espiritual. «Jesús», le susurré con el alma empapada en lágrimas. «Si eres Tú quien me habla o si estás presente en el rocío inmenso que me empapa el alma, te ruego que me lleves ahora mismo contigo. Percibo tu infinito amor, lo palpo... No puedo soportarlo... Quítame de la vista todos estos pecados y faltas graves y tanto daño cometido... No lo resisto, no lo resisto... Me quema tu amor, me abrasa... No seré capaz de devolverte este amor inmenso, Señor... Si amas así a los hombres, ¿quién te corresponderá? No puedo retornarte todo lo que me has dado... He pecado mucho, no te he amado como debiera... Señor, llévame ahora contigo...».

Entonces aquella voz, tierna y masculina, colmada hasta el infinito de la más absoluta dignidad, me volvió a hablar al corazón:

«No podrás nunca devolver justo precio a mi amor. Debes seguir tu camino. Tu hora aún no ha llegado. Pero ahora debes gritar al mundo la verdad: proclama que Yo soy la Verdad».

Y tan misteriosamente como había llegado antes a mi corazón, esa presencia de amor, de dignidad, fuerza y ternura desapareció plenamente de mis sentidos dejándome ciega a su presencia y perdidamente sola. El amor infinito se había desvanecido, así sin más. Una bofetada de realidad me devolvió los sentidos materiales y todo a mi alrededor regresó a su estado normal: los peregrinos y sus risas, el cantar de los pájaros, el sonido del viento, las conversaciones distraídas de los transeúntes... Miré aturdida el reloj y comprobé que tan solo habían transcurrido tres segundos. Mis pies seguían moviéndose hacia la zona circular que detrás de la iglesia recibía a cientos de peregrinos para escuchar el testimonio del vidente Jakov, el más joven de los seis, que nos relataría cómo veía a la Madre de Dios desde que aquel 24 de junio de 1981 Ella decidiera visitarle.

Llena de confusión interior me acomodé en un banco del recinto junto a mis amigos de peregrinación. El corazón no calmaba el ritmo; no podía razonar...

Solo tenía algo claro: tres segundos habían bastado para comprender que no había cambiado nada en el mundo, pero que todo había cambiado en mí.

* * *

Sumida en un extraño sopor empecé a recordar las palabras que Kristina y Angie habían querido transmitirme durante nuestro extraordinario almuerzo. ¿Y si fuera real todo lo que me habían relatado? ¿Sería posible que algo de sobrenaturalidad divina sucediera en esa pequeña aldea? Y, si así era, ¿me acababa de ocurrir a mí? ¿Lo había imaginado quizá?

—¿Qué te pasa? –preguntó mi amiga española–. Estás de pronto muy callada...

—Nada... –alcancé a decir.

El joven supuesto vidente comenzó su charla. Sus palabras eran hermosas... Intentó describir lo complicada que era su vida teniendo que ser portador de noticias celestiales desde que era un chiquillo. Hoy, hombre casado y padre de tres niñas, no solo no había decrecido su responsabilidad, sino que había aumentado hasta proporciones sin medida. Describió cómo veía a la Virgen María en sus éxtasis y cuáles eran los mensajes que le transmitía, para que a su vez él los transmitiera al mundo entero. Su tarea estuvo a punto de costarle la vida en varias ocasiones: fue perseguido por la milicia comunista del régimen del comandante Tito y había vivido de niño una verdadera prueba de la que solo con la ayuda de la Madre de Dios había logrado salir airoso. Los peregrinos escuchaban ensimismados, reflejando en sus rostros una mezcla de admiración, miedo y curiosidad. Pero mi mente no se centraba en su relato. Volaba y regresaba al suceso que me acababa de acontecer. El recuerdo de esa voz masculina colmada de dignidad y ternura retumbaba en mi memoria y estremecía lo más profundo de mi alma. Se me había juzgado en el amor y había suspendido estrepitosamente. Noté cómo los ojos se me humedecían y procuré consolarme recordando lo mucho que amaba a mi esposo e hijos... Si tanto les quería hasta como para dar la vida por ellos, ¿acaso merecía tener el alma tan sucia? La respuesta fue afirmativa: acababa de aprender que nuestra salvación pende de saber amar a todos y no solo a quien nos ama. ¡Y mi corazón ardía de rencor hacia varias personas que la vida había permitido que me hirieran! ¿Cómo perdonarles? ¿Cómo sanar las heridas? La cabeza me daba vueltas mientras mi alma gemía. ¿Sería posible haber vivido tan ciega al amor de Dios? No podía ser verdad... ¿Habría perdido entonces la cordura? ¡Aquel amor divino había sido percibido de una forma tan real, tan intrínsecamente perfecta! Un sabor amargo se apoderó de mi boca y, como si llegara desde las entrañas, noté cómo un gemido herido estallaba y se apresuraba a invadir todo mi ser, cargándolo de dolor, de vergüenza y deseos de reparación. Mi alma se agitaba en un desesperado deseo de volver a sentir la voz y el amor de Dios... De pronto tenía mucho que decirle, compartirle y entregarle. Temí perder el control de mis emociones y gritar dejando en evidencia ante tantas personas mi agudo deseo de arrepentimiento. Sería humillante y pondría en un apuro a mis compañeros... Hice un gran esfuerzo por contener las lágrimas, acallando en lo posible las sacudidas de dolor. No fue fácil... Noté cómo una lágrima me comenzaba a resbalar por la mejilla... Respiré profundamente y entonces, sin poder contener un minuto más el dolor que albergaba mi interior, rompí a llorar como jamás lo había hecho antes*.

«¿Pero me quieres decir qué te ocurre?» preguntó mi amiga con gesto preocupado. Nada pude decir... Solo dejé que me mirara, permitiendo que pensara que quizá me estaban afectando, al fin, las palabras del vidente. Jamás podría ella descubrir que mi alma acababa de despertar del más atroz letargo, sacudida por la misericordia de todo un Dios que, apenado de su criatura perdida, había decidido de golpe y porrazo irrumpir en una vida utilizando el soplo de su inconmensurable amor.

* * *

Londres, 10 de mayo de 1999

Fue tras mi llegada a Londres cuando comprendí que un tsunami sobrenatural se había apoderado de mi alma. No entendía sobre Dios, pero me daba golpes contra las paredes por encontrarlo... Me preguntaba una y otra vez dónde hallarlo. No había revelado nada sobre mi experiencia sobrenatural a mis amistades, y tampoco acumulaba la seguridad necesaria como para confiárselo a mi pequeña familia. ¿Cómo hacerlo sin que mi marido pensara que había perdido la cordura? Sin embargo, a pesar de las dificultades había conseguido un inmenso logro: había confesado, con lágrimas en los ojos, todo aquello que mi memoria había podido recordar sobre lo que Jesús había permitido que se presentara ante mi alma durante la extraordinaria experiencia sobrenatural vivida. El padre O'Malley se alegró mucho de mi decisión y me trató con exquisita delicadeza durante una larguísima confesión, aunque su fuerte acento irlandés y mi llanto no facilitaron las cosas... Me tranquilizó asegurándome que, aunque nosotros no fuéramos capaces de entendernos con claridad durante la confesión,

* Años más tarde, un sacerdote de la Renovación Carismática Católica me explicó qué era «el don de lágrimas», del que por supuesto jamás había oído hablar (N. de la A.).

el Señor lo oía todo y me perdonaba de corazón. Eso bastó para aliviar mi tormento. Ese día comprendí lo valiosísimo que es recibir el sacramento de la confesión: manos consagradas de un ser humano que, con sus defectos y virtudes, decidió un día dejarlo todo para seguir a Dios y llevarle a los demás. Comprendí que es Jesús quien perdona siempre a través de esas manos consagradas, y desde ese día no he vuelto a pensar nunca más, tal y como hacía antaño, que los sacerdotes son hombres extraños, aburridos y hasta desequilibrados. Hoy sé que dejar una vida entera para llevar a Cristo a las almas es lo más valioso que puede hacer un hombre, pues solo esas manos consagradas pueden extender el perdón de Dios a un alma dañada. Tal sacramento puede llevarnos al cielo tirando de golpe al río el montón de piedras sucias y embarradas que llevamos colgando en la mochila del alma; estas piedras nos agotan y dañan psicológicamente hasta hundirnos en la tristeza. Soy consciente de que los sacerdotes son también pecadores y que a veces los pecados de algunos nos han dañado, escandalizado o herido profundamente. Pero también sé que entre ellos hay muchos más de los que creemos que son más santos que pecadores; son precisamente estos los que busco y necesito para que me conduzcan a Cristo.

Dios Padre olvida y siempre perdona. Después de la confesión nos toca a nosotros perdonarnos a nosotros mismos y enmendar la herida que hemos sembrado en los demás. El sentir arrepentimiento es un gran don que solo viene del Espíritu Santo y hay que pedirlo con humildad. ¡Es terrible no sentir remordimiento! Y créame si le digo que conozco gente incapaz de arrepentirse del mal que ha cometido contra el prójimo... Esto destruye la felicidad de las víctimas y pueden llegar a romper familias, negocios y hasta vidas. El demonio es muy astuto y muy hábil en este sentido: hace todo lo posible para hacernos sentir cómodos y perfectos inmersos en nuestro pecado, logrando que ignoremos el barro que nos anega hasta las rodillas.

Todo esto y más descubrí durante esa preciosa confesión cuando, entre sollozos, el padre O'Malley logró pulverizar mis pecados hasta arrojarlos a la nada. Eran faltas pesadas y oscuras que habían dejado una estela de gran tristeza en mi subconsciente...

Ese cura irlandés fue mi primer maestro en las cosas de Dios, mi primer director espiritual y hoy uno de mis mejores amigos. Un padre, un protector de mi alma. Catorce años después de aquella confesión, lleno de achaques y con un marcapasos, sigue siendo un sacerdote de Cristo que me conduce hacia Dios tras cada caída, cada tropiezo y cada prueba, utilizando su sabiduría sobrenatural impregnada de Espíritu Santo para resurgir del lodo. Sospecho que no le queda mucho tiempo entre nosotros... Aunque esto a él no le importa: está deseando entrar en el cielo. Con mucha envidia creo que lo logrará de un plumazo, sin rozar siquiera el purgatorio...

* * *

(I) Oración sencilla por los sacerdotes:

Señor Jesús, Pastor Supremo del rebaño, te rogamos que, por el inmenso amor y misericordia de Tu Sagrado Corazón, atiendas todas las necesidades de tus sacerdotes.

Te pedimos que retomes en Tu Corazón todos aquellos sacerdotes que se han alejado de tu camino, que enciendas de nuevo el deseo de santidad en los corazones de aquellos sacerdotes que han caído en la tibieza y que continúes otorgando a tus sacerdotes fervientes el deseo de una mayor santidad.

Unidos a tu Corazón y el Corazón de María, te pedimos que envíes esta petición a Tu Padre celestial en la unidad del Espíritu Santo.

Amén.

(II) Oración del papa Benedicto XVI por los sacerdotes:

Señor Jesús:

En san Juan María Vianney, Tú has querido dar a la Iglesia la imagen viviente y una personificación de tu caridad pastoral.

Haz que podamos aprender del Santo Cura de Ars delante de tu Eucaristía; aprender cómo es simple y diaria tu Palabra que nos instruye, cómo es tierno el amor con el cual acoges a los pecadores arrepentidos, cómo es consolador abandonarse confidencialmente a tu Madre Inmaculada, cómo es necesario luchar con fuerza contra el Maligno.

Haz, Señor Jesús, que, del ejemplo del Santo Cura de Ars, nuestros jóvenes sepan cuánto es necesario, humilde y generoso el ministerio sacerdotal, que quieres entregar a aquellos que escuchan tu llamada.

Haz también que en nuestras comunidades –como en aquel entonces en la de Ars– sucedan aquellas maravillas de gracia, que Tú haces que sobrevengan cuando un sacerdote sabe poner amor en su parroquia.

Haz que nuestras familias cristianas sepan descubrir en la Iglesia su casa –donde puedan encontrar siempre a tus ministros– y sepan convertir su casa así de bonita como una iglesia.

Haz que la caridad de nuestros Pastores anime y encienda la caridad de todos los fieles, en tal manera que todas las vocaciones y todos los carismas, infundidos por el Espíritu Santo, puedan ser acogidos y valorados.

Pero sobre todo, Señor Jesús, concédenos el ardor y la verdad del corazón a fin de que podamos dirigirnos a tu Padre celestial, haciendo nuestras las mismas palabras que usaba san Juan María Vianney:

Te amo, mi Dios, y mi solo deseo
es amarte hasta el último respiro de mi vida.
Te amo, oh Dios infinitamente amable,
y prefiero morir amándote
antes que vivir un solo instante sin amarte.
Te amo, Señor, y la única gracia que te pido
es aquella de amarte eternamente.
Dios mío, si mi lengua
no pudiera decir que te amo en cada instante,
quiero que mi corazón te lo repita
tantas veces cuantas respiro.
Te amo, oh mi Dios Salvador,
porque has sido crucificado por mí,
y me tienes acá crucificado por Ti.
Dios mío, dame la gracia de morir amándote
y sabiendo que te amo. Amén.

Capítulo 3

Madre, ¿dónde estabas?

«Una gran señal apareció en el cielo: una mujer vestida de sol, con la luna bajo sus pies y una corona de doce estrellas sobre su cabeza».

(Ap *12, 1)*

Londres, 1 de junio de 2000

—¡Padre, padre, padre! –mi voz sonaba impaciente desde el otro lado del auricular.

—¿Y ahora qué te pasa, hija? –el pobre sacerdote no se acostumbraba a mis constantes llamadas y gritos de auxilio.

—Que no entiendo nada... ¿Por qué durante la misa hay que arrodillarse aquí y allá? Yo me quiero arrodillar todo el rato.

—¡Ja ja ja...! No, hija, no... Haz lo que hace el resto de los fieles durante la celebración; así no te equivocarás.

—Pero es que noto que el Señor está en todo momento y me parece mal no hacerlo...

—Ja ja ja...

El padre O'Malley se reía mucho conmigo. En su cabeza no cabía que, proviniendo de un país católico y habiendo nacido en el seno de una familia practicante, mi ignorancia sobre el catolicismo rayara la vergüenza. Él fue quien me regaló mi primer rosario subiendo al monte conocido en Medjugorje como *Monte de la Cruz*. No me apetecía rezarlo... Hacerlo me recordaba a las beatorras de los pueblos y lo consideraba tedioso.

—Aburrida o no, debes saber que, cada vez que lo rezas, atas al cuello del demonio una cadena indestructible cuyo extremo sujeta la Virgen. Ella le controla y no permitirá que te destruya –decía cuando me veía fruncir el ceño.

—¿¡Ah!? ¡¿Pero es que hay demonio?! –pregunté abriendo unos ojos llenos de espanto–. Y yo que creía que la Iglesia católica había dicho que no existía...

—Sí, hija. Su existencia es bien real –oí suspirar al padre Michael–. Creer en él es esencial puesto que la Iglesia considera su existencia como un importantísimo dogma de fe. Su mayor triunfo es hacernos pensar que no existe: así arrastra almas, arrasa naciones enteras y logra que muchos se condenen. He presenciado algunas posesiones diabólicas y solo a través de una oración de exorcismo pueden llegar a ser liberadas.

—¿Y un dogma qué es? –en un segundo me había quedado lívida...

El padre O'Malley guardó unos segundos de silencio antes de contestar.

—Hija, no sabes nada...

—Ya... Pero para eso sirve usted: para sacarme de la más supina ignorancia. Yo no creo en eso de los exorcismos... Siempre pensé que eran creados para guiones peliculeros...

—Pues mira qué bien.

—Es que no sé a quién más acudir, padre...

El sacerdote se aclaró la garganta antes de seguir.

—A ver cómo te lo explico... Escucha, hija: el que la existencia del diablo sea *dogma* quiere decir que la Iglesia, a través de 2.000 años de historia e innumerables vivencias sobrenaturales, sabe, y por tanto afirma, que el demonio existe con toda certeza. Es muy peligroso tenerle cerca, nos acecha y nos tienta. Intenta dañarnos y perdernos a todos; pero teme muchísimo a la Virgen. Y, cada vez que reces el rosario, ten por seguro que Ella te sujetará de la mano. Cada cuenta es un abrazo amoroso de tu Madre. No lo olvides nunca, hija. Te sacará de graves peligros en el futuro...

* * *

La Virgen... La dulce Madre de Dios... ¿Dónde había estado durante tantos años? ¿Acaso había vivido escondida y alejada de mí? No la había notado en mi corazón ni la conocía y ahora, misteriosamente, era capaz de amarla. Notaba su ternura, su amor, su compañía, su presencia... Algo en mi interior me gritaba que había sido Ella precisamente quien me había hablado en lo más profundo de mi alma durante aquel almuerzo en Londres. Había sido Ella quien me había llamado y empujado hacia Jesús, utilizando un pequeño pueblo despeluchado entre las montañas de Herzegovina. Se había inmiscuido en mi vida poniendo patas arriba comodidades rutinarias y convirtiendo mi camino en un verdadero tinglado... ¡Pero qué enredo tan inmensamente precioso! Empezaba a descubrir que vivir amando a la Virgen es ciertamente un lío, pero un lío que nos hace rozar el cielo con la punta de los dedos.

Pero, ¡ay!, en cuanto la conocí y amé, llegaron a mi vida sufrimientos, enfermedades, persecución y burlas de un modo misterioso... Algunas eran graves y estuve a punto incluso de denunciar algunas de esas injurias y calumnias que dañaban seriamente la paz de mi pequeña familia. No entendía aquel mar de odios que despertaban mis palabras de fe entre gente que se suponía que debía amarme y protegerme... Una persona cercana utilizó un arma terrible para herirme: la calumnia. Tuve que soportar terribles mentiras que afectaban a mi integridad como madre y esposa e incluso se esparció entre gentes muy queridas por mí la brutal calumnia de que, de jovencita, mi padre me había ingresado en una clínica psiquiátrica. Esta última mentira sobre mi pasado me rompió el corazón, pues mi padre, un ser que me quiso con locura y a quien yo adoraba, jamás hizo semejante cosa. Tampoco estaba vivo para defenderme y amonestar a la persona que esparcía así mentiras sobre mi pasado, pero, para mi total estupor y disgusto, la calumnia no tardó en extenderse como un riachuelo de aguas fecales.

Calumniar es un pecado espantoso, querido lector. Es un arma afilada muy difícil de controlar; es capaz de matar reputaciones y de romper hasta matrimonios. Durante cierto tiempo –puede que durante meses o incluso años–, corre como el viento emponzoñando comidillas y corralas. La consecuencia más dolorosa y lamentable es que puede crear un caos irreparable en la reputación de un inocente. Y así me sucedió a mí. Este hecho y la tristeza de que provenía de un conocido provocaron mucho rencor en mi corazón. Desgraciadamente a día de hoy sigo luchando por entender el odio inexplicable que levanté en esa persona hasta el punto de que deseara calumniarme gravemente. Hoy lucho por perdonarle a pesar de que jamás ha dado ninguna señal de arrepentimiento, no ha reparado la mentira y no ha pedido perdón. Pero también hoy sé que, cuando un alma experimenta una verdadera conversión hacia Dios y tiene el valor de hacerla pública, los ataques simplemente vienen incluidos en el paquete. Así es... Y esa cruz, ¿quién la quiere, querido lector? Cuando llega, no se soporta y se desea hacerla astillas que vuelen al viento. ¡Y yo de pronto tenía cruces inmensas! Orar no mejoró los problemas, pero descargar el peso emocional en el regazo de la Virgen lo cambió todo. Amarla y rogar su protección me bastaba y llenaba de fuerza: «Madre, si estás conmigo, puedo con todo», le decía. Y así, convencida de que me escuchaba, aprendí, no sin esfuerzo, a rezar el rosario.

Hoy lo llamo *el kalashnikov de la Virgen*. Le aseguro que cada una de sus cuentas es la bala más eficaz capaz de tumbar tanto al demonio como a cualquier otro enemigo.

* * *

Pero, ¡ah!, cómo me costaba recitarlo al principio. Era difícil encontrar el momento o la concentración necesaria. Los niños me interrumpían sin tregua y, cuando intentaba enseñarles a rezarlo, se aburrían enseguida. Después, quien se empezó a aburrir fui yo... Aun así procuraba rezar al menos un misterio en momentos robados –en el supermercado o corriendo por el parque–, pues no lograba olvidar fácilmente las palabras del padre O'Malley con respecto al inmenso poder que tiene rezarlo con fe*.

Un día, mientras luchaba por concentrarme en las *Ave Marías* mientras llevaba a mis hijos al colegio, me vino un pensamiento curioso a la cabeza: «si los niños aprenden casi todo de lo que

* «No olvides, hija, que Ella entonces te llevará de la mano. Es la cadena que ata al diablo; no te podrá tocar nunca si lo rezas con el corazón» (N. de la A.).

observan hacer a su madre, entonces Jesús también debió de aprender mucho de María». Esta idea me hizo entender que Jesús recibió el mejor ejemplo de María, quien estando libre de pecado todo debió enseñárselo bien. Y así de Ella aprendió a hablar, a discurrir, a estudiar, a comer, a vestirse o atarse los zapatos, a relacionarse con los demás, a orar... «Madre, cuando deje a estos tres en el colegio iré a visitarte, pues tenemos que hablar», le dije. ¿No era acaso yo también su hija? Entonces le pediría que me enseñara e instruyera tal como lo hace cualquier madre.

Así pues, en cuanto pude, corrí al sagrario de la iglesia más cercana de mi barrio con la intención de buscarla. Entré despacito, como quien no quiere o no se atreve a molestar. El interior de la iglesia parecía solitario y sin iluminación, por lo que supuse que el servicio religioso había finalizado. Tan solo habían quedado en el interior del templo rezando una religiosa con hábito gris y un señor de edad avanzada. Frente a ellos y sobre el altar vi por primera vez una *custodia* en cuyo centro estaba expuesta una Sagrada Forma iluminada por dos grandes velas*. Aquello me sorprendió mucho... ¿Qué era ese palo dorado ornamentado y por qué lo exponían y qué representaba? En Medjugorje nadie me había explicado lo que significaba colocar sobre el altar a deshoras una Forma Consagrada. «¡Ah!», pensé. «Como este es un país anglicano, probablemente lo tienen que poner aquí para que todo el que entre intuya que la iglesia es católica...».

Como ve, mi ignorancia era grande, querido lector.

* * *

Mis ojos captaron una tenue vibración que provenía de una pequeña capilla lateral. Agudicé la vista y percibí el brillo de una ristra de velitas encendidas a los pies de una preciosa estatua de la Virgen. La atmósfera estaba impregnada del olor del incienso, a santidad y dignidad. Caminé titubeante, sintiéndome como un

---

* Custodia: objeto litúrgico donde se coloca la Eucaristía de manera que pueda verse para la adoración eucarística. También se le llama ostensorium, del latín ostendere (mostrar). Existen gran variedad de tamaños y estilos. Generalmente, alrededor de la Eucaristía la custodia tiene adornos en forma de rayos que simbolizan las gracias conferidas a los adoradores (N. de la A.).

ladrón en la noche dentro del recinto de un lugar sagrado. La religiosa se giró y me miró con curiosidad.

—¿Desea algo? –susurró.

—Bueno... Solo quería visitar a la Virgen, si no les molesto, claro está... ¿Está permitido?

—Claro, hija... –dijo señalando la custodia. No entendí lo que me quería decir con aquel gesto, así que me dirigí con mesura hacia la capilla lateral en donde se erguía, preciosa, esa estatua de la Virgen. Me senté en un banco a pocos metros de su pedestal y la observé. Era tan hermosa... El corazón me comenzaba a latir al percibir que en aquel lugar en penumbra estaba sucediendo algo digno y altamente sobrenatural... El problema era que no sabía distinguir qué. Tampoco sé cuánto tiempo me quedé ahí. A veces pienso que fueron tan solo 10 los minutos y otras, que una eternidad.

* * *

Un rosario parece tan solo un collar con una ristra de bolitas, querido lector. Pero no se engañe: cada cuenta tiene un significado concreto que nos empuja a recordar, paso a paso, toda la vida de Jesús. Es la Virgen quien nos pide rezarlo en cada ocasión, porque es Ella quien desea llevarnos a Jesús.

«Madre, me aburro cuando rezo el Rosario», susurré clavándole mi mirada en sus ojos de madera policromada. «Si es cierto que es necesario para mi protección, enséñame a amarlo... Quiero sentir tu mano agarrada a la mía; deseo que sea el arma que aleje al diablo de mis pasos. El padre O'Malley dice que, cuando se ora meditando sus misterios, tu corazón se abre, y me asegura que vienes para ahuyentar con tu presencia al demonio. Dice que te teme terriblemente, que lo vences con tu presencia...». El brillo de las velitas danzaba suavemente sobre su hermoso rostro. Suspiré profundamente y saqué mi rosario del bolso. Clavé la mirada en esa larga ristra de bolitas de madera... «Rezaré solo un misterio, ¿vale? Y luego me iré a casa. Lo hago porque quiero que vivas en mi corazón... Necesito una madre, ¿sabes...? No la tengo desde los

16 años*, y la echo terriblemente de menos en mi vida. Por eso, María, Madre de Jesús: ¿quieres ser tú mi madre?». Un palpitante silencio me rodeó por completo. Me giré para observar a la religiosa y al señor de edad avanzada que, alejados a una distancia de unos veinte bancos, parecían haberse olvidado de mi presencia. Seguían en posición orante y en profundo silencio, clavando los ojos en aquel trozo de pan expuesto sobre una custodia dorada. Aquella actitud me extrañaba mucho... «¿Por qué no vendrán aquí, donde está la estatua de la Virgen en vez de mirar como bobos un trozo de pan?», pensé. Giré de nuevo la cabeza hacia la estatua. «Bueno, Madre, yo a lo mío... Comenzaré rezando el misterio que recuerda tu visita a tu prima santa Isabel. A ver... *Padrenuestro que estás en los cielos...*».

* * *

Cuando la Madre de Dios visitó a su prima estaba ya embarazada de Jesús, ¡y aún no se había casado oficialmente con José! Caí en la cuenta de que el escándalo de saberse embarazada sin haber tenido relaciones con su prometido san José debió de sumirla en el más terrible pavor, pues en la época en la que nació Jesús, si una mujer quedaba encinta sin haber sido desposada, se la consideraba adúltera y era apedreada hasta la muerte como castigo. Me recorrió un escalofrío al sopesar por primera vez en mi vida esta espantosa realidad –desgraciadamente aún en vigencia en algunos países árabes–. Supuse que la Virgen –niña de quizá 14 o 15 años– debió de haber enmudecido a causa del pavor, conociendo el verdadero destino que padecería si era repudiada por su prometido. Sin embargo confió plenamente en Dios Padre y dio un «SÍ» rotundo al ángel que le visitó**. No se me ocurre otra manera más extraña que esta de saberse embarazada.

---

* Mi madre ha padecido la enfermedad del Alzheimer desde que yo tenía 16 años. Permaneció enferma, sin apenas reconocerme, durante 30 años. No pudo ejercer de madre para mí, ni la tuve a mi lado por esa causa. Esto ha supuesto una carencia afectiva muy seria y ha dejado un vacío enorme en mi vida (N. de la A.).

** «He aquí la esclava del Señor, hágase en mí según tu palabra». Palabras respondidas a san Gabriel Arcángel en *Lc* 1, 38 (N. de la A.).

Si me hubiera pasado a mí, habría muerto del susto en menos de un instante.

* * *

Pasé las cuentas de mi rosario despacio... *María visita a su prima Santa Isabel...* «Madre», le dije. «¿Sentiste también miedo en aquel viaje?». Pensé en las muchas horas de cansancio, quizá a lomos de un burro o sobre el traqueteo de un carro... Los evangelios no hablan de distancias, pero está claro que en aquella época no había transportes modernos y fiables como ahora. Los caminos debían de ser peligrosos, atestados de bandidos, agitadores y soldados romanos, dado que en la nación que escogió Jesús para nacer se fraguaban revueltas y atrocidades. El odio hacia a los conquistadores romanos era extraordinariamente latente y estos no se apiadaban de los extraños molestos, tal y como se comprobó luego con la predicación de un revolucionario como fue el tal *Jesús de Nazaret*.

Me imaginé a *María-niña* embarazada sin poder comunicar a nadie lo que llevaba en las entrañas, teniendo que atravesar montes y ríos asustada y confundida. No debió de ser nada fácil ser María en esos momentos. «Madre», oré. «¿En ningún momento pensaste que quizá habías sufrido una alucinación? Yo lo hubiera hecho... Supongo que con el paso de los días comprendiste que realmente estabas embarazada. ¿No te pareció entonces un descomunal disparate meterte en semejante aventura, con la probabilidad de perder a tu bebé a causa de tantas horas de viaje subida, además, a lomos de un burro...? ¿Y si el burro resbalaba y caía de bruces en mitad de una colina? En la zona en la que habitabas había reyertas y Roma tenía soldados muy agresivos por todos los valles y fronteras. Tu pueblo era cabezón y rebelde... ¿Y aun así te aventuraste? Verás, Madre, me distraigo en mi oración porque, tal y como te dije, me aburre el rosario... Por eso se me ocurren tantas preguntas... ¿Qué hiciste y por qué lo hiciste, Madre? Debiste fiarte ciegamente del ángel, y mucho más aún de Dios»*.

* «Y ahí tienes a Isabel, tu pariente, que en su ancianidad ha concebido también un hijo, y la que llaman estéril está ya en el sexto mes, porque para Dios no hay nada imposible» (*Lc* 1, 36-37), le había comunicado el ángel (N. de la A.).

* * *

La estatua permanecía majestuosa acariciada suavemente por el brillo tintineante de las velitas a sus pies. Todo a mi alrededor estaba sumido en el más absoluto silencio... De pronto sentí cómo una gran soledad invadía mi corazón... «Jamás lograré rezar el rosario con madurez ni concentración...», pensé entristecida. «Solo sé pensar que yo no hubiera aceptado aquel desafío. Hubiera mandado al ángel a buscar a otra ingenua y le habría echado de casa a zapatazos». Y así, meditando una sarta de bobadas y alejada de lo que realmente debía significar rezar el rosario con amor, me di cuenta de que una dulce agitación comenzaba a reinar en mi interior. La sensación era parecida a aquello que un día no muy lejano había notado en el restaurante. Me removí inquieta sobre el banco... «Madre, ¿dónde estás?», pregunté. «No puedo verte ni compartir contigo mis penas y alegrías; no puedo sentir tu protección... Dime entonces, Madre, ¿dónde estás? Es difícil conocerte si no te veo, Madre... Me falta fe... Ayúdame. Contéstame... ¿Deseas tú que rece el rosario? Si es así, házmelo saber...».

Entonces, como un eco lleno de sabiduría, las palabras de mi querido padre O'Malley retornaron a mi corazón con gran fuerza y vigor: «*El rosario, María... No olvides que sujetarlo en la mano y orarlo es agarrar la mano de la Virgen*». Clavé de nuevo los ojos sobre la estatua y por primera vez caí en la cuenta de que con la mano izquierda sostenía al niño Jesús mientras que mantenía la derecha estirada hacia los orantes. Alguien había colgado un rosario sobre esa muñeca...

En ese momento entendí claramente su respuesta.

* * *

Mi alma se agitó... Avancé las *Ave Marías* despacio, repasando cada palabra y regocijándome en la presencia sobrenatural de la Virgen. Estaba segura de que a Ella le gustaba mi manera de orar, preguntándole mis cosas y compartiendo con Ella mis dudas, tal y como lo haría con mi madre biológica aquí en la tierra. ¿Acaso una hija no habla con confianza a una Madre? Pues yo acababa de decidir hacer exactamente lo mismo. Nadie me quitaría ese privilegio nunca más... Y podía hacerlo con libertad.

Cuando finalicé el misterio, conmovida, me despedí de Ella agradeciéndole la ternura mostrada. «Madre, antes no sabía dónde estabas», susurré. «Ahora lo sé. Estás en el rosario de forma viva y presente. Volveré a verte...».

Me retiré despacito, tímida y silenciosamente tal y cómo había entrado. Los orantes seguían ensimismados en su oración. Me contuve un impulso de correr hacia ellos y decirles: «oigan, no pierdan el tiempo. Aquí solo hay un trozo de pan, pero, si rezan en la capillita lateral a los pies de la Virgen, notarán su presencia...».

Ya estaba llegando a la puerta principal cuando una llamada interior me invitó a girarme por última vez hacia el altar. Mis ojos se clavaron en ese trozo de pan expuesto... Emanaba de Él una extraña presencia... Entonces, inesperada y misteriosamente, noté que de esa custodia salió *algo*... Una fuerza, una brisa, un soplo de amor... Me llegaba en forma de ondas traslúcidas, atravesado bancos y paredes... Aquella presencia me envolvió por completo; me acarició el alma.

«Gracias por venir a verme un ratito»,

dijo una voz masculina, tierna y perfecta. Era la misma voz que sintió mi alma en Medjugorje. En ese instante supe que el Señor había regresado... Pero había una abismal diferencia.

Esta vez lo había hecho dentro de un pedazo de pan.

Fray José Guerrero (de la República Dominicana), un franciscano amigo mío, con alma eucarística.

Esta foto fue tomada por un feligrés con un móvil corriente mientras el fraile bendecía con la custodia. Este hecho sucedió en la República Dominicana hace cuatro años.

«Hasta el día de hoy la foto se considera verdadera, sin haber prueba alguna de truco o falsedad» (palabras que me comunicaron desde el Arzobispado de Santo Domingo cuando llamé para informarme sobre la presente foto). «Tiene usted nuestro permiso para distribuirla», me aseguraron.

Cuando llegó hasta mí (diez años después de mi conversión), reconocí aquello que me cayó encima durante tres segundos en Medjugorje en el año 2000, y que cambió mi alma para siempre.

Tras recibir esta foto tuve la posibilidad de contactar con Fray José Guerrero, quien me aseguró que él no sintió nada mientras bendecía a los fieles con la custodia fotografiada. «Esto ha sucedido por gracia de Dios», me dijo.

Benditos sacerdotes con cuyas manos consagradas nos traen a Jesús.

Capítulo 4

Rhúa

«Ven, Espíritu Santo: concédeme una verdadera humildad. Solo así repararé el estado de mi alma y podré llegar a Jesús a través de María en unión con san José».

(Oración rezada por la autora antes de comenzar cada capítulo)

Londres, 2 de junio de 2000

—¡Padre O'Malley, padre O'Malley, padre O'Malley! ¡Debo contarle algo de suma importancia! –el sacerdote que tanto me estaba ayudando a acercarme a Jesús tras mi viaje a Medjugorje se había convertido en mi primer director espiritual. Se lo preguntaba todo y a su sabiduría tierna me agarraba para solventar mis lagunas. Ese preciso día le había invitado a desayunar en nuestro apartamento londinense, en donde sospechó que le tendría secuestrado hasta que respondiera a todos mis interrogantes–. ¡¡He descubierto que lo que se coloca en una custodia es Jesús!!

Una sonora carcajada retumbó en mi pequeña cocina.

—¡Ja ja ja! Pues claro, hija. ¿Qué pensabas? Qué paleta eres...

—Pues a ver cómo lo arregla... –menos mal que el padre O'Malley tenía paciencia...

El sacerdote tardó largo rato en informarme sobre lo que es una custodia, para qué se utiliza y todo sobre la verdadera y misteriosa presencia de Jesús en la Eucaristía. Desde el otro lado de la mesa de mi pequeña cocina casi derramé el café humeante que sostenía entre las manos. ¡Ni mis padres ni mis profesores me lo habían explicado nunca! Simplemente no estaba informada sobre lo que era la Adoración Eucarística, ni sabía que verdaderamente Jesús vive hoy entre nosotros, tal y como lo hacía mientras andaba por tierras galileas hace 2014 años, siendo tan real su presencia hoy como antaño gracias a que durante la consagración de la misa se transubstancia en un pequeño trozo de pan. Por ello nuestro Jesús Eucaristía es hoy el mismo que atravesaba el Jordán, el mismo que hablaba a sus discípulos, que sanaba y sacaba demonios y que amaba a su Madre María. Nos escucha y atiende tal y como lo hacía antaño... Es simplemente el mismo*.

Presa de una vergonzosa ignorancia, confié a mi amigo que hasta ese momento creía que la misa católica era tan solo una representación de lo que había sucedido en la última cena de Jesús junto a los apóstoles... Tuvo que aclararme lo que nos diferencia de los protestantes y toda la doctrina católica sobre adorar y recibir los sacramentos. Me rogó que, de una vez por todas, me comprara un Catecismo y lo estudiara, y me suplicó que me aprendiera los mandamientos.

—¡Ah! ¡Ahí no me pesca porque los sé de memoria! –exclamé llena de regocijo. Pero, cuando me pidió que los recitara, me di cuenta de que había olvidado todos menos el de *no matarás* y el de *no robarás*. En definitiva fue durante ese desayuno cuando ambos nos dimos cuenta del lamentable estado de mi formación religiosa; pero no me importó. Me sentía profundamente feliz. Al fin y al cabo tuve el total convencimiento de que Jesús sigue vivo, de que sigue a nuestro lado en cada sagrario del mundo, que nos cuida, nos escucha y nos contempla lleno de amor... Lo más increíble es que también nos habla: lo hace al corazón y en el silencio del alma a través del soplido de su amor, utilizando una comunicación perfecta y sublime que fluye misteriosa y constantemente entre Cristo

* He comprobado que esto es absolutamente cierto acudiendo como laica comprometida a orar durante los exorcismos llevados a cabo por un exorcista de Madrid. Es verdaderamente impresionante presenciar cómo reacciona el demonio cuando se le acerca la custodia a la víctima a la que domina. Nosotros no podemos ver a Jesús en ese trozo de pan, pero el demonio sí puede. Esto le aterra hasta límites monumentales (chilla, se revuelve, asegura que le quema, etc.) (N. de la A.).

y Dios Padre. Fue ese soplido colmado de divina comunicación de amor el que llevó a Jesús hasta una cruz desde donde salvó a toda una humanidad perdida, como también es ese rocío colmado de amor el que me cayó encima durante mi primera peregrinación a Medjugorje. Es su esencia de amor conocida como *Espíritu Santo*, aunque a muchos les gusta denominarlo «*Rhúa*».

Un simple «*Jesús, aquí estoy*» susurrado con humildad junto al Sagrario basta para recibirlo. Entonces actúa y el orante se ve metido de sopetón en la mayor aventura espiritual inimaginable.

* * *

Ese día comprendí algo más: que María, Madre de Jesús, está siempre cerca del Espíritu Santo, que palpa su esencia y obedece llena de amor a sus designios. Lo supe al comprender que había sido Ella, nuevamente, quien me había empujado hacia Jesús cuando acudí el día anterior a venerarla en la iglesia de mi barrio. Ella optó entonces por actuar a través de un silencio perfecto hasta lograr arrimarme a la custodia desde donde claramente me esperaba su Hijo. Comprendí que lo único que le importa es Él: es su centro, su camino y su meta, y, como Madre nuestra también, desea que todos le alcancemos sin reparar en lagunas religiosas, incultura, pecados o nimiedades.

Hoy sé que la presencia de María marcó una diferencia enorme en la vida de Jesús y que, si le dejamos, también puede hacerlo en la nuestra. Su ejemplo ha sido, a lo largo de estos 2.000 años, un soplo de paz y piedad hacia la humanidad herida que un día mató salvajemente a su Hijo en una cruz. Ella fue la primera cristiana y la mayor y mejor seguidora de Jesucristo, y sabe que quien conoce a Jesús ya nunca puede dejar de amarle; precisamente ahí radica el comienzo de la salvación de un alma. Y yo sabía que la mía pedía a gritos salvarse. Quizá por ello ese día el rosario comenzó a interesarme más.

Desde entonces un deseo irrefrenable de conocer mejor a la Virgen me empujaba a agarrarme al rosario en momentos simples, caseros... Daba igual que estuviera en la cocina esperando que saliera un guiso del horno, que corriendo en el parque tras los niños. Me acostumbré a llevar siempre uno en el bolsillo del vaquero o atado en la muñeca. Me sentía protegida por su cercanía al recordarme la presencia de la Madre de Dios, y pasando sus cuentas entre los dedos aprendí, poco a poco, a adentrarme serenamente en la vida de Jesús. Todos estos entendimientos –entre muchos otros– iban calando en mi corazón a través del rezo del rosario... Y así pude entender por qué Dios Padre había escogido a esa *niña-mujer* como Madre para Jesús. Fue a causa de su inescrutable humildad.

También supe otra cosa: jamás estaríamos en mejores manos que en las de Ella.

* * *

—Niña, lee los escritos de san Luis Mª Grignion de Montfort –me ordenó el padre O'Malley.

—¿Y quién es ese?

Mi director espiritual puso los ojos en blanco.

—Pues un santo que amó y estudió tantísimo la figura de María como Madre de Dios, que se enamoró de Ella.

Así que corrí a la librería de artículos religiosos de mi barrio, en donde adquirí una joya muy valiosa sobre el amor de Dios llamada *Tratado de La verdadera Devoción a la Santísima Virgen**. ¡Todo lo que descubrí en él me dejó boquiabierta, querido lector! Me llené de tristeza al concluir que no sabía nada de los santos y que nunca me había interesado sobre ellos. En mi ignorancia les había considerado personas extrañas, eruditas y silenciosas cuyos escritos solo los entendían los grandes teólogos. ¡Qué equivocada estaba! Hoy sé que es casi al revés: con gran desconsuelo afirmo que conozco gran cantidad de teólogos y filósofos que, aun creyendo conocer a Dios, no se conocen más que a sí mismos. No digo que no se deba estudiar Filosofía o Teología, sino que de hacerlo debe ser con mucho amor a Cristo y con un intenso deseo de humildad. Ser teólogo no debería implicar ser únicamente investigador sobre las verdades reveladas a lo largo de miles de siglos

* *Tratado de la Verdadera Devoción a la Santísima Virgen*, San Luis Mª Grignion de Montfort, Combel Ed., 2006 (N. de la A.).

acerca de Dios, sino también aprender a descubrirle y sobre todo a amarle.

Tristemente hoy también sé que muchos de estos eruditos solo se aman a sí mismos y que están demasiado orgullosos de su formación académica. Craso error, porque la pura verdad es que no somos nadie... Ni siquiera ellos. Y esto es una verdadera lástima.

* * *

Pero san Luis Mª era distinto... Todo su escrito exudaba una fragancia de amor indescriptible hacia la Madre de Dios. Tanto la amaba que era capaz de hablar de Ella como si estuviera frente a él de una forma absolutamente real, escondida entre los pliegues de su alma. La identificaba como una Madre vigilante de cada hijo encomendado, y gracias a él descubrí que es la maestra más sublime del amor de Jesús en nuestras vidas. La intención de María es intentar ayudarnos a moldear nuestro corazón a semejanza del de su Hijo Jesús; solo desea que el Espíritu Santo viva dentro de nosotros tal y como Ella observaba que vivía dentro de su Hijo, y creo que dedica todo su tiempo a rogar a Dios que su amor paternal nos empape tal y como me empapó a mí durante mi extraordinaria experiencia en Medjugorje. Hoy sé que es a Ella a quien debo mi conversión...

Aprendí muchas cosas más con la lectura del tratado de San Luis Mª. Devoraba cada línea, cada párrafo, como si fueran sorbos de agua fresca para un alma perdida en un seco desierto. La humildad de María me tenía perpleja...: «Madre, enséñame a ser humilde; deseo tener tu humildad», le dije al finalizar el escrito de san Luis Mª. Lamentablemente me di también cuenta de que eso sería del todo imposible, y que para acercarme al menos un ápice a su perfecta humildad necesitaba comenzar formándome. En otras palabras: debía encerrarme a estudiar. Solo con lecturas muy distintas de las que estaba acostumbrada lograría llenar mi cabeza hueca de la sobrenaturalidad de Dios. Había llegado a mi vida el momento de conocer a los santos, esos increíbles y pequeños locos de Dios... ¡Y vaya aventura maravillosa comencé a experimentar cuando les conocí! Me llegaban misteriosamente en forma de libros, cartas, conferencias... De pronto mi mundo se convirtió en tal torbellino de información sobre estos amigos de Dios que mi alma se prendió de fuego. Fue entonces cuando mi intelecto y mi comprensión sobre la sobrenaturalidad de las cosas se dispararon de una forma admirable.

Mi familia notó un cambio drástico en mí. Y entonces, irremediablemente, comenzaron los problemas.

* * *

—Ya no lees cosas normales –me dijo un día mi marido.

—¿Cómo que *normales*? –me sentí un poco ofendida, querido lector...

—Sí... Y además ya no me haces caso; solo lees ensimismada libros de gente rara.

—No son raros. Son libros de santos.

—Pues eso...

Me encogí de hombros y le ignoré. Pobre marido: notaba que su esposa comenzaba a vivir de otra manera, ajena al mundo de los sentidos... Ya no me interesaban las fiestas o la ropa bonita. Tampoco acudir a los actos sociales tan importantes para el mundo de los negocios. Para mí todo aquello comenzó a suponer un gran esfuerzo, y prefería quedarme en casa absorta en información sobre teología y mística o empapándome de escritos sobre la Historia de la Iglesia. «¡Estás siempre en las nubes!», me decían mis amistades. El problema era que nada me hacía bajar de ellas.

Comenzaban a llegar problemas que, con el tiempo, descubrí que siempre acompañan a un converso: el demonio estaba enfurecido conmigo y provocó que entrara en mi vida una lucha encarnizada que tristemente me acompaña hasta el día de hoy. A lo largo de estos quince años mis amigos sacerdotes me han avisado de que me acosará hasta la muerte. «Odia a aquellos que intentan llevar la luz de Dios a otras personas y tú, aunque torpemente, lo haces con tus escritos», me decían. Es cierto que me odia, querido lector: son muchas las veces que me ha amedrentado. Pero ya no le temo, pues sé que Dios es infinitamente más poderoso que él. Ahora solo trato de perseverar en la confianza en Cristo y hacerlo con el mayor amor posible. También sé que María, su Madre y la mía, es mi mejor aliada.

Que el Patas tiemble, porque contra Ella no puede, y él sabe que la pertenezco hasta la última célula de mi ser.

* * *

Tal y como relaté en capítulos pasados, los primeros ataques llegaron con el odio por parte de algunas personas cercanas que utilizaron la calumnia para desprestigiarme y dañar al máximo mi reputación. Mi sufrimiento era grande... No entendía la irritación que sentían cuando les llegaban noticias sobre mi reciente vuelta a la Iglesia, y el rechazo que les provocaba que lo compartiera con naturalidad en mis escritos y conferencias. El converso es un ser muy complicado, querido lector: alberga tal fuego en su corazón, es tal la felicidad interna que tiene posada en el alma, que no puede ni desea guardarse esa riqueza para sí. Debe entonces hacer un esfuerzo inmenso por controlar el deseo de gritar al mundo que ha descubierto a Cristo, que debe trabajar para Él el resto de su vida y emplear cada don recibido en atenderle y amarle. Pero mi jungla personal estaba plagada de gentes muy preparadas intelectualmente. Una élite de mentes ricas y respetadas en el mundo académico hacía que mi tarea fuera el blanco de burlas, de rechazo y de severas amonestaciones.

Un día comprobé cómo poco a poco algunas de esas amistades, avergonzadas a causa de mi fe, comenzaban a alejarse. El sentirme rechazada socialmente era una sensación nueva para mí, y el comenzar a experimentarla fue terriblemente doloroso y humillante. Yo les quería mucho, pero ellos ya no deseaban mi cariño ni mi compañía.

Mi trabajo también se vio afectado. Hasta entonces había escrito tan solo una novela de contenido trágico-cómico que había sido votada como finalista de un premio literario muy reconocido en España. Dios me había bendecido con un solo don: el de la escritura, y hasta entonces lo había utilizado para hacer el mal –el contenido de aquella novela no tenía nada que ver con lo que tras mi conversión sentía mi corazón y albergaba mi alma–. El protagonista de mi primer hijo literario era un sacerdote del que me burlaba sin ningún tipo de reparo, y el saberme conocida de pronto en el mundo literario de mi país a causa de ese libro me procuró gran dolor interior. Ansiaba reparar, ¿pero cómo?

Las palabras del padre O'Malley campanillearon una y otra vez en el corazón: «*cuando reces el rosario, la Virgen te agarrará de la mano y atará a una cadena el cuello del demonio...*».

Y así, confiando en la piedad de María y rogándole que me escuchara, corría a diario a la iglesia en donde me postraba a los pies del sagrario. «Madre y Jesús, perdonad mi pecado», les decía entre lágrimas. «A partir de ahora utilizaré el único don que tengo para vosotros».

Solo sé escribir, querido lector... Así que aquí estoy.

Espero no defraudarle.

* * *

Y la verdad es que la que nunca me defraudó a mí fue la Madre de Dios...

Ese rosario comenzó a ser una tirita en mis heridas, causadas cada vez con más furia por ciertas personas cercanas que, una y otra vez, demostraban su rechazo y odio. Las calumnias comenzaron a ser feroces cuando publiqué mi segundo libro y se recrudecieron con el tercero... Todos mis escritos se enfocaban hacia el amor que yo sentía por Cristo y en todos se reflejaba un grito desesperado para que también los lectores le conocieran y le amaran. Sentía un deseo irrefrenable de que todo aquel que se topara en mi camino pudiera ver irremediablemente en mi actuar un reflejo del amor de Dios: quizá una palabra caritativa, una sonrisa, un abrazo consolador... Había descubierto que Cristo es solo amor y deseaba que el mundo lo sintiera tal y como yo le percibía. Pero el camino comenzaba a empinarse violentamente y, conforme pasaban los días, se llenaba de piedras agudas. Entonces topé con un grave problema con el que no había contado: mi orgullo.

Aquellas calumnias graves me herían profundamente... Y así, lamentablemente, me llené de rencor hasta las cejas.

* * *

Un día, sorprendentemente pocas horas después de firmar con mi editor la compra de mi tercera novela –*Un mensajero en la noche*, Ed. Varieditores, 2000–, llegó la calumnia más grave y terrible sobre mi persona. Esta calumnia dañaba gravemente mi dignidad como esposa, madre y, finalmente, como escritora, dejando claro que quien difundía tan seria mentira había querido herirme en el pilar de mi existencia. Claramente, su intención era debilitarme hasta el extremo como para desear dejar el mundo de las letras, a causa del terrible pecado de la envidia. No era la primera vez que sentía el zarpazo de la envidia en mi vida y desgraciadamente aún no ha desaparecido. Ha sido y sigue siendo mi gran cruz. Angustiada y profundamente herida corrí hacia los brazos de mi marido quien, como tantas veces ha hecho a lo largo de nuestros 26 años de matrimonio, me abrazó y consoló de la mejor manera que pudo. «Yo vivo contigo y sé que es falso», dijo. Pero la gravedad de aquellas palabras y el pensar que podría haber gente que las hubiese creído, me había herido mortalmente. En pocas horas la pena se convirtió en rabia y el rencor acabó por apoderarse de mi corazón... Mi pequeña familia y mis más íntimos amigos me procuraron palabras de apoyo muy valiosas que consolaron en gran medida mi estado de ánimo en esos durísimos días. Estuve tentada de retirar el libro de las manos del editor, pero mi marido me animó a no hacerlo: «Ganaría el demonio, ¿no crees?».

Su manera de enfocarlo me abrió un camino de esperanza: debía seguir adelante y dejar simplemente que la calumnia acabara en saco roto.

No obstante, aquel rencor, aquel deseo de que la verdad prevaleciera, me atormentaba y agitaba por dentro.

* * *

—No escuches las calumnias, hija –me aconsejaba el padre O'Malley–. Es el truco más viejo y utilizado del diablo; echa mano de él cuando sabe que va a brotar un fruto de una vida o de un trabajo. Esto le enfurece. No dejes que gane esta partida. Perdona de corazón a la persona que te ha herido y mira hacia tu futuro como escritora. Sin duda esa persona no se da cuenta de que es esclava de una tentación grave y de que es utilizada por el diablo para hacerte daño.

Pero yo no podía, querido lector. Simplemente deseaba que esa persona que tanto daño había procurado a mi vida fuera castigada por su grave falta. El dolor no me dejaba ver que esto era otra patraña sucia de Satanás, quien bien sabe que sembrar el rencor a causa de padecer una injusticia acaba matando al alma*.

Pasaron los días. La calumnia no era reparada y mi corazón seguía roto... La persona causante de tan grave daño permanecía inmune a su pecado, y la gente creía sus embustes mientras yo sufría terriblemente las consecuencias. Era poderosa y se movía entre los intelectuales de los medios de comunicación, por lo que gozaba de la credibilidad y el reconocimiento de muchas personas ajenas a la verdadera naturaleza de su ira contra mí. «Es sorprendente lo rápido que echa raíces una mentira en lengua ajena», pensé entristecida mientras atravesaba esa mañana el umbral de la puerta de la gran iglesia de mi barrio. «Madre, consuélame. Demuéstrame que me quieres, que escuchas mi oración y me acompañas, pues empiezo a temer que me has olvidado...».

El padre O'Malley me llamaba a menudo y me repetía palabras llenas de sabiduría:

—Hija, entrega esta afrenta a la Virgen con el rezo del rosario; solo Ella sabe parar las calumnias –pero, conforme lo oraba, una gran tristeza se apoderaba de mí...

«¿Dónde está tu consuelo, Madre?», me quejaba tras cada *Ave María*. «Si es verdad que estás aquí observando mi rabia, mi dolor y mi vulnerabilidad ante esta espantosa calumnia, házmelo saber».

Había echado un pulso a la Virgen...

Pronto me daría cuenta de que Ella los gana todos.

---

* Con el paso del tiempo he llegado a conocer casos de gravísimas consecuencias a causa de pecados de calumnias hacia otras víctimas, y he alcanzado a compartir su dolor con todo mi corazón (N. de la A.).

Capítulo 5

Corazón de piedra en corazón de carne

«Muchas veces hay que decir adiós al pasado».

(Beato Fray Leopoldo de Alpandeire, Granada 1940)

El rosario comenzó a ser el kalashnikov más poderoso contra la adversidad en mi vida, y son muchísimas las ocasiones en las que, desde mi conversión, he comprobado su inmensa eficacia contra el mal, contra el temor y contra toda afrenta ajena. Los problemas existen, persisten y en muchas ocasiones pueden desalentarnos y hasta desesperarnos. Pero es cierto que Dios nos ama a todos con verdadera locura de padre, y como tal permite la libertad en cada uno de sus hijos, tanto si nuestra alma es noble como si es terriblemente cruel. Así el ser humano tiene una gran dificultad en entender por qué estallan las guerras, las hambrunas, el dolor, las enfermedades, las injusticias... Y es entonces cuando nos giramos enojados hacia Dios y le exigimos explicaciones sobre su poder de protección hacia el inocente.

Yo no soy santa, querido lector... Me he peleado muchas veces con Jesús, enfadada en la oración a causa de esta confusión sobre la libertad humana, y hasta le he acusado de ser un *«Dios sordo, lento al consuelo e inerte al mal»*. Pero, con el paso de los años, la llegada de las primeras canas y esa sabiduría que solo alcanzamos tras padecer sufrimientos, me he dado cuenta al fin que Él no tiene nada que ver con las guerras ni el odio humano. Somos nosotros los que nos atacamos y los que abusamos del más débil; los que muchas veces nos dejamos envenenar por el mal social y vencer por el demonio con sus terribles zancadillas. Nos falta –¡me falta!– fe. Este es el principal problema del hombre y lo que desencadena muchos males y pecados de extraordinaria peligrosidad en nuestro mundo. Como Caín, hemos deseado esconder nuestros actos perversos a los ojos de Dios, sin comprender que no se le puede ocultar nada, que todo lo ve y todo lo padece junto a nosotros.

Hoy en día la sociedad ha apartado a empujones a Dios. Y, si no le deseamos en nuestra vida, Él se acabará ocultando a nuestra alma, lo que nos sumirá en un campo de tinieblas y oscuridad del que no podremos salir solos. Pero, si por el contrario le descubriéramos y dejásemos que entre en nuestras vidas, permitiéndole manejar los problemas y sanar nuestras heridas, todo cambiará a nuestro alrededor.

Se lo digo por propia experiencia: con Él todo se puede superar, mientras que sin Él nada tiene coherencia.

* * *

Se preguntará qué ha sucedido con aquel enemigo que tanto sufrimiento me ha procurado. Su odio y rechazo hacia mí continúan... Hoy sospecho que su alma está rota, que no siente temor de Dios, pero que está comenzando un camino largo y espinoso de gran arrepentimiento. No he sido yo su única víctima y no seré la última; pero algo ha cambiado en mí: el rencor ha ido transformándose poco a poco en deseos de amarle, perdonarle y olvidar el daño que me ha infligido. No está siendo fácil, pero estoy en camino. Las calumnias con las que me ha ofendido no han sido más que eso, calumnias. Es duro ser dañado de esta forma, pero tenemos que mirar hacia adelante y entregar toda afrenta a Dios si deseamos ser felices. ¡Qué ejemplo de fe me dieron los santos cuyas vidas comencé a estudiar! Me conmovió especialmente la capacidad de cargar con las calumnias que demostró el Padre Pío, el gran santo estigmatizado del siglo XX. Leí su vida, estudié sus escritos y simplemente no daba crédito a lo que le sucedió: ¡fue la propia jerarquía de la Iglesia que él tanto amaba la que le persiguió, dañó su reputación y le rompió el corazón durante años! A pesar de todo, perseveró en su fe y en su empeño de amar a sus superiores. Todo lo asumió como una prueba espantosa, una cruz que le asemejaba a Cristo en mil aspectos, y procuró agarrarse a ella con humildad y templanza aguantando estoicamente el paso de los años.

Durante mis tribulaciones también me ha ayudado conocer el dolor de la más santa entre todas las santas: nuestra Madre María y Madre de Jesús. Ella debió de sufrir en vida más que ninguno de nosotros al saberse Madre de todo un Dios y ver con sus propios ojos desesperados cómo le torturábamos, maltratábamos, calumniábamos y finalmente matábamos de la forma más espantosa. ¿Acaso ha existido alguien más inocente que Jesús? Él solo vino a salvar, a perdonar y a amar... Sin embargo decidimos acabar con su vida, haciendo de Él un Dios humillado y herido hasta el desconcierto. Y Ella, su Madre, se vio obligada a presenciar, además, cada segundo de aquella terrible tortura, haciendo así de su dolor algo inhumano e incalculable.

* * *

Hace poco tuve la oportunidad de viajar a la preciosa ciudad de Roma en donde observé ensimismada la imponente belleza de la famosísima escultura de Miguel Ángel conocida como «La Piedad» (1498-1499). Los expertos dicen de ella que *«es una obra a la que ningún artífice excelente podrá añadir nada en dibujo, ni en gracia, ni en fortaleza, ni en poder de finura, tersura y cincelado de mármol»*. En ella Nuestra Madre sujeta en sus brazos el cuerpo yacente de su Hijo recién descendido de la cruz. Su rostro es joven y preciosísimo y sus vestiduras se expanden con una perfección sublime con numerosos pliegues sobre el mármol. Jesús es sobre su regazo un cadáver torturado que Ella mira con infinita tristeza. ¿Pero cree usted que en sus ojos hay rencor? No fue eso lo que yo observé, querido lector... Pues en los ojos de María descubrí que su autor, Miguel Ángel, había sabido captar el corazón real y verdadero de la Madre de Jesús. Si cuando usted vaya al Vaticano tiene la oportunidad de observar esta preciosa escultura, comprobará que el gran artista la supo venerar y amar, y comprendió su alma, siendo quizá la clave de la espectacular perfección de los trazos, pues en el rostro de nuestra Madre no se refleja un atisbo de odio o rencor... Todo lo contrario. De su mirada emana un amor infinito, una paz inmensa y una piedad sobrenatural que no puede unirse humanamente a lo que debe sentir una madre en situación semejante... Y esa paz que emana de María solo puede proceder de una persona que se fía totalmente de Dios, a pesar de experimentar el mayor momento de adversidad de toda su vida.

Embobada, enamorada ante tanta belleza, observando cada pliegue y cada reflejo del amor de la Virgen mientras cargaba el cuerpo de su Hijo muerto sobre su regazo, comprendí ese día y ante esa magnánima obra lo que Miguel Ángel había intentado transmitir: **que Ella se fió de Dios Padre como nunca nadie lo había hecho antes ni lo haría jamás.**

«Madre», oré, notando cómo los ojos se me llenaban de lágrimas. «perdóname; no sé sufrir sin quejarme. Enséñame a amar a mis enemigos, a orar por ellos como tú lo hiciste...». Qué pena, querido lector, tenerle que confesar que, a causa de mi debilidad y mis muchos pecados, no he sido capaz de cumplir mi deseo.

Hoy sigo luchando día a día por aplastar mi orgullo; caigo muchas veces y corro al confesonario. Menos mal que tenemos un Dios infinito en Misericordia... Hace tiempo concluí que será esa Misericordia la que salvará mi alma, pues está claro que por mí sola no puedo.

* * *

Después de esa preciosa experiencia ante *La Piedad* algo cambió en mi corazón hacia ese enemigo que, en su ira incomprensible, esparció aquella terrible calumnia contra mi persona. Con el paso del tiempo he ido comprendiendo que la calumnia, aunque es en esencia temible y poderosa, acaba por rendirse a la realidad. Cae en saco roto y la intervención de Dios, a través de nuestros ángeles de la guarda, acaban enterrándola en el olvido. El dolor disminuye con los años y, aunque la herida queda, en mi caso, ya no supura. Solo persiste un recuerdo amargo de esa alma rota que, en el mayor de los misterios, decidió un día hacerme daño intentando destruir gravemente mi reputación.

Pero también he aprendido otra bonita lección: nuestra reputación no importa. He conocido personajes famosos adulados hasta la exageración en momentos de gloria, para caer luego estrepitosamente contra el pavimento de la vergüenza cuando, presos de una debilidad, han tropezado en una falta grave demostrable. La sociedad no perdona, querido lector. El trabajo conseguido durante toda una vida puede ser arduo y ético a ojos de los demás, y hacerse añicos en un segundo a causa de un traspiés serio. Así es la humanidad: cruel con las faltas y envidiosa del triunfo ajeno.

Hoy doy gracias a Dios por haber permitido esas grandes calumnias que me han ayudado a moldear mi carácter y a crecer en humildad. Ellas me han enseñado la cruda realidad de que no somos nadie y que nunca lo seremos, dando igual si nacemos reyes o mendigos. Ni las joyas, ni el dinero, ni la fama, ni la popularidad nos servirán de nada cuando llegue nuestro momento de mirar cara a cara a Dios, pues toda riqueza temporal habrá entonces pasado y de nada nos habrá servido el orgullo herido más allá que para habernos amargado la vida. ¿Acaso vale la pena entonces enturbiar la felicidad propia por la maldad ajena? Más vale intentar perdonar y mirar hacia adelante, procurando no olvidar el sufrimiento padecido, más por protección que por venganza. Porque también es cierto que debemos intentar no tropezar en la misma piedra.

* * *

Nuevamente ha sido la Virgen quien me ha ayudado y me ayuda en este sentido, querido lector. Y lo hace con su arma preferida: el rosario. Creo que ya he dicho que rezar el rosario es recordar poco a poco todos los momentos importantes de la vida de Jesús: desde su nacimiento hasta su resurrección y subida a los cielos. Y dentro de este caminar junto a María en la vida de Jesús está incluida una de las escenas más bellas y enigmáticas de su vida pública. Me refiero a la primera, aquella con la que comienza a demostrar de forma externa y ante testigos asombrados su poder de hacer milagros. Se nos relata en el evangelio de san Juan (2, 1-13) y es verdaderamente sorprendente.

En ella Jesús es avisado por su Madre María de que el vino para el banquete de una boda a la que ambos habían acudido se había acabado. Los criados estaban preocupados por esa carencia que pondría en evidencia a los novios y a su familia, y María corre a pedir a Jesús que lo solucione. Con gran sorpresa vemos que Jesús la amonesta, y hasta riñe, pues, según Él, *«aún no había llegado su hora»* (*Jn* 2, 1-5). Pero, a pesar de no estar conforme, Jesús hace algo increíble: ¡no le niega a su Madre la petición y transforma el agua en vino!

Los presentes debían de estar asombrados... No sabemos exactamente quién se dio cuenta y quién no (el evangelio de san Juan solo da a entender que fueron los criados y la Virgen quienes se percataron de la falta de vino y del inmenso milagro que hizo Jesús).

Curiosamente, la venerable Sor Mª de Ágreda, en sus escritos basados en sus revelaciones privadas, nos lo relata de la siguiente manera:

« (...) Mandó el Redentor del Mundo a los ministros de las mesas que llenasen de agua sus hidras o tinajillas, que según las ceremonias de los hebreos tenían para estos ministerios. Y habiéndolas llenado todas, mandó el mismo Señor que sacasen de ellas el vino en el que las convirtió y lo llevasen al architriclino, que era el principal en la mesa y hacía cabecera en ella, y era uno de los sacerdotes de la ley. Y como gustase del milagroso vino, admirado llamó al novio y le dijo: "cualquiera hombre cuerdo pone primero el mejor vino para los convidados, y cuando están ya satisfechos pone lo peor, pero tú has hecho al revés, que guardaste lo más generoso para lo último de la comida". No sabía el architriclino entonces el milagro, cuando gustó el vino, porque estaba en la cabecera de la mesa y Nuestro Maestro con su Madre Santísima y discípulos en los lugares inferiores y de abajo, enseñando con la obra lo que después había de enseñar con la doctrina, que en los convites no echemos ojo al mejor lugar, sino que por nuestra voluntad elijamos lo más ínfimo. Pero luego se publicó

la maravilla de haber convertido Nuestro Señor el agua en vino y se manifestó su gloria, y creyeron en Él sus discípulos, porque de nuevo creyeron y se confirmaron más en su fe.. Y no solo creyeron ellos, pero otros muchos de los que estuvieron presentes creyeron que era el verdadero Mesías y le siguieron (...)».

(Mística Ciudad de Dios, Venerable Sor María de Ágreda; Libro VI, Cap. I, apedx 1039-1041).

Las bodas de entonces no eran como las de hoy y podían durar varios días con sus noches hasta completar una o varias semanas de festejos. Había una razón para ello: se invitaba con mucho respeto a todo el clan familiar, que, al estar formado por grupos nómadas, vivía lejos. Este hecho convertía una boda en algo muy importante y hermoso para una familia: se transformaba en una ocasión única para que se reunieran todos, para ver cómo les habían ido las cosas y conocieran también sus necesidades –enfermedades, penurias, etc.–. Las bodas familiares eran por ello celebraciones muy cuidadas y respetadas en donde el honor familiar podía quedar manchado si se cometía alguna falta protocolaria, como la falta o precaria calidad de los dulces y el vino. Debía de ser muy difícil calcular los alimentos: era casi imposible organizar la boda a gusto de todos, dado que era muy difícil saber el número de familiares que podrían acudir al no tener medios de comunicación como el teléfono, ni los medios de transporte que tenemos XXI siglos después. Además la invitación llegaba... ¡solo a veces! Y, si lo hacía a tiempo, era lógico que los invitados –esparcidos por valles y desiertos lejanos– tardaran días y quizá semanas en llegar al lugar del convite.

Una mañana inesperada podía aterrizar toda una rama familiar desde un desierto, mientras que otro clan acudía con retraso desde las montañas al haberles llegado la noticia con demora.

Los historiadores bíblicos dicen que la forma de invitar era a través del «boca a boca»: se avisaba con tiempo suficiente de la fecha y el lugar de la boda a amigos, parientes y vecinos. El viento y la chismorrería lograrían hacer llegar la noticia a los más lejanos y, una vez enterados, los invitados organizarían, con tiento y mucho jaleo, el viaje. No llegaban con una maleta, tal y como lo hacemos ahora, sino con camellos, criados, enseres, bultos, regalos para los novios y tiendas de campaña a lomos de animales. Y los que no pudieran transportar sus enseres debían buscar alojamiento durante varios días en alguna posada, dado que se aprovechaba la ocasión para turistear por la ciudad y, sobre todo, para visitar a familiares que a causa de la distancia no veían nunca.

Imagínese el jaleo que debía de ser organizar las bodas en aquel entonces, querido lector. ¡Para que se quejen ahora las madres del siglo XXI!

Pero no todo era un follón monumental o motivo de estrés, pues una boda judía en esa época también suponía una gran alegría para la comunidad. Era sin duda un motivo muy serio de festejo, de unión vecinal y de unión familiar. Por eso una boda era considerada una fiesta de enorme importancia a nivel social: era la ocasión para mostrar hospitalidad y, sobre todo, para presumir de pertenecer a una familia, a un clan... El honor tenía un asiento importante en todo aquello y era sobre todo un motivo de agradecimiento a Dios. El vino, los dulces y los manjares se cuidaban por ello con esmero, pues era la ocasión perfecta para *verse y dejarse ver;* para que la familia de los celebrantes fuera admirada y querida. Y es que el cotilleo ha sobrevivido a los siglos, querido lector...

* * *

Ahora volvamos a la boda a la que acudió Jesús en Caná. Esos novios –amigos de Jesús o quizá parientes– se vieron en el inmenso aprieto de no haber calculado bien la cantidad de vino que necesitarían. Esto puede parecernos hoy una gran nimiedad dado que, en pleno siglo XXI, con una simple llamada telefónica al centro comercial más cercano pueden proveernos para solventar la carencia con premura. Sin embargo para los novios de la boda de Caná, hubiera sido un gran motivo de apuro y angustia no tener vino suficiente. Les hubiera preocupado mucho la opinión de los invitados: ¿qué dirían? ¿Se desatarían luego las malas lenguas? ¿Les acusarían de pobretones o roñosos?

La Virgen supuso que podrían ser víctimas de burlas y murmuraciones y sintió lástima. Sabía que los novios sufrirían, que tal vez no hubiesen calculado la cantidad de vino necesaria a causa de tan problemática logística y que merecían ser felices ese día tan señalado. Entonces, aun sabiendo que a su Hijo no le gustaría, le pidió lo imposible.

Y Él, que adoraba a su Madre, accedió*.

* * *

Se preguntará la razón por la que cada vez que rezo los Misterios Luminosos del rosario me emociona especialmente recordar este gran milagro de Jesús: el primero y tan sorprendente al comienzo de su vida pública. Y es que tiene que ver mucho con mi herida privada, querido lector... Porque este simple hecho esconde una realidad mucho más profunda, rica y verdadera, que la transformación de un vaso de agua en vino.

Jesús demostró en ese momento dos cosas que serían los pilares de mi esperanza veintiún siglos más tarde:

1) **Aprendí que lo que la Madre pide a Jesús para nuestro bien no le es negado jamás.**

2) **Aprendí que, si fue capaz de transformar una vasija de agua en vino, ¿no será acaso capaz de transformar un corazón de piedra en uno de carne?**

Ambos entendimientos me han hecho pensar mucho, querido lector... Tanto como para ablandarme el corazón: he comprendido que había esperanza de solucionar muchos de mis problemas o al menos de llevar mi tribulación con fe y paz, que no con agonía. A través del rezo del rosario había entendido al fin que yo podría hacer algo por aquellos enemigos que me habían procurado daño: tenía muy claro que yo no podría nunca cambiar sus corazones, pero la Virgen sí. **A Ella nada le niega Él.**

Comprendí por fin que, si yo se lo permitía, se convertiría en mi más fiel aliada. Solo tendría que rezar el rosario con confianza y Ella, a través de su Hijo, haría el milagro.

---

* Según los investigadores de Historia Bíblica, Jesús transformó 120 litros de agua en vino (N. de la A.).

—Madre -le digo hoy con gran fe–. Pídele, en este misterio de las bodas de Caná, que hoy cambie ese corazón de piedra en corazón de carne. Pero empieza por el mío: deseo perdonar y olvidar.

No me cabe duda de que algún día mi oración tendrá fruto, querido lector.

Mientras tanto, rezo, amo y confío en Ella.

* * *

Oración de sanación de heridas por calumnias (por: María Vallejo-Nágera)

Jesús, tú sabes bien en qué estado se encuentra hoy mi corazón. Me han herido y me siento amenazado. Temo que mi familia sufra a causa de esta injusticia. Tú lo ves todo, Señor, y por eso sabes que de lo que me acusan, es falso. Percibo en ajenos hostilidad hacia mí por algo que no he cometido, y nada me consuela. Hazlo Tú, Jesús. Solo Tú sabes sanar heridas y reparar lo dañado. Tú todo lo ves y sabes que soy inocente. Solo tu consuelo te pido. Abrázame esta noche, lléname de tu confianza, de tu protección y de tu ternura. Con el poder que me confiere mi Bautismo, y por el hecho de sentirme hijo verdaderamente de Dios Padre, te pido que me empapes ahora mismo con la sangre y agua que mana de tu costado. Que esa sangre bendita derramada desde la Cruz me consuele y proteja de este mal.

Madre María: envuelve con tu manto a toda mi familia esta noche y protégela de todo el mal que esta calumnia grave ha causado en nuestro entorno. Que ninguno de los míos sufra por su causa. Confío en tu protección y tu consuelo.

Jesús y María: pongo en vuestras manos amorosas a la/las personas (se puede nombrar aquí a la persona/s culpable), *que me han calumniado, y os pido que derraméis gracias, amor y perdón sobre ella/s. Y a mí, concededme el don de amarlas a pesar de la adversidad. Prestadme para ello vuestros ojos y enseñadme a amarles tanto como le/los amáis vosotros. Que mi corazón no se llene de rencor, sino de amor hacia ellos.*

Amén.

Capítulo 6

María, Madre del consuelo

«Dios sabe mejor que nadie lo que nos conviene».
(Beato Fray Leopoldo de Alpandeire)

Peregrinación a Medjugorje, mayo de 2002:

Medjugorje es una extraordinaria escuela sobre las cosas de Dios, querido lector. Todo lo que me han contado los franciscanos de ese lugar sobre los pilares básicos de nuestra religión católica ha sido fundamental para mi formación espiritual. Cierto es que cuando llegué la primera vez, allá por el año 2000, no sabía nada sobre Dios. Ahora no es que sepa más, sino que lo aprendido a lo largo de estos quince años de crecimiento me arrastra irremediablemente a querer conocer más sobre el amor de Dios, sobre la Iglesia católica y sus enseñanzas. Y también sobre sus dogmas. Descubrir dos de ellos me colmó de asombro y de miedo: no podía imaginar que la existencia del demonio y del infierno fuera real.

La primera vez que palpé la presencia del maligno sucedió durante una de las Adoraciones masivas en Medjugorje, allá por el año 2002. Los 70.000 peregrinos que llenaban la inmensa explanada exterior de la iglesia oraban felices al percibir la omnipotente presencia de Jesús Eucaristía, expuesto en una inmensa custodia dorada colocada sobre el altar. Su amor se irradiaba de forma casi visible... Los peregrinos, ensimismados, se dejaban invadir por hermosas percepciones de amor y paz. Todo a mi alrededor recordaba al cielo y un misterioso deseo de alabar a Dios envolvía a cada alma. Las notas de las hermosísimas canciones que provenían del coro de la iglesia, colmadas de dignidad, se posaban delicadamente en los corazones de cada persona, mientras que la presencia de nuestra dulce Madre del cielo envolvía a todo niño, joven, adulto o anciano, haciéndose su amor perceptible de forma enigmática y real. «Dios mío», pensé conmovida. «Esta noche parece que el cielo ha bajado a tocar la tierra y 70.000 personas estamos siendo testigos de ello». Me giré para observar a mis compañeros de viaje quienes, sentados a mi lado en uno de los abarrotados bancos, derramaban lágrimas presos de una profunda emoción. Ninguno había presenciado antes una Adoración Eucarística y se mostraban anonadados por la fuerza espiritual que emanaba desde el centro del altar.

—Jamás imaginé que Jesús estuviera verdaderamente vivo en un trozo de pan consagrado –me susurró con voz temblorosa uno de ellos–. Es como si estuviéramos de puntillas a la puerta del cielo...

Asentí con la cabeza.

* * *

La Adoración llegó a su fin... La hora había volado; el tiempo de amar, sentir y de dejarse querer por Jesús desde esa custodia había transcurrido tan rápido que no nos habíamos percatado de que la noche había caído sobre nuestros hombros, sembrando el cielo de estrellas. Ese momento es muy especial en Medjugorje: se recoge al Señor entonces con inmenso amor por uno de los sacerdotes, quien, con esfuerzo, alza la imponente custodia y desciende con tiento los escalones que le separan de la masa de peregrinos. Camina despacio y con seguridad cargando al Rey de reyes... Se acerca a los bancos abarrotados de peregrinos y hace la señal de la cruz con la custodia desde su extremo de los mismos, hasta completar toda la explanada y regarla de bendiciones. Los sentimientos de los orantes están en ese momento a flor de piel...

Entonces Dios actúa y lo hace con fuerza.

* * *

¿Cómo iba a saber que es también cuando el diablo se aterroriza? Nadie me había hablado de él con profundidad... El padre O'Malley me había mencionado su presencia real en el pasado, pero mi miedo, torpeza e ignorancia espiritual habían relegado al subconsciente sus explicaciones. Entonces sucedió aquello que despertó mi conciencia con respecto a su terrible presencia entre nosotros: desde el banco situado frente a mí, un estruendoso chillido resonó en la explanada. ¡Me sobresalté de tal manera que se me resbalaron las gafas por la nariz y cayeron al suelo! Mis compañeros, aterrorizados, buscaban con la mirada de dónde provenía tal agitación. Pronto lo descubrimos: una joven peregrina alemana sentada a unos escasos metros se había puesto a cuatro patas sobre el suelo y había comenzado a aullar como un animal herido. Gemía, estiraba el cuello y lo retorcía... Ver aquello me llenó de espanto...

El sacerdote que portaba la enorme custodia con Jesús no frenó el paso. Avanzó lenta y dignamente acercando la custodia a cada banco, bendiciendo con ella a cada peregrino... Pero, cuanto más se acercaba a la joven alemana, más se agitaba furiosa. Llegó un momento en que su voz cambió y comenzó entonces a blasfemar con un tono masculino y feroz. No entendí en un primer momento el idioma que empleaba; solo luego me informaron que lo hacía en latín. Su voz no era de este mundo; no pertenecía a una mujer, sino a una bestia. Cuando al fin el sacerdote que llevaba la custodia se acercó a ella y la bendijo directamente sobre la frente, rompió a gritar de tal manera que hubiera sido fácil comprender que esa pobre alma estaba siendo torturada. No se trataba de un sufrimiento físico, sino espiritual.

Un joven sacerdote norteamericano sentado en un banco cercano dijo: «No es ella quien padece, sino Satanás. Está siendo obligado a presenciar a Jesús y no lo resiste. Oremos».

Vaya que si oré, querido lector...

* * *

Diez años más tarde, viviendo en Madrid, investigué hasta la saciedad todo lo que la Iglesia católica pudo enseñarme sobre la verdadera existencia del diablo. No fue por placer, sino por obligación: debía formarme sobre este terrible dogma si deseaba escribir mi trabajo literario *Cielo e Infierno: Verdades de Dios* (Ed. Libros Libres, 2013).

Anonadada y disgustada por la brutal ignorancia que existe sobre el tema –incluso entre los sacerdotes–, me sumergí en un estudio profundo sobre todos los libros escritos por el magnífico exorcista del Vaticano, el padre Gabriel Amorth, a quien Dios me regaló conocer y entrevistar en el año 2007. Asimismo acudí a sacerdotes santos que llevan a cabo en Madrid este espantoso ministerio, con paciencia, amor y templanza. Ellos me explicaron todo lo que debía saber, y con increíble confianza me dejaron orar durante varios exorcismos como laica comprometida en el ministerio de Sanación y Liberación. Mi tarea solo debía consistir en orar con todo mi corazón, con fe y serenidad, durante el durísimo proceso de los exorcismos.

Solo puedo decirle que el aprendizaje que he adquirido en esos ministerios ha sido simplemente abismal. Cada uno podría ser temática abundantísima para completar una tesis sobre el poder real, el odio verdadero y la maldad infinita del demonio.

* * *

Cosme* es una de las víctimas que el Señor me ha permitido conocer a través de este extraño ministerio. Es un joven atractivo, de carácter noble y corazón sereno, en cuyos exorcismos he aportado mi humilde oración a lo largo del último año. Su posesión proviene desde niño y las causas no las debo revelar. Sufre extraordinariamente durante las oraciones de liberación, y la fe y sabiduría del exorcista que le atiende, junto con la misericordia y bondad de Jesús, van liberándole poco a poco. Pero su pesar es grande y el maligno no desperdicia ocasión para fastidiarle. Cuando más le molesta, incomoda e inquieta, es cuando acude a una conferencia, charla o reunión en la que se habla con mucho

---

* Nombre ficticio por obvias razones de protección de datos. Los exorcismos se llevan a cabo con una absoluta confidencialidad y es inusual que haya varias víctimas del diablo en el mismo exorcismo (N. de la A.).

amor de Dios o de su Iglesia. Y la Virgen quiso que un día me lo tropezara precisamente en una enorme iglesia madrileña en la que mi querida amiga Sor Emmanuel Millard* iba a dar una conferencia.

Al comienzo, Cosme se me acercó agitado y extraordinariamente asustado:

—María, debo marcharme... –dijo tiritando y clavándome unos penetrantes ojos–. Estoy a punto de tener una manifestación del maligno... ¡No me deja quedarme!

—Pero dime, ¿tú deseas escuchar la conferencia sobre la Virgen? –pregunté.

—¡Claro que sí! –contestó muy apesadumbrado–. Pero mírame: tiemblo y siento una angustia terrible. ¡Y sospecho que debo huir si no deseo formar aquí una escandalera!

—No lo harás –dije firmemente.

—Lo haré, María... ¡Ya casi no puedo controlarme! –para mi horror comprobé que comenzaba a agitar la cabeza de un lado hacia otro. Sor Emmanuel había entrado en la iglesia y ya se estaba acomodando en el primer banco esperando que se iniciara la celebración de la misa.

—¡Haz un esfuerzo, Cosme! –dije–.Quédate al menos a la Eucaristía. Eso te ayudará...Venías muy ilusionado.

—Lo sé... ¡Deseaba tanto escuchar las enseñanzas de Sor Emmanuel!

Le cogí fuertemente de las manos. ¡Qué irritación sentí! Comprendí que el demonio era quien se agitaba dentro de él, no deseando que escuchara las preciosas enseñanzas de Sor Emmanuel. ¡Y él tenía todo el derecho del mundo de disfrutar de una conferencia sobre la Virgen!

—Entonces quédate –sugerí–. Sor Emmanuel viene a hablar de Nuestra Madre precisamente a personas sedientas de su amor como tú. ¡No es justo!

Cosme me miró con ojos llenos de tristeza...

---

* Sor Emmanuel: conferenciante/escritora de gran fama internacional que vive en Medjugorje. Es una gran apóstol del fenómeno Medjugorje en todo el mundo.Viene a España con gran regularidad (N. de la A.).

—Lo sé... Ayúdame.

Sor Emmanuel me vio desde el banco delantero, agitó la mano y le devolví el saludo. Clavé mis ojos en el enorme y hermoso cuadro de la Virgen de Guadalupe que alguien había colocado a la derecha del altar. Todo estaba preparado para la celebración de la Eucaristía y para la posterior conferencia, y mi amigo Cosme, víctima del feroz odio del demonio, no podía contener su agitación. Para entonces ya colocaba los ojos en blanco, movía las manos y agitaba los brazos. Entonces, furiosa contra el demonio, actué.

—¡Ven! –susurré mientras le agarraba de la cintura.

—No, no, no... ¿Qué haces...? No puedo, no puedo... –balbuceó.

—Tú no puedes, pero Ella todo se lo arranca al corazón de su Hijo. El Patas contra Ella no vence. ¡Fiémonos de la Madre! –dije señalándole el cuadro precioso de Nuestra Señora de Guadalupe. Cosme se giró hacia el cuadro y comenzó a tartamudear algo ininteligible a mi entendimiento. Pero yo estaba decidida: amo a la Virgen con todo mi corazón y nada me ha negado nunca. He presenciado con mis propios ojos el infinito poder de su protección, el amor y su fuerza vencedora contra el demonio. Durante los exorcismos he comprobado cómo sufre el maligno durante el rezo del rosario, cómo se retuerce y grita ensordecedoramente frente al rezo del *Acordaos*. ¡Ah, esa oración es muy temida por él!

Con el corazón agitado y temblando, pero rezando con toda la fuerza que fui capaz de hallar en mi interior, agarré a Cosme del brazo y comencé a avanzar pasillo arriba. Sor Emmanuel se sorprendió de verme llegar junto a un desconocido que tiritaba y miraba asustado a su derredor.

—¿Qué pasa? ¿Y dónde estabas? –me preguntó mi amiga–. Llegas tarde...

—Haga sitio, sor Emmanuel –dije sin preámbulos–. Este es Cosme; es amigo mío y sufre una posesión diabólica. Necesita quedarse a la misa, escuchar su preciosa conferencia y llenarse del amor de Dios. Así que ¡ayúdeme! –Sor Emmanuel miró a Cosme llena de piedad y ternura. Se movió hacia un lado y coloqué a Cosme entre ambas. Mi amigo se agitaba cada vez más... Sor Emmanuel y yo nos cruzamos una mirada cómplice–. No ganará el Patas –dije–. Pidámoselo a la Guadalupana, sor... –pero Sor

Emmanuel no contestó. Había hecho su entrada el sacerdote celebrante y esta religiosa no presta atención más que al Señor.

De pronto me sentí sola ante un terrible compromiso. ¿Qué sucedería si el pobre Cosme no pudiera contener el ataque diabólico? El hecho de pensarlo me heló la sangre... Sor Emmanuel no se merecía un escándalo... Y mucho menos lo merecía el Señor.

* * *

La celebración de la misa comenzó. Cosme se agitaba levemente sobre su asiento mientras yo intentaba sujetarle por la cintura. Los orantes del banco posterior se percataron de que algo extraño y misterioso le sucedía al muchacho sentado entre sor Emmanuel y yo. Noté cómo un par de gotas de sudor frío me recorrían la espalda.

—Mmmm... ¡No comulgaré! –amenazó Cosme de pronto. Giró hacia mí el rostro, me clavó unos fríos ojos y sonrió sarcásticamente.

«Este bichaco no me va a asustar» –dije para mis adentros–. «Y lograré que la Virgen nos ayude. Entonces Cosme comulgará y recibirá a Jesús, pues nadie hay más importante que él en este momento para Dios. El demonio no puede ganar esta partida: si Cosme ama a Jesús y desea comulgar, ni el mismo diablo lo va a impedir... ¡Ayúdame, Señor, a no temer nada! Si estoy contigo, ¿quién contra mí?». No puedo negar que el corazón me latía desenfrenado, querido lector...

Miré a la Virgen. El inmenso cuadro de la Guadalupana resplandecía bellísimo a pocos metros de nuestro banco. «Madre: sé que estás aquí y sé que me escuchas», oré. «Cosme sufre. Ha venido con la inmensa ilusión de sentir tu presencia, de pedirte protección y consuelo. Tú vences al demonio, le pisas la cabeza con el talón y te teme... No nos abandones, Madre. Cosme quiere comulgar, quiere disfrutar de la conferencia de sor Emmanuel... El enemigo no le deja; está haciendo lo posible por manifestarse, por asustar a todas estas personas. Para Cosme será una gran derrota y un sentimiento de vergüenza feroz si lo logra. ¡Pero el demonio no podrá hacerle gritar si se lo impides! ¡Amárrale con cadenas!».

Cosme dio un pequeño salto sobre su asiento y se agarró torpemente con ambas manos al banco. «María, no aguanto... ¡Estoy a punto de gritar!», gimió lleno de angustia. Sor Emmanuel le miró con gran lástima. «Oremos», dijo serena. Y entonces oré, querido lector. ¡Y cómo! Aunque mis labios nada pronunciaron, mi corazón explotó en súplicas. Y esta vez confié, confié, confié... Y lo hice con todo el poder del que fue capaz mi alma, derramando palabras agónicas desde lo más profundo de mi interior, exigiendo una urgente ayuda al cielo. «Madre mía», dije. «No puedes dejarnos así... Tú siempre acudes cuando más se te necesita... Mira a tu pobre hijo Cosme: agitado, asustado y humillado por el demonio, que tanto le odia desde niño. Solo Tú puedes amedrentar al maligno; solo Tú sujetas la cadena a su cuello. ¡Tira de esa cadena, Madre! ¡Átale, te lo ruego!». Pero, para mi total desconsuelo, Cosme se comenzó a agitar con más furia. Nuestros vecinos de banco se miraban asustados sospechando lo obvio. Un señor de edad avanzada, pensando quizá que ayudaría a sosegarle, inició inocentemente una oración en lenguas*, cuyo murmullo llegó a los oídos de Cosme.

—¡¡Dile que se calle!! ¡¡No lo puedo soportar!! –gritó mi amigo. La oración en lenguas es muy odiada por el demonio, querido lector... Pero aquella pobre persona no lo sabía... Entonces, desesperada, coloqué mi rosario sobre las rodillas de Cosme. Es un simple rosario de madera, humilde y sin adorno alguno que yo aprecio mucho y que guardo desde hace años; sus cuentas me han acompañado en muchos momentos de dolor en mi vida en los que buscaba el consuelo de la Virgen a través de su oración. «¡Por el amor que nos tienes, Madre!», supliqué angustiada. «Que este rosario logre que las piernas de Cosme dejen de agitarse... ¡Hazlo pronto, Madre!».

¡Pero el demonio estaba ya enfurecido! Mi amigo no solo no dejó de mover bruscamente las piernas, sino que sospeché que de un momento a otro se levantaría, patalearía y gritaría horriblemente.

---

* Oración de confianza, compuesta por palabras a veces irreconocibles. Es un carisma muy apreciado del Espíritu Santo que se venera y respeta mucho en la Renovación Carismática Católica (N. de la A.).

Retiré el rosario y, desesperada, dirigí mis ojos angustiados hacia el cuadro de la Virgen. «Madre, no sé qué hacer ya...», susurré casi imperceptiblemente. «Por favor, por última vez te ruego, te suplico que ates al demonio. Tienes la cadena en la mano que controla su cuello; él te teme y tú le dominas. No soporta tu amor, tu ternura... ¡Ahora, Madre! ¡YA! ¡Actúa ahora por todo el amor que sientes por nosotros!».

Y entonces, sin buscarlo, me vino de sopetón a la memoria una oración muy hermosa: el *Acordaos* de san Bernardo. Se trata de una poderosa llamada de auxilio a la Virgen, eficaz y muy amada a los ojos de Dios. Comencé a recitarla con todo mi corazón... Mis palabras brotaron como un lamento cargado de desesperación: «*Acordaos, oh piadosísima Virgen María...*». Sor Emmanuel, observando la situación, preocupada y sospechando que sería inevitable controlar una escena desagradable, se dirigió hacia mí con voz desesperada, colocó sus manos sobre la cabeza de Cosme y dijo:

—¡Ora, hija, ora! ¡Confía en tus palabras! ¡Ella nos escucha...! ¡No pares de orar!

Yo continué derramando toda la confianza que aún me quedaba escondida por el alma: «*Que jamás se ha oído decir...*».

Y en ese preciso instante: ¡PUM!: las piernas de Cosme pararon en seco.

Parecía como si algo, o *alguien*, hubiese tirado de una cuerda o de una cadena atada a sus tobillos, imposibilitando todo movimiento desde ese momento.

* * *

Cosme pudo disfrutar del resto de la celebración de la misa colmado de paz. Se sentía muy feliz y aliviado...

—¡Ha parado! ¡Se ha ido por esta vez! ¡Me ha dejado tranquilo y podré comulgar! –susurró en mi oído. Y claro que comulgó: lo hizo el primero. Como fue el primero después en felicitar a sor Emmanuel por su magnífica conferencia.

Ella le regaló un pétalo de rosa antes de la despedida.

—Cosme –le dijo–. Ha sido un placer inmenso conocerte y poder comprobar junto a ti el inmenso amor que te tiene la Virgen. Este pétalo debes guardarlo con gran ternura como recuerdo de lo que Ella ha hecho hoy por ti. Se desprendió de las rosas de mi jardín tras la visita de la Virgen a mi casa, cuando una de las videntes de Medjugorje, Marija, vivió una aparición de Nuestra Madre del cielo entre mis flores. Desde entonces las rosas de mi jardín huelen de forma distinta... Y mi corazón, también.

Lo ha adivinado, querido lector: no me marché de ahí sin haberle sacado antes otro pétalo a Sor Emmanuel para mí. Menuda soy cuando se me mete algo en la cabeza.

* * *

Oración del «Acordaos» de san Bernardo:

(Increíblemente eficaz para alejar al demonio de nuestro corazón, vida y familia):

Acordaos, ¡oh piadosísima Virgen María!, que jamás se ha oído decir que ninguno de los que han acudido a vuestra protección, implorando vuestro auxilio y reclamando vuestro socorro, haya sido abandonado de Vos. Animado por esta confianza, a Vos acudo, oh Madre, Virgen de las vírgenes, y gimiendo bajo el peso de mis pecados me atrevo a comparecer ante vuestra presencia soberana. Oh madre de Dios, no desechéis mis humildes súplicas, antes bien, dígnate escucharlas y acogerlas benignamente. Amén.

* * *

No quiero despedir este capítulo sin relatarle antes una anécdota muy famosa sobre la Madre Teresa de Calcuta, que amaba mucho esta preciosa oración de san Bernardo y a quien la Virgen concedió un increíble milagro al rezarla devotamente. Sucedió en cierta ocasión, tras recibir las quejas de las Hermanas de la Caridad, que acudieron a su superiora con la angustiada situación de sus pequeños huérfanos.

—Madre Teresa –dijeron–. Ya no nos caben los niños que van llegando... El orfanato se nos ha quedado pequeño y nos vemos obligadas a dejarles dormir en el suelo de cualquier manera, sin cobijo ni colchoneta. No hay mantas suficientes, ni alimentos... ¿Qué haremos, Madre Teresa?

La Madre Teresa quedó pensativa unos segundos...

—¡Tengo la solución! –dijo al fin–. Ofreceremos a la Virgen 85.000 *Acordaos*.

—Pero, Madre –se escandalizaron las hermanas–. ¡¡Eso es una barbaridad de *Acordaos*!! No nos dará tiempo en una vida entera a rezarlos... ¡Usted puede llegar a morir incluso antes de que lo logremos! (La Madre Teresa era ya de edad muy avanzada).

La superiora de las Hermanas de la Caridad volvió a quedar pensativa unos segundos más.

—Bueno... –dijo al fin–. Entonces reuniremos a todos los niños del orfanato y a todos los enfermos de nuestras casas de acogida. Los que estén bajo nuestros cuidados deberán aprenderla y rezaremos a la Virgen todos juntos el *Acordaos* en cuanto nos despertemos por la mañana. ¡La Virgen no tendrá más remedio que escucharnos! –afirmó.

¡Cuánta razón tenía! No había pasado mucho tiempo cuando un donante anónimo les regaló un enorme edificio nuevo para los niños. La Virgen había utilizado sus «contactos privados» para lograr ese orfanato...

¿Lo ve, querido lector?: la Virgen no está sorda. Haga la prueba y me dará la razón.

Capítulo 7
Todos los pecados cometidos

«¡Ay de los que se creen sabios
y se las dan de prudentes!».
(Is *5, 21*)

Madrid, primavera del año 2005 (creo)

El corazón humano es duro de pelar. Y a veces ciego, necio y soberbio hasta límites bochornosos, independientemente de la formación moral, ético-religiosa o académica que se haya acumulado con largos años de estudio. Y es que, cuando un alma necia se encuentra de sopetón con Dios –tal y como me sucedió a mí– y toma la decisión de correr hacia Él, cree que todo va a ir sobre ruedas. Torpemente se autosugestiona pensando que tras una confesión, los pecados quedarán machacados como un diente de ajo en un mortero, y que la falta cometida desaparecerá para siempre del alma que los cometió. Sin embargo suele olvidar una importante realidad sobrenatural: el ajo espachurrado siempre deja un poso pegajoso en el fondo del mortero cuyo olor cuesta hacer desparecer.

Es una comparación muy básica, querido lector, pero es cierta: el daño hecho a la víctima contra quien se pecó queda como una estela de dolor en su corazón. Y esto no puede quedar reparado tras la confesión. La **secuela del pecado** queda agarrada en el tiempo como una chincheta a un tablero, y esta es una lección dolorosa que me costó asimilar y corregir, y a la que llegué de una manera de lo más peculiar. Sucedió allá por el año 2005, cuando me encontraba en un momento de inmenso crecimiento de fe, y creía –¡pobre infeliz!– que me acercaba a pasos agigantados hacia la santidad. Ya por aquel entonces mi conversión había sembrado una semilla fuerte, un deseo maduro de seguir a Cristo de la mejor manera posible, aun conociendo la nimiedad de mis dones y mi extraordinaria facilidad para recaer asiduamente en el pecado. Era esa la razón por la que acudía a la celebración de la misa y comulgaba, mientras echaba mano de la confesión mensual. Estos sacramentos –Eucaristía y confesión– se convirtieron en los pilares que me mantuvieron alerta contra el pecado, y gracias a ellos me defendía de las faltas que iba descubriendo en mi personalidad ante las que había sido ciega antes. Ello me hacía sentir dichosa pues en mi arrogancia pensaba que, de sucederme algo grave, iría de un empujón al cielo.

Carecía entonces de conocimientos escatológicos y, por aquello de que *la ignorancia es atrevida*, vivía pensando que solo había dos destinos posibles para el alma tras la muerte del cuerpo: el cielo o el infierno. ¡Vaya chasco que me llevé cuando descubrí que la existencia del purgatorio era un dogma! Esto me hizo replantearme muy seriamente el verdadero estado de mi alma, y fue así como un buen día decidí retar a Dios. «Padre del cielo», le dije. «ves que hago todo lo posible por seguirte, amarte y complacerte. Estoy feliz con el redescubrimiento de mi fe y, conociéndote ya un poco, sé que eres todo Misericordia. No mato ni robo, ni hago grandes barbaridades, por lo que supongo que, de darme un ataque al corazón, iría rápidamente al cielo. Ya sabes que me confieso, comulgo y todo eso... Así que debes considerarme *un alma buena,* pues lo confesado se borra de tu memoria... Si no es así me lo haces saber y lo remediamos, ¿vale?».

Y me quedé tan ancha.

Semejante oración no brotó de mis labios en una iglesia o capilla; ni siquiera paseando bucólicamente por un campo florido. Qué va. Fue en el metro... ¿Acaso no me había explicado el padre O'Malley que Dios está en todos lados? Pues eso incluía el metro y punto.

* * *

¡Y resultó que descubrí algo muy serio, querido lector!: Dios responde siempre, independientemente del lugar o del estado emocional en el que nos encontremos. No habían pasado ni dos semanas cuando un buen día, disfrutando de un paseo por un parque de la ciudad, me invadió por completo un recuerdo extraordinariamente nítido. Llegó a modo de una brisa misteriosa no buscada, que atrevidamente penetró en mi memoria despertando un hecho que había permanecido oculto durante más de treinta años. Las escenas de ese recuerdo me trajeron la imagen de una persona de antaño a la que nunca presté demasiada atención y cuya pista había perdido. El rostro de *X* me fue devuelto con absoluta nitidez: bajito, tímido con gafas, poco agraciado... Se trataba de un muchacho que fue la diana de bromas y burlas provenientes de mi grupo de amigos a causa de su feúcha apariencia y de su naturaleza tímida y afable. El recuerdo también me trajo a la mente una extraña anécdota referente a él... Se trataba de lo que me sucedió durante una tarde tranquila, en el interior de un bar cercano a mi universidad, mientras una amiga y yo nos tomábamos un par de pinchos. Entonces entró aquel muchacho en el local... Pobrecito... Entre risas burlonas mi amiga aprovechó la ocasión para confiarme que aquel pobre muchacho le había revelado, en un momento de debilidad, que andaba locamente enamorado de mí. ¡Yo rompí a reír a carcajadas, querido lector! No entendía semejantes sentimientos en alguien con quien había cruzado pocas palabras y a quien no había entregado ni un ápice de mi atención. Y con gran crueldad cometí el error de difundir el secreto con otros amigos... Las mujeres somos terribles con la lengua...

El diablo actuó en mi corazón, brotó en mí la vanidad adolescente y utilizó mi pecado para dañar a una persona inocente, vulnerable y muy tímida. He de aclarar que por aquel entonces yo trabajaba en mis ratos libres como modelo de pasarela para costear mis caprichos de juventud mientras finalizaba los estudios universitarios; esto me procuró desfiles, dinero extra y un endiosamiento estúpido y prepotente. Verdaderamente gozaba de un rostro hermoso –hoy caducado–, mientras que mi alma dejaba mucho que desear.

Como era de esperar, en muy pocos días mi enamorado se enteró de mi desprecio y sufrió las consecuencias. Entonces llegaron las burlas crueles del grupo, los chismorreos y hasta la mordaz broma de un listillo de la pandilla que le bautizó como *Rodolfo Valentino*. *X* se sonrojaba tímidamente sin defenderse. Las burlas se alargaron durante meses hasta que los guaperas de la pandilla se cansaron de atormentarle.

Jamás le di importancia a lo sucedido y con el paso del tiempo se me olvidó la anécdota, aquel muchacho y su inocente enamoramiento. Pasarían muchos años hasta que Dios me lo devolviera en la forma de un recuerdo brotado de una simple oración. Gracias a ello supe que no era santa y que, costara lo que costara, debía reparar aquella afrenta del pasado. ¿Pero cómo hacerlo?

Aquel pobre muchacho sería hoy un hombre; no sería siquiera capaz de reconocerle físicamente dado que los años se habían encargado de que le perdiera totalmente la pista.

* * *

Mi dolor era grande y la vergüenza de ese recuerdo me atormentaba. Dios aprovechó la circunstancia para traerme muchos entendimientos al alma y así supe que Él no había olvidado el sufrimiento de una persona inocente, de un muchacho que se había sentido ridículo y vulnerable a causa de aquellas burlas necias por parte de una estúpida adolescente engreída. Me preguntaba dónde estaría... En aquellos días aún no habíamos entrado de lleno en la era Facebook; no había sabido sobre su paradero ni de lo que había sucedido con su vida dado que mi camino me había alejado de España y de la pandilla de antaño. ¿Cómo podía reparar entonces una falta cuya víctima me era imposible localizar? Pregunté aquí y allá. También me costó dar con mis amistades del pasado. Pero al fin encontré a una de mis amigas y quedamos para vernos.

¡Qué alegría sentimos al recuperar nuestra amistad! Recorrimos el precioso parque de El Retiro y nos tomamos una cerveza, momento que aproveché para relatarle los últimos avatares de mi vida espiritual. Con cierto apuro le revelé lo acontecido durante mi oración y la pronta respuesta del Señor en mi corazón con respecto a aquel muchacho. Ella fue quien me informó sobre su paradero: se lo había encontrado en una provincia de España en donde X le informó que se había casado y que había tenido un niño. «Sigue siendo muy poco agraciado...», añadió. También me informó de que a aquel muchacho, hoy un hombre casado, no le quedó un recuerdo agradable hacia mi persona... Era de esperar...

Sentí un gran arrepentimiento. ¡Qué misteriosos son los afectos humanos, querido lector! A veces somos crueles, nos dejamos llevar por la opinión de los demás y herimos gravemente la seguridad y la alegría del prójimo... Luego pasan los años, olvidamos las afrentas cometidas y no reparamos.

Pero Dios sí repara: Él nos busca, nos anhela, nos quiere con locura y necesita nuestro arrepentimiento para poder actuar.

—No te preocupes –añadió mi amiga–. Me pareció verle muy feliz.

Sin embargo no me quedé nada tranquila. En absoluto.

* * *

Mi amiga se despidió de mí con un abrazo y quedamos en retomar contacto lo antes posible. Luego continué a solas el paseo.

Anduve cabizbaja... Ni las preciosas flores del parque ni las risas de los niños templaban mi corazón... Qué extraños son a veces los regalos sobrenaturales de Dios, querido lector... Había pedido en la oración que me recordara aquello que debía reparar, y Él lo había hecho. ¿Y ahora cómo podría enmendar esa herida cometida hacía un porrón de años? Tendría que encontrarle y pedirle disculpas... ¿Pero cómo? Hacía mucho que no sabía nada de él. Medité sobre qué pasos debía seguir y concluí que sería mejor que no le buscara. La pura verdad era que tuve temor... Sabía del pésimo concepto que le había quedado sobre mi persona.

De pronto me sentí muy cansada... «Señor», susurré al cielo notando en mi corazón un profundo pesar. «Eres un Dios exigente... ¿Cómo me haces esto? Y ahora, Jesús, ¿qué hacer? No lograré nunca devolver el ofrecimiento de una amistad que él un día me brindó, ni reparar esa herida que le procuré...».

Busqué un banco libre y me senté. Una suave brisa primaveral acarició mis mejillas. Sentí un escalofrío y refugié las manos en los bolsillos de mi pantalón. Fue entonces cuando mis dedos rozaron con algo. Cuando lo saqué vi que se trataba del rosario.

* * *

Desde ese día no paré de pedir a la Virgen que se ocupara de aquel muchacho antaño vulnerable; le pedí que fuera hoy un esposo y un padre feliz. Utilizaba el santo rosario con este fin y en cada misterio pedía a nuestra Madre que le protegiera, le cuidara y llenara de bendiciones, de amor y paz. «Madre», repetía con gran confianza. «Ayúdame a reparar mi falta... Yo sola no podré».

Pasaron las semanas, los meses y hasta un par de años. Yo perseveraba en mi oración... Durante todo ese tiempo Dios había ido despertando, poco a poco, recuerdos olvidados sobre personas a quienes yo nunca había pedido disculpas por un comportamiento erróneo. Esa era la razón por la que no solo encomendaba a *X* a la Virgen en mis oraciones diarias; también fui incluyendo a aquellas personas que el Señor, en su misericordia, fue tiernamente devolviendo a mi memoria. Y así desfilaron alumnos del colegio, familiares y amistades a quienes con errores humanos yo había podido infligir algún pesar. Tampoco faltaron aquellos que me habían dañado a mí... Notaba que la Madre de Dios me pedía que incluyera a todos en el rezo del rosario, que cobijara a todos bajo su manto sin olvidarme de ninguno, especialmente a los considerados «enemigos», esos a quienes comenzaba a sentir que debía perdonar sin guardar rencor alguno.

Solo Dios sabe lo mucho que me costaba esto último...

* * *

Hoy recuerdo aquella época como una etapa fructífera de oración y aprendizaje. Era durante el rezo del rosario cuando se calmaba mi alma y la Virgen traía a mi mente todas esas faltas olvidadas, sin permitir que me hirieran o aterrorizaran. Aprendí que todos tenemos escondidos pecados que no deseamos recordar o que no tenemos la capacidad de hacerlo; y que alcanzar la perfección del alma o un estado perfecto de bondad y arrepentimiento es una quimera inalcanzable.

Descubrí que sin Dios no somos nada, que siempre necesitaremos un don especial para lograrlo y que la puerta del cielo es estrecha e imposible de atravesar por méritos propios. Es Jesús quien nos sustenta y ayuda a crecer en santidad mientras que el camino se encuentra lleno de tropiezos y arbustos espinosos.

También aprendí que Él no nos abandona y que solo necesita nuestra confianza. Es entonces cuando comienzan los milagros.

* * *

Un día de otoño de 2007 sucedió algo extraño que hizo que la situación tomara otros derroteros. Para entonces estaba segura de que mis plegarias por *X* tenían que haber robado muchas gracias al corazón de la Virgen, pues cada día la amaba más y confiaba más en Ella y en su intercesión. Pero el problema surgía en el hecho de que yo no veía resultados... El muchacho no aparecía en mi vida por ningún lado y esto me entristecía y sembraba de dudas mi corazón. Fue entonces cuando, enfadada, decidí redoblar mi oración. «Te voy a obligar a escucharme, Madre», refunfuñé. «Si es necesario, te pediré a gritos que me saques de este malestar. Debo encontrar a *X* y no soy capaz de hacerlo; debo reparar el dolor que le procuré, pedirle perdón y devolver felicidad por maldad... No estaré tranquila hasta que lo logre, pues tengo el convencimiento de que forma parte de los planes de Dios. Ese muchacho tenía un corazón noble y yo, perverso. La vanidad me cegó y la estupidez que acompaña toda adolescencia enturbió mis acciones. Fui cruel con él, pero, si no puedo localizarle, no puedo enmendarlo. He llegado al límite de mi búsqueda y no lo he hallado. Tú sabrás qué hago con mi deseo de reparación... Sé que Tú lo puedes todo, Madre, pues a ti Jesús no te niega nada. Te tiene muy mimada... Por lo tanto, si yo te ruego un milagro de reconciliación, sé que se lo arrancarás a Dios para mí».

* * *

Una semana más tarde recibí un curioso email a la web de mi oficina, que cambiaría el rumbo de los acontecimientos. El email decía así:

Estimada doña María:

Soy una abuela de avanzada edad de Valencia a quien le agradan mucho sus escritos. La lectura de sus libros me ha llenado de paz interior y ha reforzado mi fe, antaño fuerte y hoy algo debilitada por el paso de los años y los golpes de la vida. Sin embargo, y tal como le digo, sus libros, todos regalados por una de mis sobrinas, me están procurando mucha reconciliación y amor. Siento molestarle con mis cosas (debe usted ser una mujer muy ocupada), pero mi situación familiar es preocupante y delicada. Verá: como en muchas familias, tengo el disgusto de sufrir un grave problema afectivo con un primo a causa de un reparto mal distribuido de una herencia. El daño afectivo vino producido por un juicio al que lamentablemente hemos tenido que llegar, con todo el coste económico y sobre todo emocional que eso supone. Para ahorrarle a usted detalles solo le diré que gané el juicio, se me devolvió cierta cantidad importante de dinero que la justicia consideró que me pertenecía, y mis primos tuvieron que ceder. La consecuencia afectiva ha sido que he perdido el contacto con esos primos, quienes están furiosos y no aceptan la devolución obligada dictada por un juez.

Es ahí donde usted ha jugado un papel importante... Verá... Mi sobrina –de otra rama distinta a los agraviados–, observando mi pena, me regaló uno de sus libros. «Te dará consuelo», dijo. Lo leí en momentos de mucho dolor... Y me consoló... («Un mensajero en la noche»).

Pasaron algunos meses y tanto me reconfortó esa obra por usted escrita, que la releía en momentos de tristeza. Subrayé algunas frases del libro e incluso las repetía en voz alta cuando la ansiedad me invadía. Fue así como retomé mucho contacto con la Virgen y la bonita costumbre de regresar a misa de forma diaria. Un día, mientras oraba en la iglesia con su libro entre las manos, me percaté de que alguien me miraba. Se trataba de un señor de gafitas poco agraciado pero bien vestido y acicalado, que fijaba sus ojos sobre la tapa del libro. Cuando me di cuenta de que no apartaba la vista sobre él, logré acumular el valor suficiente como para acercarme y hablarle. «Perdone, caballero, pero veo que le interesa el libro que llevo en la mano», dije. Acto seguido el señor se presentó muy educado y se disculpó por haber llamado mi atención de esa manera. Luego comenzó la misa y ya no pudimos hablar. Tras finalizar el servicio religioso, marchó deprisa...

¡Pero días más tarde me lo volví a encontrar! Me hizo mucha ilusión ver que traía el libro entre las manos y que me saludaba con un gesto amable de cabeza desde algunos bancos atrás. Tras la misa me acerqué de nuevo a él. «Veo que ha conseguido usted un ejemplar», dije. Entonces, con enorme amabilidad me comunicó que aquel día en el que él se fijó en mí por primera vez fue a causa de ver su nombre sobre la portada. Según me dijo, él la conoció a usted de jovencita y no guardaba buen recuerdo de aquella amistad... Pero chocado por ver su nombre como autora en la portada, y más sorprendido aún de que yo hablara bien de usted, se llenó de curiosidad... Al salir de la iglesia acudió a una librería y adquirió un ejemplar.

«Tenía usted razón», dijo. «El libro llena de paz y templanza... Pero ella no era así de jovencita... No sé qué pensar». Yo la defendí a usted, doña María, diciéndole que las personas cambian y que los jóvenes engreídos causan mucho dolor, pero que con la adultez llega el arrepentimiento.

Desde entonces le veo todos los días en misa y ya somos amigos.

Me pide que le dé recuerdos a usted y que le felicite por su obra, la cual sigue ahora con gran interés. La persona en cuestión se llama X, y cree que quizá usted no le recuerde.

Bueno, he pensado que le gustaría a usted saber que un amigo del pasado, a quien no le quedó un buen recuerdo sobre usted, está leyendo su obra. Es una historia bonita a mi parecer y por eso he tenido la osadía de escribirle a usted.

Me despido sin más, pero, eso sí, rogándole oraciones para que se solucione el terrible problema con mis familiares, que no me quieren ni desean reconciliarse conmigo.

Sin más, reciba un saludo muy cordial,

M.P.P.

* * *

Solo puedo tener palabras de agradecimiento a la Virgen, querido lector. Ella es la mejor publicista, las mejor relaciones públicas y, sobre todo, la mejor Madre. Creo que también es una excelente Directora de Marketing... Recurrí a ella a través de la oración y Ella me escuchó.

Hoy, gracias a esta buena mujer valenciana, he logrado contactar personalmente con *X*. Mi oficina respondió a su email y le pidieron en mi nombre los datos de ese nuevo lector. Una vez en mi poder corrí hacia el Santísimo, en donde pasé largas horas orando... Le pedía luz y fortaleza al Señor... Fue Él quien me concedió la valentía necesaria para tomar el teléfono y marcar. X se mostró sorprendidísimo al descolgar. «Soy María», dije llena de apuro. Con toda la humildad de la que fui capaz, le pedí perdón y le rogué que me brindara su amistad perdida. El muchacho antaño tímido ya no lo era tanto... Ahora es un hombre seguro, ha triunfado laboralmente, tiene una esposa que le ama mucho y un hijo precioso. Dios le ha cuidado y le ha colmado de paz y felicidad. Hablamos largo rato, pero no me permitió que acabara mi retahíla de disculpas: me interrumpió y me aseguró que todo estaba olvidado y enterrado en el perdón.

Pero no quedó ahí la cosa...

Pocos meses más tarde quiso mi editor que diera una conferencia sobre una de mis obras en Valencia. En un primer momento sentí cierto bloqueo al recordar con fuerza a mi amigo... Deseaba invitarle, ¿pero aceptaría mi invitación gustoso? ¡Me daba verdadero apuro! Una buena amiga compartió conmigo una bella expresión de su fe.

—María –dijo–. No debes temer nada. Tienes que confiar mucho más en tu ángel de la guarda –su comentario despertó mucho mi atención.

—¿Qué quieres decir?

—Pues que todos tenemos ángeles de la guarda... Y ellos solo desean protegernos ante el pecado y los peligros con los que tropezamos constantemente en la vida. Su misión es ayudarnos a conocer la voluntad de Dios para nosotros. Nunca falla y no olvides que jamás te abandona; vive pegado a ti y observa con tiento todo riesgo que pueda dañarte. Por ello es necesario que hagas esto: pídele que vaya a contactar con el ángel de *X*, y que le prepare su corazón para el encuentro personal. Que siembre en él seguridad, templanza y deseo de reconciliación contigo. Esto allanará el terreno y limará escollos. Te protegerá ante el riesgo de cualquier contacto desafortunado. Si verdaderamente creyéramos en la existencia de los ángeles de la guarda, tal y como nos lo enseña la Iglesia, todo sería más sencillo en nuestro caminar... Pero nos falta fe y no los utilizamos suficientemente a causa de nuestra desconfianza. ¡Nuestra poca voluntad para dejarles trabajar es lo que les frena! Qué gran pérdida para nosotros impedir su trabajo.

Sus palabras me hicieron pensar... Así que, tras una pequeña timidez inicial, decidí invitarle... ¡Y doy gracias a Dios por haberlo hecho!

Cuando le vi entrar en la sala de conferencias me dio un vuelco el corazón, más por vergüenza que por otro motivo. Su aspecto era más agraciado que de jovencito –¿quién no es horroroso en plena adolescencia?–. Acudió con su esposa y me la presentó al final del acto sobre mi libro; fue para mí un gran placer poderles regalar mi nuevo trabajo, que les dediqué con mucho cariño. Se mostraron muy agradecidos...

¡Y qué bien lo pasamos recordando tiempos lejanos durante el pequeño ágape que ofreció la editorial al público! Lo que más me agradó fue conocer a su esposa... ¡Resultó ser una mujer menudilla absolutamente disparatada, alegre y sobre todo divertidísima!

—Mira –me dijo señalando a su esposo–. Puedes pensar que me he llevado al feo del equipo, pero no veas qué feliz me hace y lo que nos queremos. Además lo más adecuado para que un matrimonio funcione es que a una le chifle su marido y a todas las demás les parezca *Quasimodo*. Así las golfas que hay por ahí no le echarán nunca el ojo y me lo dejarán todo para mí.

No vea cómo me reí con ellos, querido lector...

* * *

Oración para reparar heridas producidas por nuestra causa (por María Vallejo-Nágera)

Señor: te he herido atacando con crueldad a (...). Siento de todo corazón haberme dejado llevar por la indignación, por la impaciencia o por el deseo de venganza. Sé que ningún motivo es válido para ello. Por favor, perdóname. Te prometo, Señor, que acudiré a (...) y le pediré disculpas; pero ayúdame Tú a hacerlo pues siento mucha vergüenza y temor ante la situación. Protege con tu sangre preciosa nuestro encuentro para que todo vaya bien; para que no se ofenda y pueda perdonarme. No deseo tener enemigos y en mi necedad me los he buscado. Te ruego que ahora mismo le metas en la herida de tu costado y le llenes de bendiciones, protección y amor. Ayúdame a reparar, Jesús.

Madre María: llévame de la mano al encuentro de (...), a quien he hecho daño. Pon en mi corazón y en mi boca tu dulzura y tu perdón hacia todos los hombres, y hazme sentir la inmensa misericordia que sientes por cada uno de nosotros. Envuélvenos a (...) y a mí con tu manto y protege con él nuestro encuentro. Todo lo dejo en tus manos.

Ángel de la guarda de (...) y ángel de mi guarda: os ruego que os comuniquéis. Yo no puedo influir en el corazón de la persona a la que he hecho daño, pero vosotros sí podéis. Os ruego que preparéis nuestro próximo encuentro, y con la paz y el amor que nos tenéis, que podáis influenciar en nuestra alma y en nuestro entendimiento, para que de ese encuentro solo salga reconciliación.

Amén.

Capítulo 8

Parón en alta mar

«El sufrimiento nos ayuda a no olvidarnos de Dios: a veces hay que dar muchos palos al burro».

(Beato Fray Leopoldo de Alpandeire)

Son muchos apuros de los que me ha sacado nuestra Madre del cielo, querido lector. Si le contara aquí todos, mi escrito se convertiría en una gran enciclopedia y usted se aburriría. Ella está siempre a mi lado y en muchas ocasiones soy capaz de percibir su consuelo, su protección y su amor de Madre. Pero no se equivoque: esto no quiere decir que yo sea vidente, pues no la veo ni la escucho. Realmente no tengo carisma alguno más allá que el de ser una buena esposa y madre que ni siquiera cocina bien, lo que me convierte en un ama de casa del montón. Pero es cierto que, desde aquella ocasión en la que el Señor decidió irrumpir en mi vida mientras caminaba por la pequeña aldea de Medjugorje, mi alma se hizo muy sensible a sus designios y presencia. Desde entonces siento al Señor muy cerca cuando oro frente a Él en la Adoración y, sobre todo, cuando acudo a los sacramentos de la Comunión y Confesión. Es entonces cuando mi alma se agita, revive y se siente muy alerta a lo que Dios desea comunicarme, a pesar de hacerlo a través del más sublime silencio. Esto es difícil de explicar: tenemos un Dios muy silencioso, pero no está sordo... Esta manera de orar y recibir su amor a través de su silencio forma parte del misterio más grande de mi vida espiritual, al igual que la presencia perceptible y constante de la Virgen en momentos claves de peligrosidad. Es precisamente entonces cuando Ella acude siempre en mi ayuda. Es la Madre que nunca falla.

Un ejemplo claro en el que quedó patente su sobrenatural presencia en momentos de angustia me sucedió durante un viaje a Costa Rica. La tentación era grande: una amistad había adquirido una casa en un rincón muy hermoso en una de sus salvajes playas, e invitó a un pequeño grupo de amigas de confianza. Nunca había tenido la oportunidad de visitar aquel lugar tan famoso y, a pesar de mis reticencias iniciales, las otras invitadas insistieron.

—¡Vente! –dijeron–. Lo pasaremos muy bien. Serán solo cinco días de playa y un descanso merecido para nosotras –solo pensar en el sol, la brisa marina y la gran amistad que nos unía, fue demasiado como para rechazar el plan. Así que, llenas de ilusión y animadas por nuestros maridos, hicimos las maletas.

—Volveré en cinco días –dije a mi pequeña familia antes de partir.

—Pásatelo muy bien –contestó mi marido–. Por una vez, yo me ocuparé de los niños.

* * *

Costa Rica es hermosísima, querido lector. Sus playas sedosas de arena blanca y fina, rodeadas de palmeras y cocoteros, hacen de esa tierra uno de los lugares más paradisíacos del mundo. Junto a mis cuatro amigas pasé los primeros tres días llenos de alegría, sol y descanso. La casa en la que nos alojábamos estaba situada muy cerca de la playa, a pocos kilómetros de un magnífico hotel a donde acudíamos diariamente para almorzar y disfrutar de los típicos deportes acuáticos. El tiempo había pasado muy rápido y antes de que nos diéramos cuenta solo quedaban ante nosotras 24 horas más de plácida aventura. El tiempo vuela cuando está colmado de alegría y diversión...

Fue durante esa tercera mañana cuando una de mis amistades, disgustada con la perspectiva del regreso, comentó la posibilidad de organizar algún plan diferente.

—En el hotel me han comunicado que hay una pequeña isla

desierta a 20 kilómetros mar adentro, en donde se puede bucear y ver todo tipo de corales y pececillos –comentó–. El buceo es muy sencillo: no se necesitan botellas. Tan solo gafas y aletas son necesarias; el agua es cristalina y la profundidad es leve. El plan no alberga peligro alguno.

—¿Cómo llegaremos hasta allí? –pregunté.

—Me han informado en el hotel de que tienen un servicio de alquiler de lanchas preparadas para la excursión. Cabremos las cuatro más el marinero profesional. Él nos llevará hasta la isla y nos traerá de vuelta cuatro horas después –contestó. A los pocos minutos ya habíamos organizado todo con el personal del hotel. Teníamos mucha ilusión...

En ningún momento se nos pasó por la imaginación el terrible peligro que correríamos en pocas horas y que podría habernos costado la vida.

* * *

Al día siguiente amanecimos muy ilusionadas. ¡El plan que se nos avecinaba era extraordinario y especial! Llegamos puntuales a la orilla de la playa en donde un marinero empleado por el hotel nos esperaba para llevarnos hasta la isla en una de las modernas lanchas neumáticas. Se trataba de un muchacho joven de color, de amplia sonrisa y modales algo atrevidos, que nos colocó unos chalecos salvavidas y nos invitó a acomodarnos en el interior de la lancha. «Por precaución no deben quitarse los chalecos en ningún momento de la travesía; una vez en la isla se los podrán quitar para bañarse y bucear», dijo. «Es para evitar que, si durante el viaje alguna de ustedes pierde el equilibrio y cae al agua, acabe ahogándose. A veces las olas se tornan bravías y algún turista ha acabado en el mar en un despiste». Aquel comentario me alertó. Siendo prudente y temerosa con los deportes, me preocupé al pensar que podría sucedernos algo a nosotras. «No se preocupe», contestó el muchacho al observar mi mirada. «He aprobado el curso de marinero de motor básico y le aseguro que hoy el mar está tranquilo. Agárrense fuertemente a las cuerdas unidas al caucho de la lancha y no les pasará nada. Les ayudará a mantener el equilibrio». Me fié inocentemente de sus palabras.

* * *

Llegamos a la isla en menos de media hora, atravesando primero un mar de aguas serenas y cristalinas que luego se tornó en un oscuro azul. No nos cruzamos con ningún otro transporte marítimo y eso hecho me extrañó... Había supuesto que, al ser un punto de atracción turística, muchos barcos y lanchas procedentes de los varios hoteles de la bahía estarían realizando el mismo trayecto. Pero no fue así.

—Hemos entrado en aguas profundas –informó el marinero cuando dejamos de vislumbrar el fondo–. Pero no se preocupen: en tan solo diez kilómetros volveremos a navegar por aguas transparentes y volverán a ver el fondo de arena blanca. La razón de este mar oscuro se debe a que atravesamos una gran sima marítima –miré a mis espaldas y comprobé que apenas se vislumbraba tierra y sentí un escalofrío al pensar que, si el motor fallaba, nadie sería capaz de ver desde el hotel nuestra pequeña embarcación. Me aferré con más fuerza a las cuerdas de la lancha neumática...

—¿Qué te pasa? –me preguntó una de mis amigas.

—Nada... Solo que tengo un poco de miedo... El mar se empieza a agitar...

Mi amiga tragó saliva.

—Ya lo he notado...

* * *

Pero, tal y como nos había informado el marinero, a los pocos minutos vislumbramos el fondo de arena blanca bajo las aguas cristalinas. ¡Qué hermosa tierra nos esperaba! Se trataba de una pequeña isla desierta rodeada de corales volcánicos y rocas, con aguas llenas de vida. Ante nosotras Dios nos mostraba un pequeño paraíso terrenal.

—Ahora buceen con el tubo y las aletas –nos informó el marino–. Pero sean precavidas: no se alejen de la orilla y no toquen la fauna. Hay muchos peces llamativos con espinas venenosas... Los pulpos suelen ser agresivos: no los acaricien. Verán también alguna morena entre los recovecos de las rocas. Pero recuerden: solo miren, disfruten y regresen. Yo les esperaré aquí.

Detuvo la embarcación, echó el ancla y nos zambullimos en un mar a rebosar de la preciosa creación de Dios. Vimos corales, peces, erizos y todo tipo de flora y fauna marina resplandeciente al recibir los reflejos suaves de los rayos de sol atravesando un agua perfectamente transparente. Todo en el fondo del mar es mágico, atrayente... ¡Cuánta belleza existe en el mar! Ensimismadas recorrimos bajo el agua todo el contorno de la isla; cuanto más avanzábamos, más luminosidad descubríamos en los corales y la fauna de las aguas.

Cuando nos quisimos dar cuenta ya había transcurrido una larga hora de aventura marina, así que nos juntamos al otro lado de la isla, salimos del agua, tomamos el sol y recuperamos calor.

—Se está haciendo tarde –dijo una de mis amigas–. Regresemos –nos introdujimos de nuevo en el mar y comenzamos el recorrido de vuelta girando sobre el arrecife opuesto. No había transcurrido ni un cuarto de hora cuando notamos que la corriente no nos permitía avanzar de forma adecuada. Sacamos las cabezas a la superficie.

—Me pregunto qué está sucediendo... –dijo una de mis compañeras.

—Es la corriente –contesté–. Ha cambiado de rumbo y nos frena... Pero no podemos retrasar la vuelta. ¡Tenemos que seguir o correremos el riesgo de que oscurezca! –asintieron con la cabeza... Pero ninguna quiso comentar el cambio sufrido en la marea.

De pronto las aguas no estaban tan calmadas, ni las olas eran tan suaves como durante el camino de la ida.

* * *

No recuerdo cuánto tiempo tardamos en alcanzar la lancha desde donde, fumando un cigarrillo despreocupadamente, nos esperaba el marinero. Agotadas y casi sin aliento trepamos al interior, en donde nos colocamos de nuevo los chalecos salvavidas. Teníamos frío; el sol comenzaba a ocultarse en el horizonte pero nos animaba pensar que comenzaríamos el regreso.

—Han tardado más de la cuenta –dijo el marinero de piel trigueña esbozando una sonrisa que dejó en evidencia unos dientes nada cuidados–. Ahora la mar está mucho más picada. ¡Tendrán que agarrarse bien fuerte a las cuerdas si no quieren acabar lanzadas por la borda! –miré a mi alrededor y se me hundió el corazón: estábamos solas, con un marinero joven y despreocupado como único capitán y unas olas nada amables frente a nosotros. Pero no había marcha atrás: debíamos emprender una travesía que en teoría duraría tan solo 30 minutos.

Al menos era eso lo que habíamos tardado al venir...

* * *

Pero, ¡ay!, pronto nos percatamos de que nos llevaría más tiempo de lo calculado. Las olas, antes tranquilas, se habían convertido en agresivos golpes de agua y espuma contra la proa. Nadie hablaba durante el trayecto... Agudizábamos la mirada hacia el norte deseando vislumbrar la costa, pero todo a nuestro alrededor era agua y más agua. Atrás había quedado la pequeña isla convertida ahora en un punto lejano. La perdíamos de vista a causa de los chorros de agua salada que chocaban contra nuestros ojos y apenas encontrábamos un respiro para cerrar los párpados.

Agarrada fuertemente a las cuerdas, notaba cómo me iba agotando; las manos me comenzaron a doler. Mis compañeras de aventura no lo estaban pasando mejor... Todo el esfuerzo que realizaba el pequeño motor al chocar contra las olas se convertía en un empujón tibio a causa de las corrientes contrarias. Al cabo de unos minutos una de mis amigas comenzó a llorar y, aterrorizada, se acurrucó contra la proa. Acercó su boca a mi oído y dijo: «¡Me parece que estamos en peligro!».

—¡No! –contesté. Nos veíamos obligadas a hablar a voces a causa del incómodo ruido del motor y del viento ensordecedor–. Tranquila... ¡Solo es la corriente! Pronto veremos tierra.... –mi amiga estiró un dedo helado y señaló al muchacho con preocupación. No parecía controlar adecuadamente el movimiento de la lancha y daba la impresión de no saber calcular las corrientes ni la posición de la quilla al contacto y dirección de las olas. Entiendo muy poco del mar y de sus trampas, pero era obvio que aquel muchacho sabía menos aún que yo.

Comenzamos a tiritar; la dulce brisa cálida de la mañana se había tornado en un viento desagradable. No teníamos más que las toallas playeras para protegernos y estaban mojadas. Me situé a trompicones junto al marinero y en el intento casi pierdo el equilibrio.

—¡No se mueva o resbalará y caerá usted al agua! –gritó–. ¡Ya les avisé de que era peligroso! –el ruido del oleaje dificultaba cada vez más nuestra comunicación.

—¡Coja el *walkie-talkie* y contacte con el hotel! –grité–. ¡El motor no tiene fuerza para seguir avanzando!

—¿Qué? ¡No la oigo, señora! –gritó.

—¡Dice que estamos en peligro! –intervino una de mis compañeras–. ¡Llame al hotel con su *walkie*!

—¡No tengo *walkie-talkie*! –contestó. Se me heló la sangre. No habíamos traído nuestros móviles, pensando que no los necesitaríamos o que podrían dañarse accidentalmente con el agua.

—¡Dios mío! –gimió mi amiga–. ¡La situación es seria! –no había terminado de pronunciar esas palabras cuando de pronto el motor hizo un sonido extraño... Y paró.

—¿Qué pasa? –grité contra el viento. Pero el marinero no me contestó. Agobiado, comenzó a tirar una y otra vez de la cuerda de arranque. No consiguió nada. El motor estaba ahogado y no respondía. Para entonces mis amigas estaban profundamente asustadas... Yo también lo estaba; no comprendía cómo nos habíamos podido meter en semejante problema. Pensé en mi marido, en lo mucho que le quería mientras veía cómo poco a poco las olas nos arrastraban más y más hacia alta mar.

—Esto ocurre porque nunca revisamos los motores... –oí refunfuñar al marinero–. Ya sabía yo que algún día pasaría esto y que me tocaría a mí.

Fue entonces cuando una de mis amigas más queridas comenzó a rezar.

* * *

En la embarcación todo eran nervios. Procurábamos serenarnos y guardar la compostura, pero nuestros ojos delataban nuestra inmensa preocupación. El muchacho era quien estaba más inquieto... No lograba calmarse e intentaba, frenética e infructuosamente, que el motor arrancara, pero todos sus esfuerzos eran inútiles. Las olas continuaban golpeándonos la proa, y salpicaban todo el interior de la embarcación. Miré a una de mis amigas, quien, a mi lado, luchaba por agarrarse fuertemente a las enclenques cuerdas atadas al caucho de la lancha; me estremecí al ver que sus labios se habían tornado azules.

—Tengo frío –dijo.

—Yo también –contesté arropándola con mi toalla.

—¡Recemos a la Virgen...! ¡Ella nos ayudará! –dijo. Mi amiga amaba a la Virgen más que yo, pues por aquel entonces aún no había vivido mi conversión personal y apenas la conocía como Madre de Dios. Tendrían que pasar tan solo unos meses para que yo la descubriera en Medjugorje.

—Reza conmigo el Rosario –dijo mi amiga.

—No sé... –contesté.

—No importa; tú solo repite lo que yo te diga... –nos miramos y comenzamos la oración del Ave María. Noté cómo temblaba bajo la toalla y con desolación comprobé que, como ella, yo también tenía mucho frío y miedo. Me preguntaba qué pasaría si no nos echaran de menos en la oficina de alquiler de lanchas del hotel, y lamenté profundamente no haber traído el móvil conmigo. ¿Y qué pasaría si continuaban aquellas olas salvajes golpeándonos? Me agarré con más fuerza a las cuerdas de la embarcación pero noté que, a causa del frío, mis dedos dejaban poco a poco de responder a las órdenes de mi cerebro. Me solté para frotarme las manos y enseguida comencé a botar contra el suelo de la lancha neumática a causa del ajetreo del viento y de las olas. El resto callaba... Oí a mi amiga pronunciar esas palabras tan hermosas que pocos meses después se convertirían en familiares:

—Ave María, Madre de Dios...

No habían pasado ni dos minutos cuando el muchacho, desesperado, volvió a tirar fuertemente de la cuerda de arranque.

¡Entonces el motor despertó sin más! El sonido que produjo no era normal; delataba claramente una avería seria, pero al menos logró que la lancha avanzara un poco... El viento giró y comenzó a empujarnos con fuerza desde la popa. La lancha se situó al fin en posición correcta y con inmenso alivio comprobamos que virábamos hacia tierra.

Después de una eterna hora el muchacho gritó: «¡Ahí está la playa del hotel!». Asomé la cabeza por encima de la goma de la proa y pude vislumbrar la orilla. Nos separaban unos 12 kilómetros de mar furioso, pero al menos recobramos toda esperanza.

* * *

Tardamos casi una hora más en llegar a tierra..., ¡porque para colmo de males el motor comenzó a echar humo! Agotadas y muy disgustadas, relatamos todo lo sucedido a los directivos de las excursiones marítimas del hotel, a quienes amonestamos duramente por lo sucedido. Nadie de la empresa se había preocupado por la tardanza de unos clientes perdidos en una de sus lanchas dentro de un mar furioso, como tampoco se percataron de que faltaba una embarcación ni de que sobre la mesa de la oficina de alquileres el marinero había olvidado su *walkie-talkie*. Tampoco entendieron nuestro enfado, ni se responsabilizaron del mal estado del motor. ¡Y para nuestra desolación nos culparon a nosotras de la situación! Sabíamos que la dirección debía de habernos advertido al menos de que las condiciones climáticas variarían dramáticamente en las primeras horas de la tarde y de que los motores no se revisaban con asiduidad. Tampoco se quisieron responsabilizar de la poca experiencia del marinero.

—Él ha aprobado su examen de navegación básica y ustedes tendrían que haber llevado consigo sus móviles –contestaron. Podríamos haber denunciado a la compañía, pero no lo hicimos. Decidimos dar gracias a Dios por su protección y olvidar el desagradabilísimo incidente.

Nunca he deseado regresar a mi hogar más deprisa.

* * *

Sé que algún día lograré olvidar el miedo experimentado durante aquella travesía, pero lo que jamás olvidaré fue el inmenso poder del amor de la Virgen María. Hoy no me cabe la menor duda de que fue Ella quien nos protegió, nos ayudó y nos condujo a tierra. Ese día de mar bravío demostró que, si la invocábamos con todo nuestro amor y nuestra fe, es pronta en acudir a nuestra ayuda. Es la Madre que no falla...

Han pasado ya varios años desde aquel percance y aún vuelve a mi memoria el terror que me invadió y el gran milagro que tuvo lugar. Pero a veces he caído en la tentación de dudar sobre la sobrenaturalidad del hecho. «¿Sería quizá fruto de la casualidad que el motor arrancara de nuevo y que lográramos alcanzar la orilla?», me he preguntado. Y es que, a pesar de ser hoy fuerte mi fe, a veces me invaden las dudas...

El camino hacia Dios es difícil, querido lector. En ocasiones la razón se revela con fuerza y somos desagradecidos; es entonces cuando buscamos toda explicación racional para explicar un hecho de extrañas consecuencias...

* * *

Pasó el tiempo, llegó el momento de mi conversión y el gran cambio de mi vida. El huracán de Dios revolvió mi rutina hasta poner mi camino patas arriba: comenzaron las conferencias y los viajes por ese motivo a América Latina, en donde conocí gentes extraordinarias de enorme fe, y a quienes relaté mi temible aventura en aguas costarricenses. A una de ellas –extraordinario corazón mexicano enamorado de Dios– fue a quien le relaté mi terrible aventura en las aguas.

—Hasta el día de hoy me he preguntado si realmente fue un milagro o tal vez una casualidad –le confié con lástima y vergüenza–. A veces no dudo de la intervención de la Madre de Dios, pero otras me atormenta la razón... No sé qué pensar...

Mi amigo sonrió:

—Estoy seguro de que fue Ella quien intervino y os llevó a puerto.

—¿Cómo tienes la seguridad? –pregunté.

—Simplemente lo sé... Pero pide a Dios que sea Él quien te lo confirme. Él siempre contesta –fue su misteriosa respuesta.

Solo un par de días más tarde –ya en México D.F.–, fui a visitar una bellísima iglesia colonial cercana a mi hotel*. Reverenciando al Señor en el inmenso sagrario del altar mayor me invadió de pronto el recuerdo de aquel suceso. Las palabras de mi nuevo amigo mexicano repiquetearon en lo más profundo de mi corazón: «*pregúntale a Dios si intervino...*». Me arrodillé y pedí a Dios una respuesta: «Señor», dije. «Cada vez que recuerdo con angustia aquella travesía entre las olas me pregunto si verdaderamente Nuestra Madre María acudió en nuestra ayuda... ¿Fue acaso un milagro? ¿Fue casualidad?».

Después todo fue silencio en mi corazón; Dios a veces es muy callado, querido lector... Suspiré cabizbaja y abandoné el reclinatorio. Entonces me dispuse a visitar el resto del templo, y no había caminado ni tres pasos, cuando el Señor me respondió como solo Él suele hacerlo: utilizando la realidad de mi mundo y mezclándola con una perfecta armonía sobrenatural. Porque a un escaso metro, justo tras una columna, me topé de bruces con una bellísima estatua de madera tosca y corte naíf. Representaba a la Virgen sujetando al Niño Jesús con un brazo, a cuyos pies yacía una canoa arreciada por lo que parecía un terrible oleaje. Dentro de la canoa, tres figuras representaban a tres negritos criollos de rostros aterrorizados mirando con esperanza hacia la Reina del cielo.

Hela aquí... *(Sin palabras, querido lector... Simplemente sin palabras).*

* * *

«Historia y Oración de la imagen de la Santa Virgen de la Caridad del Cobre (Cuba)»:

El relato se conserva en el Archivo de Indias de Sevilla y fue escrito bajo juramento eclesiástico setenta y cinco años después del suceso por un esclavo de sangre indio-cubana llamado Juan Moreno. Cuenta la historia que, en abril del año 1612, halló la imagen de la Virgen de la Caridad, patrona de Cuba, de forma milagrosa. La narración detallada de este esclavo, al que luego llamarían popularmente «*el negrito de la Caridad*», se plasmó bajo juramento legal, en documentos eclesiales cuando ya había cumplido los 85 años.

* Iglesia de San Agustín; C/Horacio, Colonia Polanco del Distrito Miguel Hidalgo de México D.F. (N. de la A.).

El documento dice textualmente:

«Cuando yo contaba tan solo 10 años, marché a navegar en canoa en busca de sal junto a dos hermanos de pura sangre india, esclavos como yo, llamados Juan y Rodrigo Hoyos, trabajadores de las minas de cobre de la región. Salíamos al mar atravesando el Cayo Francés (en la bahía de Nipe, la mayor de Cuba), cuando nos pilló una grave tormenta y caímos al mar, donde tragamos mucha agua y pasamos mucho miedo. Gracias a la devoción que existía ya en Cuba a causa de los españoles por la Señora de la Caridad, llevábamos los tres una medallita de madera con su imagen al cuello. Ya perdíamos la conciencia por ahogamiento cuando de pronto observamos algo flotando sobre el mar. Al acercarnos comprobamos con alegría que se trataba de una imagen de la Virgen María pintada sobre una tabla grande en donde se podía leer:

Yo soy la Virgen de la Caridad.

La imagen representaba a la Virgen sosteniendo al Niño Jesús con una mano, mientras que con la otra mano sujetaba una cruz dorada (la misma que hoy es objeto de veneración por los cubanos), y se acercaba flotando entre la espuma del mar. Nos agarramos a la tabla, que nos ayudó a flotar y logramos llegar a la canoa, donde conseguimos subir. Recogimos la tabla con la Virgen impresa con mucha veneración y en ese momento cesó el clamor de las olas y pudimos regresar a puerto sanos y salvos. ¡Entonces la Virgen nos habló desde la tabla! Así nos dijo:

"Sabed, mis queridos hijos, que soy la Reina Madre de Dios Todopoderoso; y los que crean en mi gran poder y sean devotos míos, siempre conservarán mi estampa en una reliquia para que les acompañe. Con esta estarán libres de todas las cosas malas, estarán libres de toda muerte repentina... No podrá morderle ningún perro con rabia ni ningún animal malo... Estarán libres de accidentes y aunque una mujer esté sola no tendrá miedo a nadie, porque nunca verá visiones de ningún muerto ni cosas malas, diciendo esto:

La Virgen de la Caridad me acompaña y su Jesús también. Amén".

Luego se dirigió solo a mí y me dijo: "Juan, aquí dejo, Hijo, con los Santos Evangelios y la Cruz en que murió, esta oración, para cuando una mujer esté de parto y se halle afligida por los dolores tan fuertes que sienta en su corazón, o que un mal parto le traiga malas resultas con el riesgo de hasta perder la vida, que ponga esta oración sobre el vientre haciendo la señal de la Cruz en memoria de los siete dolores que Yo tuve tan fuertes. Desde lo alto del cielo alcanzará la bendición de Dios y con una Salve a la Santísima Virgen de la Caridad, parirá su hijo sin peligro".

Amén Jesús.

Entonces la llevamos a tierra, en donde construimos un altarcito de manera improvisada utilizando hojas de guano y tablas de madera. Luego de suceder muchos milagros en torno a esta imagen, nos la quitaron las autoridades y la llevaron a lo que sería su santuario definitivo, a poca distancia, sobre la cima de una loma cercana a las minas de cobre en donde trabajaban los hermanos inditos».

* * *

Dice san Agustín que todos los santos del cielo están constantemente llamando «Bendita a Nuestra Madre», y que san Miguel Arcángel es el más ferviente servidor de la Reina del Cielo, quien acude de inmediato a socorrer a aquellos a quien Ella encomienda. Yo hoy no tengo duda de ello, como tampoco de que fue quizá san Miguel –un ángel muy querido y respetado por mí– quien me condujo hacia esta estatua durante esa visita a la iglesia mexicana de San Agustín tras mi pequeña oración. Ese día disipó mis dudas y hoy sé que fue mi Madre del Cielo quien acudió en nuestra ayuda entre las olas de un mar embravecido.

No sé qué pensará usted, querido lector... Pero, por si acaso, aquí le dejo la preciosa y antiquísima oración de la Virgen del Cobre, tan amada y venerada entre los marineros de Cuba y de las islas caribeñas. Mi consejo es que no la olvide cuando pase un apuro en alta mar.

Capítulo 9
La herida del costado

«La sangre servirá de señal en las casas donde estéis; al ver Yo la sangre, pasaré de largo y la plaga exterminadora no os alcanzará».

(Éxodo *12, 13*)

«Todos los demonios unidos son impotentes sobre aquellos que se cubran con la Divina Sangre de Jesús y sobre los que busquen refugio en sus llagas».

(Madre Catalina Aurelia, Fundadora de las Hermanas Adoradoras de la Preciosa Sangre)

Las cruces llegan tarde o temprano a nuestra vida, querido lector. Es inevitable. A veces toman forma de heridas pequeñas, pero en otras ocasiones son profundas y hasta abismales. Son estas últimas las que nos dejan secuelas graves muy difíciles de sanar, y, en caso de haber sido producidas por ajenos, perdonar se convierte en un acto heroico. Yo he padecido cruces serias, en forma de heridas afectivas, en los últimos años de mi vida, alguna de ellas de tal gravedad que cargarla casi me arrastra a la melancolía. Es cierto que he salido triunfante ante la adversidad, pero no ha sido por esfuerzos o méritos propios, sino por el inmenso y profundo amor que he percibido en Jesús sacramentado. Asimismo me ha ayudado inmensamente llevar una vida de la oración y ayuno, junto con muchas horas de conversación con mi director espiritual. Es él quien me está enseñando a perdonar a ciertos enemigos que intentaron acabar con mi alegría, mi reputación, mi carrera literaria y mi autoestima. Sé que, sin el despertar a la fe que Dios me regaló aquel día en Medjugorje, no lo estaría logrando. El camino es aún espinoso y está lleno de obstáculos, pues la herida que se grabó en mi corazón fue muy profunda; sin embargo también sé que ni Jesús ni su Madre me han abandonado a lo largo de esta tribulación, a pesar de que en ciertos momentos críticos no sintiera su consuelo ni cercanía.

Un ejemplo de ello sucedió un día de invierno allá por el año 2001. Mi fe recién estrenada crecía y maduraba a velocidad de vértigo mientras me iba topando con las biografías de algunos santos. Esto contribuyó a que mi fe se disparara exponencialmente, pues me fascinaba todo de ellos: sus experiencias místicas, su amor por Dios y los cientos de milagros que Él había llevado a cabo gracias a sus oraciones sinceras. Todo me asombraba; me sentía imbuida de un mundo absolutamente desconocido y misterioso, pero rico en alegría y sobrenaturalidad... Me sobrecogían las vivencias de santos monumentales como santa Faustina Kowalska o el Padre Pío de Pietrelcina, suponiendo un enigma para mí el que nadie me hubiera hablado de ellos con anterioridad.

Tengo que reconocer con gran tristeza que, cuando descubrí a estos personajes llenos de Dios, acudí a varios sacerdotes para que pudieran instruirme sobre sus carismas... Lamentablemente solo conseguí que unos pocos lo hicieran dado que la mayoría contestó: «*no conozco a santa Faustina y me suena que el Padre Pío fue un fraile que simuló padecer estigmas, engañando así a gentes honradas*». Claro que esto sucedió hace más de diez años... Ahora estos sacerdotes se han formado sobre las vidas de estos grandes santos del siglo XX, y no han podido escapar a la inconmensurable fama adquirida tras las beatificaciones de ambos bajo el pontificado de san Juan Pablo II*.

Pero durante esos primeros años de conversión llegué a sentirme muy sola... La mayoría de mis amistades del pasado se alejaron pensando que había perdido la cabeza tras mi peregrinación

---

* Padre Pío: canonizado en el 2002; Santa Faustina Kowalska: canonizada en el 2000 (N. de la A.).

a Medjugorje. O peor: que los soldados me habían dado drogas y que esta, y no otra, era la razón por la que había sentido la presencia de Dios en mi corazón. Otros me suplicaban que no diera testimonio de mi fe, sospechando que no traería nada bueno a mi vida. No entendían que el fuego que enciende el alma de un converso no puede ni debe apagarse; sus llamas son pura paz que debe llevarse irremediablemente a todos aquellos familiares, amigos y conocidos que nos pone Dios en el camino.

A estos hechos se añadieron otros de gravedad: gran parte de mi grupo de amistades pasaban por apuros muy grandes –ruina económica, divorcios, enfermedades...–, y yo simplemente sabía que, de conocer a Jesús, la carga se les haría mucho más ligera. Pero sus corazones estaban cerrados y no deseaban escuchar de mi boca palabras sobre el amor de Dios, ni creían en mi transformación interior. Por ello, un día, colmada de tristeza y agotada a causa del virulento rechazo que sufría por querer seguir a Jesús, acudí a la iglesia de mi barrio buscando el consuelo de la Virgen María. Entré con el alma compungida y los ojos cargados de lágrimas: tan solo unas horas antes había llegado hasta mí un desagradable comentario sobre mi persona de boca de alguien a quien yo quería mucho...

Ese comentario calumnioso se me había clavado como una daga haciendo que mi corazón sangrara...

* * *

Entré de puntillas en la iglesia, ansiando desesperadamente estar a solas con Dios. Comprobé aliviada que el templo estaba vacío y en penumbra; el silencio santo que acompaña a la presencia de Jesús me rodeó por completo... Avancé lentamente hasta el primer banco, en donde me arrodillé y clavé los ojos en el sagrario. «Señor», me quejé notando cómo me comenzaban a resbalar un par de tibias lágrimas sobre las mejillas. «No puedes apartarme del mundo. Pertenezco a la vida activa; no soy una consagrada o una monja de clausura... Soy una trotamundos y mi senda es la de las gentes alejadas de la fe; ese es mi camino y mi lugar... Siempre he gozado del calor de muchas amistades a quienes aprecio sinceramente; nunca me ha costado hacer amigos y me es muy grato sentirme querida y acompañada por ellos. Pero desde mi conversión me miran de reojo, se alejan y con inmenso pesar descubro que muchos me critican y calumnian. Las burlas y el desprecio son habituales ahora... No albergo rencor, pero es doloroso y mi orgullo está herido... Sé que la causa eres Tú: no conocen tu amor y por ello creen disparatado mi proceder; no entienden que vaya tras de ti».

Tenemos un Dios que escucha, querido lector. El problema radica en que no contesta a como estamos acostumbrados.

Ese día decidió hacerlo de una forma extraña..., y su voz no entraría en juego.

* * *

No habían pasado ni diez minutos cuando me derrumbé ante mi Señor. Me tapé el rostro con ambas manos y dejé que un largo suspiro brotara desde lo más profundo de mi corazón. Mi alma gemía y no hallaba consuelo. Al lado derecho del altar se encontraba la preciosa estatua de la Madre de Dios. «No estás conmigo», le reñí. «Eres una Madre que a veces te alejas... ¿Acaso no ves mi tristeza? ¿Cómo quieres que hable de ti, de tu amor, de tu ternura de Madre, si no prestas atención a mis heridas? Mi camino se está haciendo terriblemente espinoso: nadie me cree, me toman por loca y, por defenderte, me calumnian. ¿Acaso una Madre abandona a su hija en un momento así?».

No había terminado de presentar mi queja a la Virgen, cuando oí un sonido incómodo a mis espaldas. Me volví, ¡y vaya disgusto que me llevé! Porque ahí, desde el umbral de la puerta de entrada, me miraba atónita una joven conocida de la parroquia. Se trataba de Lolita, una muchacha en tratamiento psiquiátrico a quien todo el mundo en el barrio aprecia y procura atender con cariño. No obstante, su enfermedad la aparta muchas veces de la realidad del mundo, su neurosis asusta a feligreses y abruma a los sacerdotes. Sin embargo, cuando la medicación es eficiente, Lolita es capaz de dar mucho cariño a los parroquianos. Es entonces cuando su bondad natural florece, lo que le procura aceptación y respeto entre las gentes del barrio.

Pero, ¡ay!, yo no me encontraba en ese momento en buena disposición para atenderla, querido lector. ¡Y Lolita había descubierto mis lágrimas y se acercaba a grandes zancadas! Devolví la mirada al sagrario y refunfuñé ante Jesús: «¡Pero, Señor! ¿Ahora me traes a Lolita? ¡Pues vaya consuelo...!».

—¡Ay, niña! –oía gritar a mis espaldas–. ¿Pero a qué vienen esas lágrimas? ¡Ay, ay, ay!

—Hola, Lolita... –murmuré en cuanto se colocó frente a mí–. Escucha, querida amiga: hoy no puedo charlar contigo... Estoy ocupada... –Lolita se interpuso entre el Sagrario y mi rostro, colocó los brazos en jarras y haciendo grandes aspavientos dijo:

—¡Estás llorando mucho! ¡Pobrecita! Dime quién te ha hecho daño... ¡Dime, dime! –yo no daba crédito, querido lector... Ansiaba estar sola con el Señor; me había concedido la soledad de la iglesia, la paz de su silencio... ¡Y me enviaba a la pobre enfermita del barrio!

—No es nada, Lolita... Anda, déjame sola, que tengo que rezar tranquila.

—¡No, no, no! –protestó alzando las manos–. ¿Quién te ha hecho daño? ¡Qué lástima! –suspiré sin saber muy bien qué hacer... Mi lamento no había encontrado consuelo y Jesús me enviaba a alguien a quien no podía ni deseaba atender en ese momento. Conocía la profunda fe de Lolita, su amor por Jesús Eucaristía y las muchas horas que andaba por la iglesia rezando o intentando localizar al párroco para hacerle preguntas sobre la Virgen y Jesús.

—Lolita, de verdad... Déjame, hija... Ahora no puedo atenderte. Mira que necesito rezar en silencio...

—¡No te dejaré sola hasta que me digas qué te ha sucedido, querida amiga! Entonces yo oraré por ti y tendrás consuelo –contestó clavándome sus ojillos negros. Sin saber qué más hacer ni cómo apartarla de mí, me rendí ante su súplica y contesté con la esperanza de que, saciando su curiosidad, se marcharía pronto.

—Está bien... Te lo diré si luego me dejas sola, ¿de acuerdo? –Lolita asintió–. Verás: estoy triste porque alguien a quien quiero mucho me ha calumniado seriamente a causa de mi fe. Me siento muy triste, perdida... Mi trabajo se ve afectado y se está convirtiendo en algo muy duro para mí. Mi familia me pide que deje de dar testimonio en mis escritos a causa de tantos ataques recibidos.

Lolita abrió mucho los ojos y exclamó furiosa:

—¡Pero eso es muy grave! ¡Calumniar y atacar a una persona a causa de su fe es terrible! Pobres, pobres, pobres pecadores que así te dañan... No saben lo que hacen... ¡Oh, perdónales! ¡No sufras por su ataque: sufre por los que hacen llorar a Jesús! Y tú no debes parar de hablar de Dios... Tal y como decía santa Faustina: «el que tenga que hablar bien de Dios, que no pare...». ¡Mamarrachos! ¡Almas perdidas! Si supieran el mal que te han hecho... ¡Ay, pobres pecadores! –entonces se giró hacia el sagrario y añadió–: Mira, ahí está el Rey de Reyes. Dile que les perdone... Y tú no tardes en empaparte con la sangre de sus heridas... ¡Eso es la clave! ¡Empápate, empápate, empápate con ella! ¡Ella es la que te protegerá y cuidará en tu trayecto! –y dicho esto giró sus pasos y se dirigió hacia la puerta de entrada haciendo todo tipo de morisquetas y agitando las manos en el aire. Tras su estrepitosa marcha, todo regresó al tan ansiado silencio.

—¡Ay, Lolita! –pensé–. Qué enfermita está... –fijé mis ojos de nuevo en el sagrario–. Señor –le susurré conmovida–. Cuánto te quieren algunas de tus criaturas y qué fe envidiable te profesan. –me acerqué a la estatua de la Virgen, me arrodillé ante ella y comencé a rezarle. Le pedí por Lolita y por su terrible enfermedad mental, y le rogué que me ayudara a amarla como merecía. Entonces las palabras pronunciadas por la pobre loquita comenzaron a repiquetear en mi corazón... «*¡Empápate con la sangre de las heridas de Jesús; ahí está la clave!*», había dicho con gran convencimiento. Clavé de nuevo los ojos en el sagrario situado justo a la izquierda de la estatua de la Madre de Dios... Notaba cómo algo muy intenso comenzaba a vibrar en mi alma; conocía esa fuerza que ya me era familiar... Entonces supe que Jesús se comunicaría conmigo. Siguiendo un impulso extraño levanté los ojos y me di cuenta de que, justo encima del sagrario, colgaba una enorme cruz cargando al Gran Crucificado. Nunca antes había prestado atención a esa imagen... La había visto mil veces y mil veces la había ignorado. Pero no lo haría esta vez. Mis ojos se clavaron en esa imagen y por primera vez me conmoví profundamente con las heridas mostradas en su cuerpo torturado... Un amor inmenso me envolvió por completo mientras mis ojos recorrían las heridas de los clavos de las manos y de los pies...

Comprendí de pronto que, tal y como había dicho la pequeña loquita de Dios, la clave de su amor yacía en esas heridas que yo nunca había venerado...

* * *

Durante mucho tiempo había meditado el lugar que me correspondería en el cuerpo de Jesús. El padre O'Malley me había explicado que todos formamos parte de su cuerpo, y que nos incluye a todos en su alma misericordiosa. Durante meses me había preguntado cuál sería mi lugar en Él... ¿Tal vez en los ojos? A veces pensaba que Él habría escogido para mí las heridas de las espinas de la corona o quizá la del clavo de los pies... Pero no tenía nada seguro sobre mi presencia en Él. Solo sabía que mi lugar debía estar en alguna parte de la cruz en donde sufría por mí el Rey de Reyes... ¿Pero cuál? Miré de nuevo a la Virgen representada en esa preciosa estatua frente a mí. «Madre», susurré. «¿Qué me quieres decir?». Y entonces, con un entendimiento perfecto, con una claridad que solo reconozco en grandes y profundos momentos de oración, supe que Ella me indicaba, sobrenaturalmente, la herida del costado de su Hijo.

Me giré de nuevo hacia el crucifijo y clavé los ojos en esa herida del costado. Manaba mucha sangre de ella... Entonces lo supe: mi lugar en el Cuerpo de Jesús no era el corazón ni las heridas de los clavos ni sus ojos... Mi lugar era la herida del costado, esa de la que mana agua y sangre a borbotones... Mi intelecto, dirigido por una sobrenatural fuerza interior del alma, captó de golpe que esa herida se había infligido para salvarme a mí. Comprendí muchos misterios sobre la herida del costado de Jesús... Supe que Él ya había muerto cuando el soldado *Longinos* le atravesó con la lanza y que no era necesaria aquella herida para matarlo. Ya estaba muerto... Y esa herida formó parte de una terrible y última humillación para la Virgen María.

También supe que Jesús lo había permitido por algo: para que a aquellos a los que su terrible sacrificio del Calvario no hubiera servido pudieran encontrar en su sangre un refugio. Sería para siempre la guarida de los conversos, esos que dejaron pasar el tiempo sin creer en Él, sin agradecer su sacrificio... Me vino a la mente la figura del soldado *Longinos*, quien tan cruelmente le clavó aquella lanza... Y supe, con total seguridad, que ese soldado se había convertido al recibir, como una fuente de agua viva, el gran chorro de la sangre y agua que brotó de la herida que él mismo había causado. Sintió vergüenza y miedo, y quiso huir...* De esa herida brotó mucha sangre y supe que esa sangre es la que nos salva; su agua abundante es la que nos lava los pecados y sana las heridas.

En ambas está la clave de la salvación de mi alma.

* * *

Comencé a temblar como hoja llevada por el viento... ¿Qué me estaba sucediendo y qué clase de entendimientos eran aquellos? Me tapé el rostro con ambas manos y rompí a llorar... Supe que el Señor me había contestado, instruido y consolado utilizando a una de sus criaturas más amadas de la parroquia: a una enfermita de alma noble y sincera que le seguía y conocía bien. Lo hacía mucho mejor que yo... Comprendí que mi fe no le llegaba a la suela de su zapato...

Sentí mucha vergüenza. Y es terrible sentir vergüenza ante todo un Dios.

* * *

El reguero de gracias sobrenaturales que experimenté aquella tarde de invierno y lluvia a los pies de la cruz de la iglesia de mi barrio, no podría describirlo ni aunque quisiera, querido lector. Fueron muchos y de una profundidad abismal los entendimien-

---

* Años después de esta experiencia descubrí las revelaciones privadas de la beata Anna Catherina de Emmerick, quien describe exactamente este hecho sobre Longinos. Me quedé estupefacta... Fue una confirmación clara sobre mi experiencia en ese día (N. de la A.).

tos... Nunca he vuelto a menospreciar a un enfermo mental ni a rechazar una muestra de cariño. Dios me había hecho conocer su amor infinito por los enfermos y las personas que le aman, sin importarle incapacidades o nivel de inteligencia. Él solo mira el amor que alberga nuestra alma y actúa en consecuencia. Podría haberme puesto en contacto con un gran teólogo o un magnífico sacerdote, pero eligió una enfermita mental, un alma pequeña que fue capaz de darme una magistral clase del amor de Cristo: el que mana de la herida de su costado.

Desde entonces amo muchísimo esa herida. He comprendido que es mi lugar en el cuerpo de Cristo; es donde pertenezco. Sé que mi destino final es su corazón y que solo cuando lo alcance estaré preparada para entrar en el cielo. Mi camino hacia ese corazón es lento y la distancia, a primera vista corta, es larga y empinada... El que viva en actitud perfecta en el corazón de Jesús, lo tiene todo... Lamentablemente mis pecados son aún grandes y mis caídas, constantes. Esto me hace saber que aún no vivo en él, sino en esa herida.

Son miles las ocasiones en las que me he refugiado en esa herida. Es mi hogar, mi luz, mi consuelo y guarida... Cuando arrecia el viento y siento peligro, corro hacia ella. Es entonces cuando le ruego que me acoja en su interior y me empape entera con su sangre y su agua protectora.

Han pasado algunos años desde aquella experiencia. Lolita sufrió una grave recaída en su enfermedad y lamentablemente su doctor ha tenido que ingresarla en un psiquiátrico de la ciudad, en donde de vez en cuando recibe mi visita.

—Loli, te debo un gran regalo del cielo –le repito como un ritual antes de cada una de mis despedidas.

—Te lo has inventado, niña, que no fui yo –responde una y otra vez encogiéndose de hombros.

—¿Por qué dices eso, Loli?

—Porque no sé nada de Dios.

Está muy equivocada, querido lector. Sabe de Él más que muchos sabios.

* * *

El Señor sigue respondiendo a mis lamentos, a mis oraciones y mis peticiones. Cada día crece más mi fe y, conforme me van saliendo las primeras canas, veo con más claridad lo mucho que acudió en mi ayuda aquel día de soledad. El problema con el que llegué aún no se ha solucionado, siendo mi camino hoy quizá más difícil que en aquellos años. He continuado dando testimonio de fe por muchos lugares del mundo: me he convertido en una viajera del Señor, una misionera muy pecadora pero que le ama e intenta hacer de mi inmundicia un mínimo logro para Él. A veces, las piedras del camino se tornan tan ásperas que regresa el miedo y me atormentan las dudas...

Hace tan solo unas pocas semanas, paseando serena por un parque de ciudad de Londres –lugar en donde aún vivo gran parte del año–, recordé abruptamente esa hermosa anécdota de mi vida espiritual. Mi mente se turbó con dudas y confusión... Entonces pregunté al Señor si todo había sido cierto o si por el contrario aquellas revelaciones al alma habían sido el producto de mi imaginación, de la tristeza del momento o de la confusión que acompaña a momentos de melancolía. En mi vida espiritual son muchas las dudas que me asaltan y entonces siento miedo... Así que hice lo que siempre hago en momentos de turbación: agarré el rosario que siempre llevo conmigo, recé una decena del rosario y le pedí una respuesta a la Virgen.

«Madre», dije. «Vivo temiendo confundir tu amor y el de tu Hijo con mi imaginación... ¿Fue acaso aquel aprendizaje sobre la herida del costado una quimera? ¿Es acaso locura creer en la intervención sobrenatural de Dios, a través del amor que siente por Él una enfermita mental? ¿Quién estará más loca, ella o yo? Me invade el miedo, Madre... Dame una respuesta...». Y, confiando en que Ella oiría mi súplica, me dejé llenar de su paz.

No habían transcurrido ni dos días cuando una amistad me informó sobre una magnífica exposición en uno de mis museos favoritos de la ciudad de Londres. Dicha exposición no tenía nada que ver con temas religiosos o medievales, sino todo lo contrario: se trataba de una colección itinerante de magníficas obras pictóricas del surrealismo ruso del siglo XIX-XX.

Llegué temprano y, al descubrir que mi amiga aún no había llegado, la telefoneé para avisarle de que la esperaría dentro. «Aprovecharé para ver la colección permanente del Medievo», le dije. «Nunca tengo tiempo de verla con tranquilidad». Mi amiga accedió y quedamos en vernos dentro. Pagué la entrada y giré a mi izquierda. No había dado ni seis pasos cuando mis ojos se toparon sobre una imponente estatua que nunca antes había visto... Era la respuesta que la Virgen, dulcemente, me daba.

Ya se lo he dicho muchas veces a lo largo de este escrito, querido lector: la Madre de Dios nunca me abandona.

Cristo mostrando la herida del costado (circa 1420-5). Esta figura ha estado probablemente situada sobre la puerta de entrada del claustro del hospital de Santa María Nuova *(Florencia, Italia).* En esos años, las heridas de Cristo eran motivo de gran devoción en Europa, siendo la del costado especialmente venerada. Durante las oraciones se invocaba como lugar de refugio para los pecadores. Se cree que el hueco que representa la herida y que muestra Jesús contenía una valiosa reliquia.

(Traducción del cartel explicativo bajo la estatua, en el museo *Victoria & Albert,* Londres, Sala 1).

Hoy más que nunca, necesitamos la protección de la Preciosa Sangre de Jesús, querido lector. Nuestra sociedad vive serias luchas internas, las guerras y la hambruna no se solucionan, nuestros políticos cometen errores graves y las estadísticas sobre el suicidio entre los adolescentes se han disparado alarmantemente. Como padres debemos proteger y defender a nuestros hijos con todo nuestro corazón contra la maldad del mundo, y formar, con más ahínco que nunca, su bondad espiritual. Esos serán los pilares que defenderán su integridad como personas y enriquecerán sus almas. Pero para ello necesitaremos armas poderosas que agraden a Dios, ¿y cuál es más eficiente que la oración? Dios escucha atento a nuestras plegarias, pues nadie desea más nuestro bien que Él mismo. Es por ello por lo que aquí incluyo unas oraciones que he aprendido durante mi colaboración con algunos sacerdotes en el difícil ministerio de Liberación y Sanación. He descubierto que el demonio odia profundamente la Sangre de Cristo y que, cuando se invoca su protección, huye furioso dando voces como un viento huracanado.

El nombrar la herida del costado es aún más poderoso y eficaz para ahuyentarlo, lo que hace que pedir al Señor que nos permita vivir en ella sea una protección imponente contra todo tipo de mal. Los santos hablan mucho de ello. Por ejemplo, el Bienaventurado Gaspar de Búfalo, el gran apóstol de la Preciosa Sangre de Cristo del siglo XIX, cuyo ministerio fue marcado por milagros y favores extraordinarios, declaró que sabía que aquellos que honrasen la Preciosa Sangre de Jesús merecerían una inmensa protección contra todo tipo de calamidades.

He aquí, pues, cuatro oraciones de gran valía. Sé que le ayudarán en momentos de grandes cruces, tal y como a mí me han servido. Espero de corazón que así sea.

* * *

Oración I:

Oración de consagración a la Preciosa Sangre de Cristo:

(He comprobado su increíble eficacia para ahuyentar al demonio y su gran protección en situaciones de enorme gravedad, peligros inminentes y contratiempos serios).

«Señor Jesús, que nos quieres y nos has liberado de nuestros pecados por tu sangre. Yo te adoro, te bendigo y me consagro a ti con toda mi confianza. Con la ayuda de tu Espíritu Santo y animado por el recuerdo de tu Preciosísima Sangre, me comprometo a poner toda mi existencia bajo la obediencia y al servicio de tu Padre para el advenimiento de tu reino. Por tu Sangre derramada para el rescate de nuestros pecados, purifícame de todas mis faltas y renueva mi corazón para que brille cada vez más en mí la imagen del hombre nuevo creado según la justicia y la santidad. Por tu Sangre, signo de reconciliación con Dios y entre los hombres, haz de mí un instrumento dócil de comunión fraterna. Por el poder de tu Sangre, prueba suprema de tu caridad, dame la valentía de amarte así como a mis hermanos, hasta dar mi vida.

Oh Jesús redentor, ayúdame a llevar mi cruz de cada día, para que mi pequeña gota de sangre, unida a la tuya, participe en la redención del mundo.

Oh Sangre Divina, cuya gracia vivifica el Cuerpo Místico: haz de mí una piedra viva de tu Iglesia. Dame la pasión por la unidad entre los cristianos. Pon en mi corazón un gran celo por la salvación de mi prójimo. Suscita en la Iglesia muchas vocaciones misioneras para que sea dado a todos los pueblos conocer, amar y servir al verdadero Dios.

Oh Preciosísima Sangre, símbolo de liberación y de vida nueva, concédeme perseverar en la fe, la esperanza y la caridad para que, marcado con tu sello, pueda dejar el exilio de esta vida, entrar en la tierra prometida del paraíso y cantar con todos los redimidos tus alabanzas en la eternidad. Amén».

Oración II:

(Más breve pero también extraordinariamente eficaz).

«Padre Eterno: Os ofrezco la Preciosísima Sangre de Jesucristo en reparación de mis pecados, por las benditas almas del Purgatorio y por las necesidades de la Santa Iglesia. ¡Padre Eterno!: os ofrezco la Preciosísima Sangre de Jesús con todos sus merecimientos:

—Para expiar todos los pecados que he cometido durante toda mi vida.

—Para purificar el bien que haya hecho con mezquindad durante toda mi vida.

—Para suplir por todo el bien que debí hacer y no hice en toda mi vida. Amén».

Oración III:

Oración de protección por la Preciosa Sangre de Cristo:

«Preciosa Sangre palpitando en el Eucarístico Corazón de Jesús: yo te adoro y te ofrezco en homenaje mi alabanza y mi amor. Revísteme, empápame, cúbreme totalmente, para que nada malo me suceda. Con tu sangre preciosa, empapo mi hogar, a mis hijos, familiares y personas queridas. Con ella empapo mi trabajo, mi coche y todo tipo de transporte que deba utilizar. Pongo todo lo que amo y necesito de forma especial bajo la protección de tu sangre: que tu bendición descanse siempre sobre todos mis seres queridos.

En el calvario vertiste el precio de mi redención; en el altar Tú eres mi vida y la fuente de todas las gracias que jamás se ha conocido. Sangre divina, yo te doy las gracias. Sangre salvadora, tantas veces desconocida, despreciada y olvidada: hoy me obligo a ofrecerte reparación por mediación del Inmaculado Corazón de María, mi Madre. Yo deseo consagrarte todos los días de mi vida a tu Amor y Adoración. Cuando las tormentas de la vida se aglomeren cerca de mí, cuando pruebas y tentaciones me opriman fuertemente, sé Tú mi refugio, mi fuerza y mi baluarte. Bendecidos por tu Sangre, mis gozos serán más dulces y cada una de mis tristezas se suavizará. Sobre todo, a la hora de mi muerte, ¡oh, preciosa sangre de Jesús!, sé Tú mi esperanza y mi paz. Empápame siempre en ella. Amén».

Oración IV:

Oración a la llaga del corazón de Jesús:

«Oh dulcísimo Jesús mío, sea la llaga de vuestro Sacratísimo Corazón mi refugio, mi fuerza y protección contra vuestra justa ira, contra el pecado y en especial contra el pecado mortal, contra los engaños de la carne, del mundo y del demonio y defensa contra mi amor propio, contra todos los males del cuerpo y del alma.

Sea vuestra llaga sacratísima la tumba donde sepultar mis innumerables pecados, los cuales detesto y aborrezco, echándolos en el abismo abierto de esta santísima llaga, abierta por el amor, para nunca jamás volverlos a ver.

Oh amabilísimo Jesús, por la llaga de vuestro Corazón, concededme una sola gota de esa sangre preciosísima que de él fluye, como prenda de eterno perdón de mis pecados.

En esta llaga profunda, escondedme y guardadme allí como prisionero de amor; allí purificadme, disolvedme, cambiadme en un amante de vuestro Corazón llagado.

Convertidme en otro Corazón de Jesús, para que así no piense, ni diga ni haga nada, sino lo que es de vuestro mayor agrado. Así sea».

Capítulo 10

San José, esposo de María

«Al no ser concebible que a una misión tan sublime no correspondan las cualidades exigidas para llevarla a cabo de forma adecuada, es necesario reconocer que José tuvo hacia Jesús, por don especial del cielo, todo aquel amor natural, toda aquella afectuosa solicitud que el corazón de un padre pueda conocer».

(San Juan Pablo II, Redemptoris Custos, n. 8)

Mi querido lector: si deseo hablarle del amor tan grande que siento por la Virgen María, ¿acaso sería perdonable no dedicar un capítulo a su esposo? Ignorarle sería un gran error... San José es el perfecto intercesor, fue el mejor padre, el mejor amigo de la Virgen y su mayor protector. En mi corazón hoy siento que la Virgen y Jesús le quisieron muchísimo; debió de ser terrible el sufrimiento que padecieron cuando les dejó para marcharse al cielo. Es un santo muy amoroso y el gran defensor de las familias, y no me cabe duda de que el Señor le dotó de todos los dones naturales y sobrenaturales necesarios para cumplir dignamente la misión inconmensurable que le encomendaba: ni más ni menos que la de custodiar a María y al Niño Jesús, los dos tesoros más grandes que jamás hayan existido.

Es a él a quien debemos pedir que la proteja, la guarde y nos aconseje cuando padecemos tristes motivos de preocupación (divorcios, conflictos, odios, denuncias familiares, problemas de repartos de bienes, enfermedades hereditarias, etc.). Yo he aprendido a venerarle a través del inmenso amor que siente por él mi director espiritual, un curilla lleno de sabiduría sobrenatural, que me ha instruido sobre su persona, sobre su poder de intercesión y su capacidad abismal de protección. Y son muchos los santos que le han venerado, admirado y le han pedido intercesión, contándose como numerosísimos los milagros atribuidos a él a lo largo de veintiún siglos de fe –conocidos por las revelaciones de santos tan conocidos como santa Teresa de Ávila, santa Teresita del Niño Jesús, el padre Pío de Pietrelcina, san Ambrosio, san Antonio de Padua, beata Anna Catherina de Emmerick, venerable María de Ágreda, san Francisco de Sales, san Agustín, san Juan Pablo II, beata Madre Teresa de Calcuta, etc.

Descúbrale, querido lector. Yo ya lo he hecho y me he consagrado a su protección. Desde entonces le siento muy cerca de mi corazón.

* * *

En el camino hacia Dios es importante no andar solo. Se corre un grave peligro de perderse, confundirse o simplemente desanimarse y caer en la desesperación. Y es que las cosas de Dios, aun hermosas y perfectas, se pueden tergiversar si no estamos bien dirigidos... Contamos con más inconvenientes que los que vivieron los primeros apóstoles en su compañía, pues ahora no podemos ver y abrazar a Jesús, escucharle o preguntarle... Ahora debemos conformarnos con saber que está vivo –tal y como lo estaba hace veintiún siglos– en un pequeño trozo de pan. Y gracias a su inmenso amor y a su increíble sacrificio, le llevamos unido a nuestro cuerpo y alma tras cada Comunión.

Pero, para entender todas estas realidades y sacar buenos frutos, es necesario tener un maestro, un guía, un amigo que le conozca a uno mejor que uno mismo y que pueda solventar las dudas y los enigmas con los que irremediablemente tropezaremos en nuestro camino hacia el cielo. Por esa razón yo escogí a un sacerdote especial en mis primeros años de conversión en Londres –el padre O'Malley, del que ya tanto le he hablado–, para que me instruyera, dirigiera y no se echara a perder mi fe a causa de mis atropellos y malentendidos. Sé que fue mi primer maestro en las cosas de Dios y por ello le aprecio muchísimo, considerándole un verdadero padre en muchos aspectos de mi vida. Pero pasaron los años y tuve que regresar a España, y sin su instrucción y compañía espiritual pronto me sentí huérfana.

Comprendí que tenía que encontrar a un director espiritual nuevo... Pero no sabía dónde ni cómo hallarlo.

Tuvieron que pasar varios años para lograrlo... ¡Qué difícil resultó encontrar un verdadero amigo sacerdote, un maestro sobre la sobrenaturalidad de Dios capaz de entender mi alma! Para entonces ya conocía muchos sacerdotes; todos me habían tratado con corrección y habían procurado consolarme y ayudarme a través de los sacramentos. Pero no terminaban de entender mi alma: unos me consideraron espiritualmente muy fría, mientras que otros me acusaban de ser demasiado mística y profunda. Les hablaba de mi alma y de mis sentimientos, pero no entendían nada... Los demasiado instruidos se subían tanto por las ramas teológicas que la que no lograba entenderlos era yo. Sobre otros, sin embargo, me preguntaba cómo habrían logrado aprobar los cursos del seminario al percatarme de que poseían lagunas teológicas graves*.

¡Llegó un día en el que concluí que encontrar un buen director espiritual era tan difícil como encontrar un buen novio, querido lector! Y es que esta persona debe descubrir, y sobre todo entender, el alma de un hijo/hija espiritual para poder instruirle en su camino hacia Dios. Y esto no es nada fácil, dado que cada persona es un mundo, todos somos diferentes y nuestras almas necesitan consejos dispares según nuestros caracteres, afectos e historias personales. Y al fin y al cabo no podemos olvidar que los sacerdotes son personas, tal y como lo somos nosotros: con sus limitaciones humanas, sus virtudes y defectos. No es nada, pero que nada fácil su tarea con el laico, querido lector...

---

* Especialmente con respecto a temas escatológicos. Sabían tan poco, que tenía que explicárselos yo conforme iba estudiando sobre ellos para trabajar en mis libros. Esto me sorprendió y hasta escandalizó... Me di cuenta de que en algunos seminarios esta asignatura había sido estudiada muy pobremente o simplemente por encima (N. de la A.).

Entonces llegó el día en el que, harta de sentirme sola e incomprendida en muchos aspectos de mi fe, corrí al sagrario y pedí explicaciones al Señor. «Si quieres que me arme un lío colosal con tus cosas, sigue así... Pero, si de verdad quieres que te entienda, mándame a un pequeño maestro de la fe. En tus manos lo dejo». Y me marché tan contenta.

Al cabo de dos meses conocí al que sería mi nuevo director.

El pobre me aguanta hasta el día de hoy.

* * *

J.C.M. es un humilde sacerdote joven de pueblo, de corazón noble y amor contemplativo. Su sencillez espiritual y su profunda formación católica me atrajeron desde el primer momento en el que le conocí. Lo que más me asombró fue descubrir cómo era capaz de entender mi alma, de escucharme y responder a mis necesidades de fe. Era muy instructivo en sus apreciaciones y era capaz de hacérmelas llegar de forma simple y templada. Pero lo más sorprendente era que yo captaba lo que quería hacerme entender con una eficacia asombrosa: sus serenos consejos nunca sonaban rebuscados y eran muy positivos para el crecimiento de mi alma.

Y así, muy rápido –a pesar de ser mucho más joven que yo–, nos hicimos grandes amigos. Hoy, después de seis años, sigo aprendiendo de su sabiduría, de su fe y de su perseverancia. A su lado he descubierto que no es nada fácil ser curilla de pueblo... Las zancadillas del demonio son grandes y las pruebas, durísimas... Rezo cada día por él y doy gracias a Dios por habérmelo puesto en mi camino.

Sé muy bien que sin su consejo y ayuda me hubiera hecho un lío monumental a causa de mis pecados.

* * *

Un sacerdote que reza lo tiene todo ganado, pues esa oración es la que llama poderosamente la atención de Jesús. Este entonces abre atento el oído y, si la plegaria viene conducida de la mano de su Madre María, actúa muy rápido.

No tardé en darme cuenta de que este curilla de pueblo la ama con todo su corazón.

—¿Cómo la tratas? -le pregunté un día.

—Con mucho amor... -respondió.

—¿Y eso cómo se hace?

—Pues... Creo que como lo debía hacer san José -su respuesta me dejó pensativa... De pronto caí en la cuenta de que yo nunca había considerado al esposo de la Virgen como un santo de mi devoción; ni siquiera le había prestado atención. No le conocía, ni había leído nada sobre su vida. Tampoco habían llegado a mis manos por aquel entonces las maravillosas revelaciones privadas sobre su persona, relatadas por dos santas descomunales que tuvieron visiones místicas sobre su vida: las de la venerable Sor Mª de Ágreda (España) y las de la beata Ana Catalina Emmerick (Alemania).

—Son muchísimos los ejemplos y milagros que me ha procurado el esposo de la Virgen... Tantos que no podría contarlos -añadió-. Me ha protegido siempre, ha cuidado mi sacerdocio y me ha enseñado a amarla con una ternura de verdadero esposo. Y también me ha salvado la vida... Ten por seguro que, si no llega a ser por su intervención, más de doscientas personas de la parroquia estaríamos hoy muertas. Él fue quien impidió una terrible tragedia... -abrí los ojos como platos... Sin decir palabra agarré una silla, la arrastré hacia su mesa de despacho y me senté con la intención de no marcharme hasta que me diera la gana.

El pobre sacerdote se acababa de meter en un buen lío: no le dejaría tranquilo hasta que me lo hubiera contado todo. Menuda soy yo para no irme cuando me interesa algo.

* * *

San José y el padre J.C.M.

No podría decirte desde cuándo siento esta inmensa devoción a san José, a quien se le considera *Patrón y protector de la Iglesia Universal*. Creo que desde mucho antes de entrar en el seminario, aunque no estoy seguro... Considero esto una gracia muy grande que me ha concedido el Señor; un regalo inmerecido. Porque san José es el mejor protector de mi alma, de mi parroquia, de mis feligreses y de mi sacerdocio. Se lo encomiendo todo a él y nunca me ha abandonado en los momentos críticos. También sé que es el terror de los demonios... Invocar su presencia en momentos de peligro resulta muy eficaz. A veces pienso que su humildad es perfecta y su corazón, noble... Dios Padre se fijó en ambas características de su personalidad y por ello le escogió para cuidar de su Hijo y de la Reina de reyes... Yo le pido muchas veces su intercesión y sé que me escucha con atención. Le venero con todo el corazón y le ruego que me enseñe a cuidar de la Virgen y de Jesús tan perfectamente como él lo hizo.

La anécdota más curiosa que he vivido relacionada con san José me sucedió hace tan solo un par de años. Como bien sabes, yo entonces estaba encargado de una parroquia de un pueblo de Cádiz no demasiado lejana de la actual, y tenía mucho trabajo. Vivía sin apenas un descanso, y los días transcurrían llenos de una actividad frenética. Aquella noche del 19 de abril hacía mucho frío. Había finalizado las misas de la noche y me retiré a mi pequeño oratorio, en mi casa, a pocos metros de la iglesia parroquial. Recuerdo haber rezado muy cansado mis oraciones diarias a san José, el gran santo de mi corazón sacerdotal y a quien todas las noches me encomiendo y le ofrezco los frutos del día.

Ya estaba dispuesto a cerrar la ventana y prepararme para dormir, cuando oí que sonaba el timbre de la puerta de la calle de forma insistente. Aquello me sorprendió mucho. Me rasqué la cabeza... «¿Quién será a estas horas de la noche?», me pregunté. Por un instante me inquieté al sospechar que alguien acudía en busca de mi ayuda a causa de un fallecimiento inminente de algún enfermo del pueblo. Miré el reloj y me di cuenta de que era muy tarde y de que me encontraba verdaderamente cansado... Pero, preocupado, bajé veloz las escaleras y me apresuré a acudir a la puerta. Cuando la abrí me encontré de sopetón con un hombre desconocido entre las sombras de la noche... Llevaba en brazos a un niño pequeño muy hermoso que, a primera vista, me pareció rozar los dos o tres años. Dormía plácido en los brazos del que supuse que era su padre.

El hombre tendría cerca de los treinta años... Quizá algo más; no lo sé... Me sorprendió su agradable presencia física y su rostro agraciado. Alto, delgado y con facciones masculinas de rasgos elegantes, lucía una melena castaña que le llegaba hasta los hombros. Este último aspecto de su persona me sorprendió un poco... Me hizo pensar, durante tan solo un segundo, que podría tratarse de un muchacho extranjero como uno de aquellos hippies alemanes que tantas veces atraviesan el pueblo camino de las playas de Tarifa. Pero verle tiritar disipó de inmediato tal conclusión: recordé que estábamos a 19 de abril, y que los windsurfistas provenientes del norte de Europa no llegan sino en verano. Fijarme en su vestimenta acabó por convencerme de que no se trataba de un hippy: lucía pantalón de pana color mostaza y un jersey grueso de lana de color morado. Su acento era el de un castellano elegante y correcto, y su aspecto general no era en absoluto desaliñado. Por el contrario, su porte emanaba una dignidad sorprendente... De pronto me invadió un pensamiento muy extraño...: «*Parece un san José...*».

Pero de un instante a otro concluí que aquella ocurrencia era una absoluta majadería.

* * *

El niño, aún medio dormido, se agitó levemente entre sus brazos y el hombre apuesto le sujetó con extremo cuidado para que no se cayera. «Cuidado, Jesús», dijo. «No vayas a caerte... Deja que papá te sujete mejor».

¡El niño se llamaba Jesús! «*Vaya...*», pensé. Fue entonces cuando me llamó la atención el calzado del pequeñín: llevaba unas simples sandalias y supuse que debería tener los dedillos helados... Aquello me dio lástima.

—¿Puedo ayudarle en algo? –pregunté.

El hombre misterioso me clavó unos profundos ojos.

—¿Es usted el señor párroco?

—Sí, caballero... Me preparaba para retirarme... Ha finalizado la misa y es tarde –la oscuridad, por la caída de la noche, no me permitió ver con claridad el rostro del niño. Tan solo pude ver su perfil, acariciado por la leve luz que brotaba de una farola situada a espaldas del extraño visitante.

—¡Ah!, claro... –añadió con cierto aire de congoja–. No sabe cómo siento molestarle... Qué contrariedad para usted.... Pero verá, es que estamos de viaje... De camino... Y estoy en un gran aprieto. Mi esposa, agotada, está medio dormida dentro del coche. De verdad que me da mucho apuro pedirle ayuda, siendo un desconocido para usted y a estas horas...

El tono de su voz, digna y serena, llena de corrección y elegancia me estremeció. ¿Quién era aquel extraño y qué hacía en mi puerta?

—Bueno, no sé en qué puedo ayudarle... –logré al fin decir.

—Verá... Qué Dios me perdone el atrevimiento, pero somos unos viajeros cuyo destino es lejano, y nos hemos quedado sin dinero. No nos queda nada para llegar a nuestro hogar. Venía a suplicarle si puede darnos un préstamo para poder pasar la noche en el pueblo. Buscaremos una pensión local y mañana seguiremos nuestro camino. Ni hoy ni mañana le podré pagar... Pero volveré y le devolveré lo prestado. Soy artesano, ¿sabe? Trabajo la madera y hago piezas decorativas. Con lo que venda en los próximos días lograré devolverle el favor...

Me quedé de una pieza... De pronto me invadió una pequeña duda: ¿y si aquel hombre no fuera más que un timador experto en despertar lástima en ajenos? Había gente en el pueblo muy humilde cuya situación económica era precaria y hasta de extrema gravedad; por ello habíamos organizado entre varios voluntarios un pequeño almacén de Cáritas parroquial, en donde vecinos y gente de buen corazón traían alimentos para repartir entre los más necesitados. ¡Pero no conocía de nada a aquel hombre apuesto! Metí las manos en el bolsillo del pantalón y comprobé que nada tenía. Sabía que en mi despacho no guardaba dinero alguno –nunca tengo–, y la cena que acababa de finalizar había sido sencilla y básica. No me había quedado nada para entregarle...

—No sabe cómo lo siento... ¡No tengo nada! –respondí. El hombre me clavó una mirada limpia llena de compasión. El niño había terminado de desperezarse entre sus brazos y su padre optó por dejarle en el suelo.

—Vamos, chiquitín –dijo dulcemente–. Ya pesas demasiado para tu papá... –justo cuando estaba bajando al pequeño hacia el suelo, la hebilla de una de sus pequeñas sandalias se enganchó en el jersey morado de su padre arrancándole un punto a la lana–. ¡Vaya, Jesús...! –exclamó–. Ten cuidado, hijo... Mira, tus sandalias me han arrancado un punto al jersey que me ha hecho mamá... –intentó torpemente meter el punto hacia el interior de la prenda con un dedo... Yo me sentí de nuevo asombrado y conmovido... ¡De nuevo había llamado al bebé Jesús! Un escalofrío me recorrió la espalda...

Había algo misterioso en la digna presencia y en los modales de aquel extraño visitante. No sabía por qué ejercía sobre mí un impactante magnetismo y tampoco pude imaginar, ni por asomo, lo que significaría su visita para mi futuro sacerdocio enfocado en la figura y veneración de san José.

* * *

—No se preocupe –dijo en cuanto el niño fue colocado sobre el suelo–. Lo entiendo perfectamente y sé que es un gran atrevimiento pedirle ayuda de esta manera vergonzosa. Le ruego que me perdone... Ya nos marchamos. Gracias de corazón por al menos haberme atendido –agarró la mano del pequeño y se giró. Fue entonces cuando, siguiendo un impulso interno, actué...

—¡Espere, señor! –dije agarrándole del brazo–. Voy a ver si nos pueden ayudar...

—Por favor, qué apuro... No quiero molestarle más...

—No es molestia... –insistí–. Se me ocurre algo que podrá sacarle de la situación, al menos por una noche... Telefonearé a una señora de mi confianza que podrá ayudarnos. Trabaja con mis voluntarios en nuestra pequeña oficina de Cáritas. ¡Ella podrá encontrar cena para ustedes y hasta algo de dinero! Son muchas las almas generosas que nos ayudan y algo habrá sobrado... Estará cenando con su familia y no me será difícil localizarla en su casa. Pero, mientras tanto, ¡pase con el niño! No deseo que se queden un minuto más fuera; la noche es fría y su pequeño Jesús no lleva calcetines... ¡Se le habrán helado los deditos! –el hombre me clavó unos hermosos ojos llenos de esperanza...

—Es usted muy amable... ¿Cómo agradecer su delicadeza? –dijo. Agarró a su hijo de una mano, entraron y les conduje de inmediato al salón parroquial.

—Esperen aquí –dije.

El pequeño comenzó a andar, despacito, por la estancia. Miraba a su alrededor con ojos asombrados, y de vez en cuando reía y se volvía para comprobar si su padre estaba junto a él. «Mira qué cuadros más bonitos hay en las paredes, Jesús...», le susurró su padre al oído.

Corrí al teléfono y llamé a Pepi, a quien me unía una amistad grande y en quien confiaba para ayudarnos a salir de aquel aprieto. Tal y como había supuesto, estaba cenando junto a su familia, lo que facilitó las cosas.

—¡Salgo de inmediato para la oficina de Cáritas! –dijo sin dudarlo, dejando a su esposo e hijos finalizando la cena solos–. Estoy segura de que encontraré algo.

—Gracias, Pepi... –dije agradecido–. Sabía que podría contar contigo... No tengo un euro encima y no saben ni dónde podrán pasar la noche. Me ha dicho que buscarán una pensión cercana.

Pepi quedó unos segundos en silencio antes de contestar.

—Pero, padre... Si no hay pensiones en el pueblo...

—Ya lo sé. Me ha faltado corazón para informarle sobre ello... Supongo que tendrán que seguir su camino hasta otro pueblo cercano...

* * *

Cuando llegó Pepi me llevé un disgusto gordo: no había encontrado nada en el almacén de Cáritas. No quedaba ni un poco de comida que darles y tampoco halló dinero alguno. Mi amiga le comunicó con tristeza que ella tampoco tenía dinero en su casa, y que ya habían consumido la cena... Nada tenían para darles.

El hombre nos miró enormemente agradecido.

—No se preocupen... Ya han hecho ustedes todo lo que han podido por nosotros. Han sido muy amables y les agradezco sinceramente el habernos intentado socorrer. Ya nos vamos... No les molestaremos más.

Me sentí muy apenado e impotente... Sabe Dios que, de no haber cenado, les hubiera regalado al menos mi comida. El hombre nos miró lleno de dulzura, cogió de nuevo a su hijo en brazos y nos dirigimos juntos hacia la puerta principal. «Madre María», oré en mi corazón. «Esto no puede quedar así... No conozco a este hombre ni sé si es un timador o un sinvergüenza... Solo Tú lo sabes. Pero sea quien sea, tenga su alma sucia o limpia, yo deseo ayudarle... Dime qué puedo hacer, Madre...». Entonces, incomprensiblemente, caí en la cuenta de que alguien había debido recoger durante la celebración de la misa los estipendios de los fieles.

—¡Espere! –grité frenándole el paso–. Ahora vuelvo... –les dejé en compañía de Pepi frente a la puerta y corrí hacia la iglesia. Abrí la puerta con agitación y me apresuré a buscar la cesta que se pasa entre los asistentes a la misa. ¿Dónde la habían dejado? ¡Estaba seguro de que los fieles habían donado algo durante la ceremonia! La busqué y por fin la vi: alguien la había colocado bajo la mesa del despacho. La tomé entre las manos y volé de nuevo hacia la entrada, en donde les enseñé el contenido de la cesta: ¡solo contenía 30 euros! Era muy poco... Pepi y yo nos miramos entristecidos...–. Mire, solo encontré esto... Lo siento muchísimo... Es todo lo que hay. Cójalo: es para usted... –el hombre, profundamente agradecido, tomó las monedas.

—No se preocupen por la cantidad –dijo dulcemente–. Es mucho para nosotros. Estoy muy agradecido, pues han hecho demasiado... Solo puedo decirles que **Dios siempre da diez veces más a quien es generoso.**

Pepi y yo les acompañamos hasta la puerta con el corazón compungido y sin saber qué decir. Justo antes de que traspasara la puerta, el misterioso hombre se giró, me clavó sus dulces y penetrantes ojos y dijo:

—Padre, soy artesano; un simple trabajador de la madera... Nos volveremos a ver y, cuando esto suceda, le regalaré una artesanía hecha por mi trabajo en agradecimiento a su generosidad –y, dicho esto, se perdió entre las sombras de la noche cargando a su niño entre los brazos.

Pepi y yo cruzamos confusas miradas.

—Don J. C., ¿ha notado cómo olían? –dijo de pronto.

—No... No he notado nada.

—Pues yo sí... –dijo con voz temblorosa–. No sé si son pobres o ricos, padre... Pero le juro que olían a incienso.

* * *

Aquella noche me acosté tarde. Pensaba y rezaba... Me negaba a pensar extrañezas y no deseaba nada más que alejar lo que había ocurrido de todo tipo de conclusiones disparatadas. Pero mi corazón andaba inquieto y las palabras de Pepi seguían repiqueteando en mi corazón: «*olían a incienso...*».

Al fin, agotado y aburrido por no poder conciliar el sueño y harto de dar vueltas sobre las sábanas, me levanté y acudí a mi pequeño oratorio, tan repleto de imágenes y oraciones a san José. «Madre», dije a la Virgen. «Gracias por el encuentro de esta noche... No sé quiénes eran, pero mi corazón se agitaba... Solo Dios sabe dónde estarán ahora y de dónde provenían. Solo te pido una cosa: si esto es cosa tuya, házmelo saber».

Después me quedé largo rato rezando oraciones y encomendándome a la protección y al amor de san José.

* * *

El día siguiente amaneció colmado de la más absoluta rutina. Me levanté y me preparé para la primera misa de la mañana; era domingo y debía celebrar también en otras iglesias, entre las cuales estaba la de una urbanización cercana. Una vez finalizada me retiré a la sacristía para quitarme la casulla y las vestiduras propias del momento de la celebración. No había terminado de ordenarlas cuando una mujer tocó tímidamente con los nudillos la puerta de la sacristía.

—Padre, ¿puedo entrar un momento? –dijo.

—¡Claro, pase usted! –dije. La miré pensando que sería una de las fieles de aquella urbanización... No la conocía. Se presentó amablemente como «*una mujer de Madrid*» que acababa de adquirir un chalet por la zona y acto seguido me entregó un sobre.

—Tome, padre –dijo–. No le conozco ni sé qué necesidad urgente tendrá en este momento la parroquia, pero deseo entregarle esto para que usted lo utilice con buen fin –agradecí de corazón su gesto y después se marchó.

Miré el sobre y lo abrí... En su interior había 300 euros justos.

Era **diez veces más** de lo que yo le había entregado a aquel desconocido.

* * *

Aquella anécdota ha permanecido en mi corazón desde entonces. Jamás volví a ver a aquel hombre ni a su pequeño hijo, pero sí me topé en varias ocasiones con la señora que tan generosamente me había entregado aquel sobre. Nunca me atreví a contarle lo sucedido y lo providencial que resultó su detalle lleno de generosidad...

A veces, temeroso de haber perdido la razón, dudo sobre lo sucedido. Es entonces cuando acudo a Pepi, quien me disipa toda confusión. Ella fue mi gran testigo presencial y, al igual que me sucedió a mí, no olvida aquella misteriosa anécdota que aconteció junto a aquel desconocido que nos impresionó a ambos. Son muchas las veces que hemos repasado con curiosidad los detalles que nos pasaron desapercibidos mientras sucedían los hechos, y nos molesta recordar que todos nos llegaron de golpe tras la marcha del misterioso visitante. ¡Cuántas preguntas le haríamos de topárnoslo ahora! Tristemente no ha regresado... En mi corazón entiendo que fueron muchas las casualidades.

No quisiera llevar a confusión a nadie, haciéndole creer que sospecho que aquello se debió a un hecho sobrenatural –sé que ese tipo de cosas les sucede a los santos y no a un ignorante y gran pecador como lo soy yo–. Pero es cierto que algo dentro de mí me hacía ver en aquel misterioso personaje el reflejo de la figura de un san José de nuestros días: un custodio de su familia, hombre bueno, protector de su hijo y amante de su esposa que, como aquel de la Sagrada Escritura, siempre fue llevando a su familia a donde Dios le pedía.

Me sorprendió sobremanera que los días en los que más venera la Iglesia católica a san José son los días 19 de cada mes, sucediendo aquella extraña anécdota el 19 de abril*. Tampoco me pasó de

* El día en el que se recuerda y celebra especialmente a san José en la Iglesia católica es el 19 de marzo.

largo el caer en la cuenta de que los colores más utilizados para representar a san José son el mostaza y el morado –eran los colores de la ropa de nuestro visitante–. ¡Y cómo olvidar que el niño se llamaba Jesús! ¿Y qué me dices de la ocupación que dijo que tenía? ¡Dijo que hacía manualidades con la madera! No puedes negarme que son extrañas casualidades...

* * *

Mi devoción por san José ha crecido aún más, si cabe, desde entonces... Recordar la figura de aquel hombre que tanto se le parecía me llena de ternura, de fe y de deseos de ser un sacerdote que ama a la Iglesia, a la Madre de Dios y al Niño Jesús. Me he consagrado muchas veces a su protección, ¡y vaya si me ha protegido! Solo un par de años más tarde, me cambió mi obispo de parroquia y mis huesos han venido a dar a este pueblo tan hermoso. Lo primero que hice fue consagrar la iglesia, una preciosa joya del siglo XVI, en manos de san José. Coloqué una llavecita sobre la vara que portaba la preciosa estatua del padre terrenal de Jesús situada en el fondo del altar, y le ofrecí mi trabajo como pastor de las ovejas de mi nuevo destino.

—Ahora eres tú quien abre y cierra los corazones de los fieles que el señor Obispo me ha encomendado en esta hermosa parroquia –le dije–. No me dejes nunca, san José... A partir de ahora, tú serás el párroco de esta iglesia. Toma posesión de ella y cuida con mucho esmero mi trabajo pastoral y de los fieles. No permitas que nada nos ocurra y llena de ternura y amor a cada persona que acuda en mi ayuda para encontrar a Jesús.

No me ha ido mal, María, pues él siempre me ha sacado de graves apuros.

* * *

Unos meses más tarde, durante la celebración de una de las misas dominicales, abarrotadas de gente ya que celebrábamos el funeral de varios fallecidos conocidos del pueblo, noté cómo una gran raja se abría sobre el techo de la cúpula. Se había desplomado sobre ella la cubierta entera de la nave de la epístola, ¡y no dio tiempo ni a reaccionar! Antes de que pudiera siquiera dar la voz de alarma a los 200 fieles que habían acudido, ¡a punto estuvo de desplomarse el techo!

El susto que padecimos fue terrible: los fieles gritaban, corrían, escapaban... Fue quizá el momento más desagradable, más peligroso de mi vida... Ya fuera del recinto, llenos de polvo y muy asustados, comprobamos con inmenso asombro que no había habido ni una sola víctima: todos habíamos salido ilesos. Si la bóveda hubiera cedido, aquello habría terminado en una gran desgracia. Pero quiso san José frenar milagrosamente un desastroso derrumbe que nos hubiera matado a todos... Cayó mucho polvo, tosíamos, pero los escombros quedaron sujetos sobre la bóveda del templo, justo encima del cuadro de san José... Descubierto el destrozo comprendí, conmovido, lo mucho que san José nos había protegido. «Gracias de todo corazón, san José...», susurré lleno de alivio.

No me creas si así lo deseas, pero yo sé, sin ninguna duda, que mi comunidad parroquial y yo presenciamos ese día un inmenso milagro. Sucedió un DIECINUEVE de octubre.

Anda, ahora ríete. Me dará exactamente igual.

* * *

(I) Oración sencilla a san José:

Glorioso san José, fiel guardián de Jesucristo: a ti dirijo mis plegarias para implorar tu poderosa intercesión y obtener del Corazón de Jesús todo lo que necesitamos para nuestro bien espiritual y temporal. Este favor hoy te pido... (se menciona la petición particular aquí).

¡Oh fiel esposo de la Santísima Virgen! Quiero imitar tu vida y tus virtudes, especialmente la confianza e intimidad con Jesús y tu esposa María; protege a mi familia y ayúdala a superar todas las dificultades que en esta vida encuentre. Ayúdanos a obtener la feliz eternidad. Amén.

* * *

(II) Oración a san José, terror de los demonios:

A ti, bienaventurado san José, acudimos en nuestra tribulación y, después de invocar el auxilio de tu Santísima Esposa, solicitamos también tu patrocinio. Por aquella caridad que con la Inmaculada Virgen María, Madre de Dios, te tuvo unido, y por el amor paterno con que abrazaste al Niño Jesús, humildemente te suplicamos vuelvas benigno los ojos a la herencia que con su Sangre adquirió Jesucristo, y con tu poder y auxilio socorre nuestras necesidades.

Protege, ¡oh providentísimo Custodio de la Sagrada Familia!, la escogida descendencia de Jesucristo. Aparta de nosotros toda mancha de error y corrupción; asístenos propicio desde el cielo, fortísimo libertador nuestro, en esta lucha contra el poder de las tinieblas. Y, al igual que en otro tiempo libraste al Niño Jesús del inminente peligro de su vida, así ahora defiende a la Iglesia Santa de Dios de las asechanzas de sus enemigos y de toda adversidad. Y a cada uno de nosotros protégenos con perpetuo patrocinio para que, a ejemplo tuyo y sostenidos por tu auxilio, podamos vivir santamente, morir piadosamente y alcanzar en el cielo la eterna felicidad. Amén.

* * *

Esta preciosa estatua representa a san José durmiendo. Cuando la vi pensé que quizá el autor deseaba recordar a quien la viera que san José, siendo ya esposo de María, fue avisado en sueños por el ángel del Señor de un terrible peligro:

«Cuando se marcharon, el ángel del Señor se apareció en sueños a José y le dijo: –Levántate, toma al niño y a su madre, huye a Egipto y quédate allí hasta que yo te avise; porque Herodes va a buscar al niño para matarlo» (*Mt* 2,13).

Me han llegado noticias de que esta estatua está en la habitación en donde duerme nuestro amado Papa Francisco y que, cuando recibe documentación con temas de gravedad, complicados o con contenido de enorme importancia, los deja bajo su cuidado. Si observa bien la foto, verá dónde los ha metido...

Capítulo 11

Madre María que a todos escuchas

«Dios quiere que su Madre sea mejor conocida, más amada y venerada de lo que nunca lo ha sido hasta ahora. Y esto se logrará si los elegidos, con la gracia y la luz del Espíritu Santo, se entregan a Ella. Será entonces cuando la descubran tan claramente como su fe lo permita; y les guiará a buen puerto a pesar de todo tipo de peligros. Serán conocedores de esta reina y señora; y se consagrarán totalmente a Ella. Entonces descubrirán la dulzura de sus favores, su ternura y sus cuidados maternales. Y podrán amarla como un niño ama a su Madre».

(San Luis María Grignion de Montfort)

A veces, mis lectores más racionalistas me han escrito quejándose. «¿Por qué la Virgen se hace notar solo a ajenos y no a mí?», preguntan. También los hay que simplemente no creen en su presencia entre nosotros al faltar pruebas trazadas en la científicas y de laboratorio. Yo suelo contestar siempre lo mismo: *«la fe y el amor de Dios no se prueban en laboratorios; la única probeta que interesa a Dios es nuestro corazón»*. Pero sé que esto les es muy difícil de creer.

No obstante debo aclarar que, a pesar de sus quejas, Dios también –en cierta medida– permite que a día de hoy la razón y la ciencia entren en juego en sus misterios de fe. Ahí están todas las investigaciones sobre la Sábana Santa de Turín y del Santo Sudario de Oviedo. Son miles los estudios científicos que se han hecho y las conclusiones son reveladoras: aunque jamás se podrá demostrar al 100% que el crucificado que estuvo yaciendo en ellos era el mismo Jesucristo de Galilea, cada vez hay más convencimiento sobre ello entre los expertos. Tampoco podemos olvidar los milagros eucarísticos en los que Dios, en su inconmensurable amor, decidió sorprender al mundo de la ciencia. Quizá el más sorprendente que he tenido la dicha de observar con mis propios ojos fue el de la transformación de una forma consagrada en un trozo de miocardio en Argentina, cuyo obispo auxiliar de entonces –hoy nuestro amado papa Francisco, conocido en el momento del acontecimiento como Monseñor don Jorge Mario Bergoglio– lo aceptó como verdadero milagro eucarístico tras un arduo estudio científico llevado a cabo en Estados Unidos.

Hoy esa forma consagrada transformada en carne humana se expone para la veneración de los fieles en una iglesia céntrica de Buenos Aires. Pude tenerla entre mis manos y créame si le digo que aún me estremezco al recordarlo...

Los sacerdotes que me relataron los hechos –testigos del suceso– siguen aún profundamente marcados por lo que vivieron. La historia es muy hermosa y así me la contaron:

«*Acababa de finalizar la misa el padre Alejandro Pezet –para ser exactos era el 18 de agosto de 1996 a las 19.00 horas–, cuando recogiendo la iglesia se topó con una señora. Esta, conmovida, entregó al padre tres sagradas formas que había encontrado tiradas al fondo de la iglesia, escondidas tras una estatua. El padre Alejandro no deseó consumirlas, pues estaban sucias. Se preguntaba quién las habría abandonado de aquella manera... Preocupado y temiendo que algún feligrés la hubiera escondido tras la consagración, las tomó entre sus manos, tal y como nos habían explicado en el seminario que se debía hacer en semejantes circunstancias. Entonces las introdujo en un pequeño vaso y las cubrió con agua con la esperanza de que se disolvieran durante la noche, guardándolas acto seguido en el sagrario de la capilla del Santísimo. Quedó así protegido el Señor, junto al resto de las formas sobrantes de la misa. Por la mañana deberían haberse disuelto y entonces sería apropiado verter el contenido en una planta o en una flor. Jesús Eucaristía quedaría así posado en la naturaleza y no se habría consumado un sacrilegio.*

El padre despistó aquel suceso y no lo recordó hasta el 26 de agosto, día en el que acudió al sagrario de la capilla del Santísimo para recoger el contenido del vaso y vaciarlo con una pequeña oración sobre una planta. ¡Pero cuando lo abrió casi se desmayó!: en aquel vaso ya no había agua transparente, sino un líquido que parecía sangre o una sustancia seca y viscosa con tintes rojos y rosados... Asustado, corrió a avisar a sus compañeros sacerdotes –entre los que estaba yo, muy joven y recién ordenado–. Nos quedamos totalmente conmovidos y asombrados... ¡Nos llevó tiempo reaccionar! "¿Y ahora qué hacemos?", nos preguntábamos. Al final optamos por la solución más sabia: acudimos con el vaso al Arzobispado de la cuidad, en donde nos recibió nuestro querido Obispo Auxiliar, Don Jorge Mª Bergoglio, ahora el Papa Francisco. Se mostró muy amable, dio instrucción inmediata de que la Sagrada Hostia fuera fotografiada y de que guardáramos el más estricto secreto. Así lo hicimos...

Las fotos, comparadas con las posteriores tomadas el 6 de septiembre, demuestran que la sustancia viscosa se había transformado en una especie de costra o trozo compacto y carnoso que había aumentado de tamaño. Algo había quedado como base: parecía un tejido, una costra... No sabría describirlo...

Durante tres años, la Hostia Sagrada permaneció oculta en el mismo sagrario, sin que nadie lo supiera más que el Sr. Obispo Auxiliar (Bergoglio) y nosotros, los sacerdotes de la parroquia. La observábamos cautos cada semana, descubriendo con tremendo asombro que aquel "trozo como de carne" no sufría descomposición alguna. Así que regresamos al despacho del Sr. Obispo Auxiliar, para contarle que aquello nos tenía perturbados...

Monseñor Bergoglio tomó entonces una decisión sabia: con inmensa cautela, entregó el vaso y su sagrado contenido a un científico ateo, Don Ricardo Castañón –neuropsicólogo de Bolivia–, en quien confió expresamente por su condición de ateo el estudio de esa pequeña costra carnosa. Su condición de ateo protegería el estudio de la forma y alejaría variantes como autoconvencimiento religioso o histerismo. ¡Qué gran acierto fue aquella sabia decisión! El doctor Ricardo Castañón, el 5 de octubre de 1999, tomó una pequeña muestra de la costra y la envió a un laboratorio de criminalística de

Nueva York, ocultando minuciosamente la procedencia del mismo. En el equipo trabajaba un patólogo/cardiólogo y bioquímico de enorme prestigio –Dr. Frederik Zugibe–, cuyos estudios sobre investigación criminalística habían solucionado muchas incógnitas policiales. Este afirmó que las sustancias analizadas en el interior de la muestra eran sangre y carne humana. Para ser más exactos: un trozo del miocardio situado en la pared interior del ventrículo izquierdo. El músculo cardiaco presentaba un estado de inflamación con un contenido importante de glóbulos blancos. Esto demostraba que el corazón estaba vivo en el momento en el que la muestra fue recogida, ya que los glóbulos blancos mueren a los pocos minutos de haber fallecido un ser humano o un animal.

Estos glóbulos habían penetrado en los tejidos, lo que demostraba que ese corazón había sido sometido a un sufrimiento muy intenso, una tortura especialmente dura y cruel... "¿Pero qué clase de asesinato se ha producido en esta persona?", preguntó. "¡El estado de las células demuestra que ha sufrido muchísimo en el momento del fallecimiento!", dijo. ¡Pero a él nadie le había informado que esa costra provenía de una Sagrada Forma! A lo largo del proceso de laboratorio solo se le dijo que era una prueba policial sobre un cadáver...

Pero lo más sorprendente fue descubrir que esas células de la muestra estaban activas, en movimiento, vivas y agitadas. ¡Y pulsaban! Este hecho es clínicamente del todo imposible. Simplemente se encontraban ante células cardiacas vivas.

El doctor Castañón quedó profundamente impactado. Aquello era científicamente inexplicable, y el doctor había vivido toda su carrera entre casos explicables... Quedó aturdido y conmovido hasta el extremo. Pero, aún incrédulo, pidió que los resultados se compararan con los realizados hacía años en el famoso Milagro Eucarístico de Lanciano. ¡Y la conclusión a la que se llegó fue que la muestra de ambos trozos de costra pertenecían a la misma persona! El doctor se quedó sin aliento y sin saber muy bien qué pensar... Aquello ya rayaba la más absoluta sobrenaturalidad... Un cadáver, un trozo de corazón ya muerto, no mantiene células vivas pasados los primeros quince minutos tras el fallecimiento. ¿Cómo explicar entonces el resultado de tan exhausta investigación? Los científicos estadounidenses de este último laboratorio estaban perplejos... Hasta el día de hoy, seguimos todos conmovidos...».

* * *

Y ahora sé que me dirá usted, querido lector, que, aunque Jesús permite estos milagros para que el mundo científico espabile en la fe, la Virgen no lo hace... ¡Se equivoca de nuevo! Ella también realiza, con el permiso de Dios Padre, grandes fenómenos investigables. Y, si no me cree, vaya usted a Roma y visite la imponente basílica de San Pedro, en donde abajo, en las capillas subterráneas situadas bajo el altar mayor –conocidas también como «las grutas vaticanas»– está expuesto al público uno de los milagros físicos más conmovedores producidos por Nuestra Madre. Es mi favorito y su historia es preciosísima y verdadera. Se trata del fresco de la *Madonna della Bocciata (la Virgen del pelotazo, o la*

Virgen golpeada), cuyo autor es el magnífico pintor del *Trecento, Pietro Cavallini* (1250-1330).

Cuenta el estudio histórico de este preciosísimo fresco, que durante el siglo XV estuvo expuesto en una zona principal de la Basílica, muy cerca del altar mayor y custodiado por las imponentes columnas de Bernini. El fresco representa a la Madre de Dios con expresión dulce, llena de paz y serenidad, pero con una tumefacción extraña en pleno rostro. Esa «herida» la produjo un hecho desagradable y muy curioso...

Una noche se turbó la paz de la Basílica. Resultó que un soldado ebrio entró en el templo con aires enfurecidos. Había perdido en el juego y, confundido y envalentonado por el licor, se enfrentó con furia incontenida contra la Virgen, a quien culpó de sus desgracias. Para ello escogió situarse frente al fresco de la *Madonna de Cavallini* e increpó con graves blasfemias a la Madre de Dios. Insultarla no calmó sus iras... Es más: las barbaridades inferidas no hicieron sino agravar su rabia. Al fin, cansado de que la Madonna no respondiera, no se le ocurrió otra cosa que lanzarle con terrible rencor una bola de piedra. La esfera golpeó a la Madre de Dios en plena mejilla y luego rebotó contra el suelo estallando en mil añicos. Entonces la Madonna hizo algo extraordinario: de su mejilla herida no salió disparado un trozo de mármol o argamasa, sino una gotita de sangre... Tanto el borrachín como los soldados que presenciaron la escena quedaron profundamente conmovidos...

La gotita sangrante fue seguida por otra, y esta por otra más... Tras unos minutos, un pequeño reguerillo de sangre se podía percibir claramente en el hermoso rostro de la Virgen quien, de manera dulce y misteriosa, demostró a los presentes el dolor de una Madre a quien su hijo en pecado ha dañado.

No sabemos cómo acabó ese borrachín esa noche o si sus huesos fueron a parar a un sucio calabozo; tampoco sabemos si finalizó su vida experimentando una conversión tras el milagro sucedido. Pero lo que sí sabemos es que el pequeño reguero de sangre que brotó de la mejilla de la Virgen retratada en el fresco resbaló hasta el suelo de mármol de la basílica, quemándolo y dejando una pequeña cavidad o surco en su superficie que permanece hasta el día de hoy.

El precioso fresco de la *Madonna del Pelotazo* fue trasladado siglos más tarde, junto a los huecos dejados sobre el mármol del suelo, a una de las capillas subterráneas –las grutas vaticanas–, situadas bajo el altar mayor de la basílica de San Pedro. Estas grutas constantinianas del siglo IV, además de capillas dedicadas a varios santos, contienen tumbas reales y papales del siglo X. Todas esas capillitas subterráneas, colocadas en circunvalación alrededor de la recientemente descubierta necrópolis de los primeros cristianos –en donde ha aparecido el enterramiento con los huesos del mismo san Pedro–, están dedicadas con mucho amor a la Virgen María. Cada capilla o gruta tiene una representación muy hermosa de la Virgen traída de diferentes naciones –hay una Guadalupana proveniente de México, otra de Hungría, de Lituania, etc.

Los católicos no veneramos imágenes, sino a Dios; pero es cierto que utilizamos esas hermosas imágenes para que nos recuerden las verdades y dogmas de nuestra fe. El católico ama mucho a la Madre de Dios y, al llevarla en su corazón, siente su presencia y protección. Por ello nos agrada rezar frente a una estatua, imagen o icono que la represente. Es una manera más de ayudarnos a recordar su presencia en nuestras vidas, o una forma muy simple de despertar en nuestro corazón la realidad sobre la existencia de una Madre en el cielo que, para nuestro absoluto asombro, es también la Madre de Dios.

Ese fresco milagroso de la *Madonna della Bocciata* es una de esas imágenes que nos recuerdan con viveza cuánto nos ama la Madre de Jesús... Es tan conocido que la Oficina de Correos Vaticana la escogió para uno de sus sellos oficiales, tal y como puede ver en la fotografía.

Es un fresco muy hermoso que puede usted visitar y venerar sin problema. Yo me consagré ante esa imagen con gran fe... Consagrarse a María es algo muy serio: es sentir un deseo profundo y verdadero de entregarse a Ella, de amarla como verdadera Madre, de ponerse en sus manos a su total disposición para vivir siempre a su amparo...

Yo le aconsejo que lo haga. Le aseguro que no se arrepentirá. Y ya sabe que yo nunca le miento...

* * *

Bueno, mi querido lector: son tantos los detalles, las caricias y los milagros que la Virgen María me ha concedido desde que me entregué a Ella, que, tal y como ya le advertí, debo cesar mi relato personal sobre ellos. De no hacerlo no acabaría nunca este escrito, y se transformaría en una eterna enciclopedia que le aburriría. No obstante debo advertirle que no va a librarse de las aventuras espirituales, poderosas y sanadoras de mis amigos: ¡ellos también quieren compartir con usted el inmenso amor que han experimentado en sus vidas gracias a la Madre de Dios!

Me ha costado arduo trabajo escoger solo algunos de los muchos testimonios que me han confiado, pues todos eran bellísimos y de extraordinaria valía espiritual. Desde estas líneas pido disculpas a aquellos a quienes tuve que apartar de la difícil selección y les ruego que no pierdan la confianza: deseo guardarlos con la única intención de relatárselos al mundo en un próximo trabajo literario. Ha sido una tarea laboriosa escoger solo siete joyas entre un inmenso joyero lleno de gemas de la Virgen –cerca de cincuenta recibidas e investigadas–, pues cada testimonio resplandecía con la luz de Dios y emanaba el aroma de la ternura de la Virgen... Entrevistando a todos los protagonistas y escuchando sus historias he vuelto a perder el temor a la muerte, pues, si ya en vida Ella nos ama y se hace tan presente, ¿qué esperar de lo que se nos dará en el cielo?

Sé que se asombrará con algunas de las historias que a continuación le presento; portan heridas de inconmensurable gravedad y me he visto obligada a esconder los nombres de algunos de los protagonistas bajo pseudónimos. Este truco literario permitirá proteger su verdadera identidad y la de sus hijos, algunos de los cuales desconocen ciertos secretos oscuros de la vida pasada de sus progenitores.

Desde estas líneas deseo agradecer con todo mi corazón la confianza mostrada hacia mi trabajo por cada uno de ellos, su cariño, deseo y valentía de gritar al mundo su verdad: que a todos tocó el alma Nuestra Madre del Cielo en un momento determinado de sus vidas, colmándoles de milagros increíbles de amor.

Ojalá que, cuando se adentre en la lectura, le caigan también a usted encima grandes frutos del amor de Dios.

SEGUNDA PARTE

MARÍA, MADRE DE TODOS

Capítulo 1

Anne o el soldado de la Virgen

«¡Ay de los que llaman bien al mal y mal al bien, que toman las tinieblas por luz y la luz por tinieblas, que consideran a lo amargo dulce y a lo dulce amargo!».

*(*Is *5, 20)*

¡Ah! Cómo empezar este relato, querida amiga... Dios bien sabe que he andado por senderos equivocados... Tengo mucho que agradecer y también que purgar. Porque los errores se pagan, ¿sabes, María? No es que Dios sea vengativo... No es eso, no. Simplemente uno acaba dándose cuenta de que es necesario limpiar nuestro pasado lleno de faltas, cuando por fin se toma la decisión de seguir a Cristo y erradicar la porquería que se carga en el alma. El primer paso consiste en amarle con todo el corazón, y yo creo que eso ya lo hago. Pero también es necesario agarrarse fuertemente a la mano de la Virgen María y suplicarle que nos lleve hacia Él para no volver a caer. Tal y como una madre baña a su bebé, lo asea y le pone colonia para que su esposo le vea precioso, la Virgen María nos acicala con su amor de Madre para que no estemos sucios cuando lleguemos a casa del Esposo. Así al menos es como lo he experimentado yo... Ahora ya no tengo miedo al comulgar; ya no me siento sucia e indigna para recibir a todo un Dios en mi cuerpo y alma.

Mi pasado no fue fácil... Soy hija única de unos padres algo peculiares: mi madre, Mery, me ha querido mucho y bien; mi padre, «*L*», me ha querido... poco y mal. Quizá no me supo querer o nunca aprendió, y eso trajo consecuencias trágicas a mi vida...

L era un ateo rebelde, hijo, nieto y bisnieto de ateos rabiosos. Tenía mal temple y nos reñía a mi madre y a mí por cualquier nimiedad. Alto, rubio y atractivo, gustaba mucho a las señoras... Claro que a él le gustaban todavía más. Por el contrario, mamá era una mujer católica creyente que le amaba de verdad y con todo el corazón; no deseaba disgustar a su marido, por lo que no insistió nunca en llevarme a un colegio religioso. Ni siquiera me enseñó a rezar. *L* era más feliz así y punto. Quizá mamá decidió que no valía la pena pelearse con él más de la cuenta por temas espirituales, pues con mi padre nunca se sabía lo que podría pasar...

Desde muy chiquita desarrollé una timidez terrible con los muchachos... Nadie sabía por qué rechazaba jugar con ellos o la razón por la que enmudecía al verlos. Los adultos varones me causaban especial temor y recuerdo que solía escabullirme de todo tipo de celebración familiar a la que acudían primos, tíos o simplemente amistades masculinas de mis padres.

Un día escuché una frase extraña de labios de una tía cuyo corazón siempre fue perverso. «Creo que esta niña tiene algo raro, Mery», dijo a mi madre. Hoy aún regresa a mi memoria, clarito como un cristal, el reflejo de temor que sacudió los ojos de mi madre al escucharlo... Esa tía mía –esposa del hermano de mamá– fue una mujer muy mala que con el paso del tiempo acabó rompiendo toda nuestra familia con sus mentiras y calumnias... Fue siempre muy envidiosa y motivo de discordia, y no veas la que lió cuando hubo que repartir las cuatro perrillas que nos dejaron los abuelos. Fue capaz de enredarnos a todos en tristes batallas que acabaron por minar la amistad entre los primos. Tuvo cinco hijas con mi tío que eran muy feas... Nunca me quisieron, quizá porque a mí me consideraban la más bonita de las primas... La envidia ha sido una lacra muy grande entre varios miembros de mi familia, María... Pero esa es otra historia que ahora no debo relatar.

Cuando los invitados y familiares marcharon aquel día, mi madre acudió a mi cuarto, me besó en la frente y dijo: «Hijita, ¿has notado si en el cole alguien te ha tratado de forma *"rara"*? ¿Acaso no puedes tener amiguitas? ¿Alguien te pega y yo no lo sé?». ¡Yo no tendría más de siete años cuando me hizo semejantes preguntas! Recuerdo que me sorprendieron sus interrogantes y no supe lo que responder. Solo alcancé a darme cuenta de que esa bruja le había metido algo en la cabeza a mamá que le quitó la paz, y que ese comentario no se iría fácilmente del saco de sus preocupaciones. ¡Y tanto que no nos abandonó! Porque esa sospecha echada al viento por mi tía corrió entre mis primos como la pólvora... Desde entonces comenzaron a mirarme de reojo y a veces soltaban comentarios que me desagradaban: «Nunca podrás ser mamá ni te casarás; nadie te querrá...», decían con malicia. Yo entonces no pensaba en el futuro, pero como toda niña pequeña soñaba con castillos y príncipes guapos que salvaban a las muchachitas pobres. Lo curioso es que en mis sueños era incapaz de poner un rostro de varón al príncipe... Y eso me extrañaba.

Aquella anécdota nunca se me olvidaría. Incluso regresó con fuerza cuando, al cumplir los nueve años, una amiguita del colegio me contó todo sobre los besos, las caricias y sobre lo que hacían los papás para tener bebés. «¿Y qué es ser *una niña rara*?», pregunté de sopetón. «Huy, creo que eso es que duermes con muchos hombres a la vez», contestó mi amiga. ¡¡¡Ja ja ja!!! Eran otros tiempos, María... ¡¡Qué inocentes éramos los de la generación del 64!! Ahora los niños aprenden esas cosas antes y los jóvenes nos dan lecciones a los adultos sobre sexualidad. Pero yo era una inocentona entonces de cuidado... O al menos eso deseaba creer, porque, sin desearlo, ya sabía sobre el tema sexual más de lo adecuado para una niña de tan solo nueve años. Otra cosa era que mi pequeño subconsciente fuera capaz de tapar algo tenebroso, sucio y terrible, que sucedía siempre que mamá se ausentaba por cualquier motivo, y que se llevaba a cabo en nuestro desván atestado de trastos antiguos.

Algo feo y desagradable que tardaría una eternidad en recordar.

* * *

Los años pasaron, cumplí dieciocho preciosas primaveras y acudí a la Universidad de Nueva York. ¡Fue ahí donde te conocí!

¿Recuerdas? Vaya risas que nos echábamos en clase. Nuestro profesor de Sociología era barrigón y se dormía en los exámenes... ¡Cuánto nos reíamos juntas, María! Y las hamburguesas que nos metíamos entre pecho y espalda... Uffff. Encima no engordábamos. Qué tiempos aquellos... Pero te fuiste y perdimos el contacto. Yo me quedé en Marymount College mientras que tú continuabas tu camino de formación en la Universidad Complutense de Madrid; un mundo entero nos distanció y ya no supiste de mi vida... ¡Justo cuando comenzó a cambiar por completo y a convertirse en una aventura de lo más extraña! Porque al poco de tu marcha decidí tener mi primer novio...

Arthur apareció en mi vida en uno de eso bailes de la universidad a los que acudían todo tipo de muchachos de la zona de *Terrytown*, en las cercanías de Nueva York. Para entonces yo comenzaba a sentirme muy sola debido a mi terrible timidez hacia el sexo opuesto... Ansiaba el cariño de un varón que pudiera ser mi amigo, un compañero en las batallas... No tenía el apoyo de ningún hombre y me asombraba la increíble facilidad de nuestras compañeras para echarse un novio tras otro... Los muchachos eran en su mayoría muy valentones, chulos y prepotentes. E iban claramente a pillar cama... Cosa que lograban sin esfuerzo alguno entre mis conocidas. Quizá por eso me atrajo el pobre Arthur: él era diferente a los demás.

De naturaleza tímida, sencillo y apocado, se mostraba siempre muy dulce y agradable. Pronto capté que padecía carencias afectivas graves: había sido abandonado por su padre desde que era un bebé y ansiaba formar su propia familia. A pesar de saber que aquello era un impulso atropellado, comencé a salir con él más por soledad que por otra cosa, y antes de que me diera cuenta me pidió matrimonio. ¡Y acepté sin meditarlo bien! El problema radicaba en cómo y cuándo se lo diría a mis padres... Sé que no estarían de acuerdo, pero a mí me daba igual. Me sentía profundamente sola y cuando llegaban los fines de semana no deseaba ir a visitarles tal y como lo hacían todas mis compañeras del Colegio Mayor. Sentía en mi corazón algo extraño, un misterioso rechazo para visitar a papá, aunque desconocía los motivos...

Mamá me telefoneaba todos los jueves. «¿Pero no vas a venir a vernos ningún fin de semana, hija?», preguntaba con su dulce voz. «Es que tengo exámenes... Otra vez será», contestaba una y otra vez.

Un día, una muchacha de nuestro Colegio Mayor, –*T.M.* ¿la recuerdas?– me pidió que la acompañara a una clínica... Se había quedado embarazada de su novio y deseaba abortar. ¡Yo tenía los pelos de punta, María! Pero a pesar de ello sentí lástima de que se enfrentara sola a semejante prueba y la acompañé... Lo que viví ese día no deseo repetirlo aquí. Solo mencionaré un detalle: vi cómo una enfermera sacaba una bolsa de basura transparente con el contenido de lo que había sido el feto de mi amiga. Pasó por delante de mis narices con aquello –yo estaba en la salita de espera– , y lo echó en un cubo de basura escondido tras una puerta. Recuerdo que en ese trasterillo atisbé varios instrumentos de limpieza: una escoba, una fregona y varios cepillos y recogedores. La enfermera hizo un nudo a la bolsa y la dejó ahí... Luego salió del cuartito y cerró la puerta tras de sí. Pero mis ojos habían captado lo que nunca debieron ver...

Ese día algo murió en mi alma...

Entonces tomé una decisión: jamás me quedaría embarazada. Desgraciadamente, he cumplido mi promesa de juventud. Ya ves qué error, María: ahora ya no hay remedio.

* * *

Mirando para atrás sé que ese día sufrí un colapso emocional. No solo fue lo que vi en el contenido de esa bolsa lo que lo provocó. Digamos que aquello solo fue el detonante, la gota que colmó un vaso repleto de afectos dañados... Así que ni corta ni perezosa telefoneé a Arthur, le dije que aceptaba su oferta matrimonial y nos fugamos a Las Vegas, en donde nos casamos en *The Little Wedding Chapel**. ¡Qué locura fue aquello, Señor! Una escapada hacia adelante, un correr hacia lo incierto, una huida hacia

* Es una capillita famosa y disparatada en la que un abogado de oficio casa a las parejas vestidas de Elvis, de faraón, etc. El matrimonio es legal desde el punto de vista civil y muy popular entre personajes de la farándula (N. de la A.).

nadie sabía dónde... Qué cosas más extrañas hacen los jóvenes atolondrados que no tienen a Dios en su corazón... Como habrás adivinado, nuestro matrimonio duró menos que un café: no había pasado ni un año cuando le abandoné. El muchacho sufrió terriblemente y la noche siguiente a mi huida intentó suicidarse tomándose un bote entero de pastillas... Quiso Dios en su misericordia que no falleciera... Pero yo quedé marcada para siempre... Le había hecho muchísimo daño, le utilicé y le abandoné cuando comprendí que no podría hacerme feliz. Él no era malo; era yo quien fallaba. Tenía todos mis afectos intoxicados y el corazón, herido con un misterioso pesar que no atinaba a descifrar...

Poco después y tras haber roto el pobre corazón de Arthur, me casé nuevamente con precipitación y, sin estar enamorada en absoluto, con un joven de Nueva Orleans llamado Peter, al que también abandoné en menos de un año. Para entonces había cumplido los veinticuatro años, tenía el alma hecha añicos y dos divorcios a mis espaldas. «Dios mío», me dije mientras sollozaba sobre mi almohada durante las largas horas de insomnio que siguieron a la ruptura. «¿Qué es lo que me pasa?». Algo en mi corazón me decía que no debía preguntar a Dios, pues la respuesta yacía en lo más oculto de mis recuerdos: sabía que alguien me había herido de niña y que había dejado mi cuerpo roto. Me había convertido, simplemente, en un juguete averiado. Lo peor era que, a causa de esa avería, dañaba horriblemente a los demás.

—Me has hecho algo terrible; me has procurado más pesar que nadie –me dijo Peter la noche que me marché–. No te quiero volver a ver jamás –eso fue lo último que le oí pronunciar... Solo dos años después, una antigua amistad contactó conmigo para comunicarme que Peter había fallecido en circunstancias extrañas, solo, abatido y machacado por su adicción al alcohol.

—Nunca quiso volverse a casar, Anne –dijo con voz de hielo–. Los amigos que le conocimos bien sabemos que murió de tristeza... Lo que hiciste fue muy cruel. No se abandona a un marido de la noche a la mañana, sin explicación alguna. Ni a un perro se le abandona así.

Me sentí espantosamente culpable e indigna, y solo pensar que pudiera existir un Dios que hubiera visto mi egoísmo, mis pecados y cómo utilicé dos almas buenas que me brindaron sinceramente su amor, me cargaba de miedo. «No merezco ser amada ni por Dios», me dije llena de pesar. Entonces decidí evitarle. «Si logro no pisar una iglesia durante el resto de mi vida, quizá alcance algo de paz», pensé.

¡Qué necedad más grande fue aquello! No me daba cuenta de que mi salvación se encontraba, precisamente, en el amor y la ternura de Dios. Esquivándolo buscaba solo una cosa: mi perdición.

* * *

Los años transcurrieron... Trabajé en una oficina de correos y luché contra grandes adversidades económicas, pero, al fin, a trancas y barrancas, conseguí finalizar mis estudios universitarios. ¡Ufff, lo que me costó! Claro que ya no fue en la preciosa universidad de *Marymount College*, sino en una local de Nebraska. Fue precisamente ahí donde conocí a mi tercer y último esposo.

Nick era profesor de Historia; un hombre mucho mayor que yo, viudo y padre de una hija de mi edad. Él me dio el cariño y el calor maduro, adulto y sereno, que no había tenido con mis otras parejas... Supongo que vi en él un posible cobijo que nunca vi reflejado en mi figura paterna. Para entonces, ya cerca de mis treinta años, me sentía profundamente cansada, aturdida y algo asustada con los avatares de la vida... Sabía que no era *rara*, tal como había predicho equivocadamente mi tía... Me agradaban mucho los hombres y tengo que reconocer, con gran vergüenza, que me convertí en una mujer muy promiscua. Si me gustaba un hombre, aunque le conociera ligeramente en un bar de copas, me lo merendaba por la noche y punto. Eso me mantenía anestesiada frente al dolor de ciertos recuerdos... Qué gran mentira es creer que el sexo desenfrenado cura los afectos, María, porque el juguete roto se averiaba más y más con cada relación. Son afectos falsos, mentiras con las que se intenta anestesiar el alma utilizando al cuerpo.

No todos esos hombres fueron buenos conmigo en momentos de cama: algunos me insultaban e incluso me vejaban horrorosamente en momentos de intimidad. Eran hombres malos... Pero lo peor no fue eso: lo peor era que yo pensaba que sus insultos y vejaciones eran merecidas.

Me había convertido en una absoluta bazofia.

* * *

Mantenía escasa relación con mis padres, a quienes telefoneaba en muy contadas ocasiones. Curiosamente evitaba hablar con mi padre y sufría cuando era él quien descolgaba... Si hablábamos, era para intercambiar unas pocas palabras. Con mamá era diferente: le contaba mis cosas y reíamos juntas.

—Mamá, tengo algo bonito que contarte –le dije un día.

—¿Que te casas por quinta vez? –bromeó.

—No seas mala... No es eso. Verás: he conocido a un señor mayor... Se llama Nick y me quiere mucho. He comenzado a salir con él... Y es católico como tú. Y me ha pedido que profundice en su fe –un largo silencio inundó mi auricular...

—No sabes cuánto me alegro de oírte decir eso... –susurró mamá al fin.

Me pareció que lloraba bajito.

* * *

Nick ha sido y es aún mi maestro en tantas cosas... Hoy le amo mucho. Llevamos casados doce años en los que hemos sobrellevado grandes pruebas, una enfermedad que casi le costó medio pulmón y muchas lágrimas. Él ha sido mi amigo, mi compañero más fiel... Fue quien me habló por primera vez de la Madre de Dios.

—La Virgen María es el gran consuelo de mi vida –me decía en momentos bajos. Desde entonces yo me ensimismaba en sus relatos sobre la vida de los santos, en las historias sobre los inmensos milagros sucedidos por la intercesión de la Madre de Dios en Fátima, Lourdes o en otros lugares de apariciones preciosas como la de Guadalupe en México. No daba crédito a toda la información que brotaba de sus labios y cada día que pasaba me conmovía más todo lo que iba averiguando sobre Ella y sobre su increíble amor de Madre.

Y así, poco a poco, acudiendo a las clases de preparación católica de la parroquia de nuestro barrio, un día decidí tomar la decisión más importante de mi vida: me bautizaría, haría la primera comunión y luego me casaría por la Iglesia. Por fin iba a hacer las cosas bien.

¡Pero, cuando telefoneé a mi madre para contárselo e invitarles a mi boda, me la encontré hecha un verdadero mar de lágrimas! Su llanto no se debía a la bella noticia que deseaba transmitirle, sino a causa de una enorme tristeza: ¡mi padre la había abandonado! Después de 42 años juntos, de haberle cuidado, mimado y sobre todo aguantado, el mujeriego esposo había al fin caído en las redes de una joven, *bonita y con grandes curvas*, según la descripción de mi madre.

—Le ha vuelto loco... –dijo–. La conoció en el bar del pueblo, en donde ella servía copas y bailaba en bikini para los clientes. Tu padre dice que la ama muchísimo y que desea pasar el resto de su vida junto a ella. Que le hace sentir joven y fornido... ¡Ayer hizo sus maletas, me dijo que lo sentía mucho, me dio un abrazo tierno y se marchó con ella!

Yo no daba crédito. ¡El maldito golfo se la había acabado pegando con una mujerzuela!

—¿Y dónde vivirá, mamá? –pregunté intentando ocultar mi indignación.

—En Ecuador... Es el país en donde ella nació...

Yo estaba furiosa... Deseaba enfrentarme a mi padre de una vez por todas, abofetearle y hasta matarle de un tiro en la cabeza...

—No llores, mamá –contesté–. Ese desgraciado no merece una sola lágrima tuya. Y te voy a decir algo más: papá está ya viejo y algún día enfermará, y, cuando esta muchacha le haga perder sus nimios ahorros, le abandonará y caerá en desgracia. Entonces regresará con el rabo entre las piernas y te pedirá auxilio. Y te aconsejo que no le perdones. Es un mal hombre.

—¡No hables así de tu padre, jovencita, o te tendré que lavar la boca con jabón! –gritó muy enfadada.

—Sí, mamá. Abre los ojos de una vez: papá es un mal hombre –repetí.

Pero mamá ya no me escuchaba. Me había colgado.

* * *

Aquella noche lloré hasta altas horas de la madrugada... No entendía mi dolor, mi tristeza, la rabia... Mi prometido –hoy mi esposo– intentó consolarme sin éxito alguno. Recuerdo que yo temblaba en sus brazos sin apenas poder expresar ni una palabra. Me faltaba el aliento y me sentía desvanecer a causa de la tristeza.

—No puedes permitir que esto te afecte de esta manera... –dijo–. Lo que haga tu padre es asunto suyo, Anne. Tendrá que dar cuentas a Dios por el daño que está haciendo a tu madre.

—¿Y A MÍ? –grité enfurecida–. ¿¡QUIÉN ME PEDIRÁ PERDÓN A MÍ POR LO QUE ME HACÍA DE NIÑA!? –Nick me miró perplejo... Al fin la bomba había explotado. Todos los recuerdos sobre aquellos momentos oscuros en el desván de nuestra casa familiar regresaron como un tsunami... No deseo entrar en detalles... Simplemente había llegado el momento en el que Dios, en su infinita misericordia, me permitía rasgar el velo de lo escondido. La herida estaba supurando al fin; había llegado el momento de enfrentarme a esa realidad oculta y dar una bofetada al pasado. Aquella noche permanecerá para el resto de mi vida en nuestra memoria. ¡Qué bueno es Dios, María! Él permitió que aquel terrible despertar sucediera justo cuando Él sabía que me sentiría protegida por el amor de una persona buena, de un hombre enamorado de la Madre de Dios que, horrorizado, escuchaba mi relato encendido en lágrimas. El porqué o cómo mi cerebro había escondido aquello en lo más profundo del olvido seguirá siendo siempre un misterio para mí. Nick reaccionó como un hombre lleno del Espíritu Santo. Repetía cosas hermosas, llenas de ternura y fuerza: «ahora estás a salvo; estás conmigo, estás con la Madre de Dios...». Corrió hacia su mesilla de noche y tomó una foto de la Virgen de Medjugorje que colocó ante mí. Después me enseñó a rezar de esta manera:

«Madre María: siento mucho el tipo de vida que he llevado, mis errores del pasado y todo el daño que he podido procurar con ellos a los demás. Pero sé que detrás de tantos pecados yacía una herida muy profunda. Me arrepiento de todo corazón por todas las elecciones erradas y los caminos equivocados que tomé, y te pido que, a partir de ahora, seas tú quien me ayude a entrar en los caminos de Dios. Por favor, ven a mi vida, Madre. Sé tú mi guía y enséñame a sanar todo el dolor y los recuerdos que llevo dentro. A partir de ahora deseo entregarte toda mi vida. Pero, por encima de todo, ayúdame a perdonar a mi padre, pues deseo hacerlo».

¡Ah, si supieras lo que me costó pronunciar la última frase! ¡Me negaba simplemente a rezarla! No quería. Pero Nick insistía con mucho amor:

—¡Hazlo Anne, hazlo ahora o no podrás decirlo nunca! –decía–. ¡Pronuncia las palabras finales o no podrás recomponer tu corazón! La Madre de Dios hará el resto... ¡Confía en Ella! ¡Piensa que tu padre no te supo amar! Quizá no podía, algo se lo impedía... Tal vez esté enfermo... ¡Pronuncia esa oración, Anne! ¡No te arrepentirás!

Solo Dios sabe lo que sufrí durante los siguientes meses de mi vida... Una cosa es sospechar que has padecido tocamientos sexuales serios en manos de tu padre y otra es saberlo con toda seguridad.

Ahora ya no había duda: habían regresado los recuerdos; lo peor era que lo hacían con una terrible furia diabólica. Y la consecuencia directa de aquel redescubrimiento fue un odio y un rencor terrible hacia mi padre.

* * *

Nick y yo nos casamos por la Iglesia católica a los seis meses de aquel despertar de recuerdos turbios... Nos preparó concienzudamente el sacerdote viejito de nuestra parroquia –hoy fallecido–; un hombre de Dios y un alma buena. Solo sabrá en el cielo lo mucho que le quise y la ayuda ilimitada que me brindó en momentos tan terribles e importantes como fueron los precedentes a la boda. No hubo impedimentos para nuestra unión a ojos de Dios, dado que Nick era viudo y, las veces que yo me había casado, lo había hecho solo civilmente y de una manera ridícula (como aquella boda en las Vegas disfrazados de Elvis y Priscilla). Ahora mi vida era distinta, había nacido una Anne nueva mucho más madura y con los afectos recolocados a base del amor recibido por un hombre totalmente entregado a Dios. Hoy sé que no habría podido seguir viviendo si Dios no hubiera puesto a Nick en mi camino. Mi vida se había convertido en un caos terrible, en una espiral de perdición y pecado, de angustia y melancolía absoluta. El amor cálido, incondicional y tierno de mi esposo me devolvía poco a poco la esperanza y la confianza perdida hacía demasiados años. Hoy sé que el Espíritu Santo trabajaba duramente con él, limando su corazón para que él pudiera limar el mío. Mi esposo se convirtió en un reflejo hermoso del mismo amor de Jesús. Me lo enseñaba todo sobre Él y sobre los santos del cielo. Y así conocí la vida de almas tan increíbles como las de santa Faustina, la de la beata Teresa de Calcuta o la del Padre Pío de Pietrelcina. Mi esposo también me hablaba mucho del amor y la admiración de otra santita cuyos escritos fueron una fuente inmensa de esperanza: santa Teresita de Lisieux. ¡Me devoré su libro! Qué hermosura... Recuerdo que la noche en la que lo finalicé sucedió algo misterioso cuyas consecuencias me acompañan hasta el día de hoy... Cuando leí la última página noté que los ojos se me habían humedecido. Acaricié las tapas y clavé la mirada sobre el hermoso rostro de la niña que tanto amó al bebé Jesús. «Santa Teresita», susurré notando cómo me comenzaban a resbalar unas lágrimas. «No puedo con el dolor que envenena mi corazón... Ayúdame a no odiar a quien tanto me dañó; estoy cansada de sufrir, de recordar... Me corroe pensar que mi padre no siente ningún remordimiento por su afrenta hacia mi inocencia de niña y que vivirá inmune a su pecado. No siente dolor, no desea pedirme perdón, quizá ni reconoce su vil acción repetida tantas veces... ¡Cuánto rencor siente mi corazón! No sé qué hacer ni cómo solventar este dolor, este odio y rechazo que siento hacia él. No deseo odiarle más; estoy cansada de odiar... Pero, si él no se arrepiente, ¿cómo sanar mi herida? Si no pide perdón, ¿cómo liberar este peso de mi corazón?».

Agarré mi rosario, me puse de rodillas y recé... ¡Oh, cómo y con cuánto dolor recé a la Madre de Dios! «¡Ayúdame, Madre!», grité. «¡Sana esta situación!; Santa Teresita, a ti que nada negaba Jesús: ¡te suplico que arranques esta gracia al Señor! ¡Concede la gracia del arrepentimiento a mi padre!».

Fue entonces cuando escuché una voz tierna y suave en lo más profundo de mi corazón.

«La Madre de Jesús lo hará», dijo. *«Reza el rosario. Es el arma que Ella utiliza para lograr arrancar todas las gracias a Jesús. Mientras tanto yo no te abandonaré»*.

De pronto la estancia se impregnó de un dulce olor a rosas y todo quedó perfumado: mi ropa, el pelo, los muebles... ¿Qué era aquello? Mi llanto cesó de golpe... Hasta el día de hoy me estremezco al recordarlo... Sé que no fue un sueño; fue una hermosa y perfecta realidad.

* * *

¡Ah! ¡Si supieras cómo comencé a rezar el rosario desde entonces! Lo hacía al despertarme, conduciendo hacia el trabajo, en la compra mientras metía alimentos en el carro... No desperdiciaba un segundo para estar unida a Nuestra Madre en oración, y la notaba muy cerquita de mí. ¡Ah, si la gente supiera lo hermoso que es rezar el rosario con el corazón! Es la puerta que abre a la Virgen la entrada al alma herida... Y Ella es una Madre tan eficaz... Nick me miraba de reojo y se preguntaba si no había llegado el momento de llevarme a un especialista.

—No te preocupes, Nick –le decía–. ¿Acaso no ves que ahora estoy serena y mucho más feliz? Ya no lloro, no me lamento... Algo está cambiando en mí... –y era cierto: Nick reconocía ese nuevo aliento, esa nueva alegría en mí tan lejana en el pasado... Y oraba en silencio esperanzado.

No habían transcurrido ni tres meses desde aquel precioso momento de encuentro con santa Teresita, cuando recibí una llamada telefónica de mi madre. Entre palabras agitadas me comunicó algo que me dejó de una pieza: ¡mi padre había regresado a casa! Lo había hecho cabizbajo, sin dinero y profundamente triste. Al parecer había caído enfermo en Ecuador y su preciosa muchachita de curvas prominentes le había abandonado por otro señor más sano y más adinerado. La enfermedad era seria: le habían diagnosticado un cáncer de próstata avanzado... Avergonzado, reconoció a mi madre que no tenía dónde ir ni sentía que nadie le quisiese. Lloraba como un niño asustado y avergonzado.

—Hija... Mi corazón me dice que debo aceptar que viva en casa. Jesús así me lo presenta cuando rezo... ¿Crees que es un disparate, Anne? –preguntó mi madre con voz entrecortada. Supongo que temía que le respondiera que le enviara a hacer gárgaras... Pero no lo hice.

—Es el hijo pródigo, mamá... –dije–. Creo que ha llegado el momento del perdón para toda la familia.

Mi madre comenzó a sollozar. Su voz sonaba suave y temblorosa desde el otro lado del auricular.

—Qué alegría me das hablando así, hija... –dijo. Colgué con una sensación entre dulce y amarga en la boca.

Tenía ante mí un reto, del que no sabía cómo salir triunfante.

* * *

El año siguiente fue quizá uno de los más importantes, profundos y fructíferos de mi vida. Sucedieron tantas cosas de Dios... Tenemos un Padre en el cielo que nos ama mucho, María... Solo debemos rendirnos a Él, confiar profundamente en su misericordia, soltar las riendas y dejarle llevar el timón. A veces esto es muy difícil... Es entonces cuando su Madre debe intervenir. Debemos invitarla a introducirse en la situación. Ella allana el camino, pule las piedras y logra sembrar ternura donde antes había odio. Fue el año en el que aprendí a orar con fuerza... El demonio no descansó un minuto: se encargaba de traer a mi memoria malos recuerdos cada vez que deseaba visitar a mis padres y entonces llegaban los bloqueos, el miedo... Y restos de odio. Pero aprendí a apartarme de mi camino y dejar paso a la Virgen para que fuera Ella quien lo ocupara.

Rezaba el santo rosario sin parar: era mi escape, mi consuelo y mi luz. Era así como el Señor entraba en mi corazón y templaba mis miedos. Orar me llenaba de deseos de perdonar, de fuerza... Pero sobre todo sucedía algo muy extraño que nunca antes había experimentado: me llenaba de una sabiduría muy poderosa. Sentía que no venía de mí... Años más tarde comprendí que provenía del Espíritu Santo, pero entonces desconocía el poder de sus dones y lo mucho que nos colma de ellos en caso de orar verdaderamente con el corazón.

Papá estuvo muy enfermo y sufrió terriblemente con su cáncer. Su carácter cambió mucho... Lloraba con frecuencia, se sentía muy débil, especialmente los días en los que debía acudir al hospital para recibir su tratamiento de quimioterapia y radioterapia. ¡Entonces abrazaba a mi madre y le pedía perdón por todo el daño que a lo largo de un terrible matrimonio le había procurado! Mamá se sentía dichosa: había logrado perdonarle y sentía una infinita ternura hacia él.

—No me daba cuenta del daño que te causaba, Mery –decía aunque estuvieran otras personas presentes–. Te engañaba, te hice muy desgraciada... Y tú siempre me respondiste con amor.

Le pidió muchas veces perdón... Y mamá, llena de piedad, le prometía su perdón y su olvido.

Pero aún quedaba una asignatura pendiente. Quedaba yo.

* * *

Comienzo ahora a relatarte un momento muy duro de mi camino... Hoy miro atrás y sé que solo Dios ha podido suturar la herida infectada que llevaba en el alma, imposible de curar ni por el mejor psiquiatra del mundo. Los tocamientos sexuales en una niña inocente a manos de su padre es algo muy difícil de perdonar, de sanar... El camino no fue nada fácil... Yo observaba la situación de forma fría y distante, con un corazón hecho pedazos. Nick me acompañaba siempre cuando visitábamos a mis padres, y pasó muchas noches junto a mí en el hospital en los últimos momentos de la vida de papá.

—Anne –me decía lleno de ternura–, debes perdonarle antes de que fallezca.

—No lo lograré... No puedo... –contestaba muchas veces presa de la rabia. Desconocía si mamá sabía de aquellos abusos; sospechaba que no sabía nada... De haberlo hecho, sé que me hubiera defendido. Pero Dios me dio la fuerza para no decírselo nunca...

Mientras tanto, se estaba desarrollando un milagro muy hermoso: mi padre comenzaba a pedirme tímidamente que le hablara de Dios, que le relatara anécdotas sobre mi conversión reciente al catolicismo. El corazón ateo de hielo de mi padre comenzaba al fin a derretirse. Yo reaccionaba algunas veces mejor que otras... El demonio no desaprovechaba ninguna ocasión y me recordaba, cada vez que me acercaba a su cama para relatarle mi amor por Jesús, lo sucedido en el pasado en aquel desván... Pero la Madre de Dios es mucho más fuerte que cualquiera de sus tretas y Ella acudía en mi ayuda cada vez que agarraba el rosario. ¡Y ya lo llevaba siempre en un bolsillo de mi vaquero! Es tal y como tú dices: es el *kalashnikov de la Virgen*... Un arma poderosa que le aplasta la cabeza, que le machaca y le hace huir...

El problema eran mis heridas: no cerraban. Sabía que no lo harían hasta que mi padre me pidiera perdón.

* * *

Un día me telefonearon desde el hospital.

—Señora Anne K –dijeron–. Acuda al lado de su padre. Entra y sale del coma –avisé a mamá y a Nick, y salí corriendo hacia el hospital. Cuando llegué ya estaban ambos. Mi madre había agarrado la mano de mi padre, quien tal y como me habían avisado telefónicamente, tenía y no tenía conciencia.

Cuando le vi en ese estado, un cúmulo de extraños sentimientos se apoderaron de mi corazón... Y regresaron, como un huracán lleno de polvo, los malos recuerdos, la ansiedad, el miedo por los varones, las infidelidades de mi padre y las lágrimas de mi madre... Y, para mi espanto, aquel oscuro desván lleno de muebles. Nick descubrió mis pensamientos y me agarró de la mano.

—¡Recemos la Coronilla de la Divina Misericordia! –susurró a mi oído. Nos sentamos a los pies de la cama de mi padre y comenzamos a orar... ¡Oh, cómo oré! Notaba cómo suaves lágrimas recorrían mis mejillas mientras esas terribles escenas volvían una y otra vez a mi memoria... Nick me apretaba la mano–. No te rindas, sigue, sigue orando... Qué orgulloso estoy de ti –me susurraba...

De pronto mi padre abrió los ojos, los clavó en los míos y dijo lo que jamás antes había dicho:

—Anne, hija... Perdón, perdón, perdón...

Yo no pude responder... Todo mi cuerpo había quedado bloqueado ante la escena. Era como un milagro...

—Papá... –susurré.

—Hija, perdóname... No supe amarte ni te respeté... Perdón, perdón, perdón... Lo siento tanto... –mi madre, sentada junto a él, me clavó la mirada y con toda la ternura de este mundo dijo:

—Anne, querida, ten piedad de un terrible pecador.

Yo temblaba... Nick me sujetaba por la cintura... «Santa Teresita, Santa Teresita, Santa Teresita...», tartamudeé. «Gra...gracias...». Me acerqué a mi padre temblando, le besé en la frente y susurré en su oído:

—Papá, te perdono con todo mi corazón. Vete en paz... –a los pocos minutos entró en un coma profundo.

Esas palabras fueron las últimas que dijo en vida.

Y, cuando se fue para siempre, lloré; lo hice como jamás antes lo había hecho.

* * *

Sé que mi historia es una historia dura, desagradable... Es terrible que sucedan estas cosas, pero además es incomprensible que ocurran dentro del seno de la familia. Un padre debe amar y proteger a sus hijos, no dañarles ni maltratarles. Desgraciadamente nuestra sociedad está muy enferma: mi caso no es el único que conozco y con profundo pesar sé que no será el último. No es Dios quien nos busca el mal; somos nosotros los que dañamos al prójimo. Pero mi historia, por muy terrible que parezca, ha traído un bien consolador: saber que Dios siempre está cerca de cada uno de nosotros, que siempre es capaz de sanar nuestras heridas, por muy profundas que sean.

Yo he perdonado lo imperdonable. A causa de la maldad y de los terribles pecados de mi padre caí en una espiral de pecados, de equivocaciones y de errores graves que me empujaron a hacer daño a los demás. Les utilicé y machaqué hasta la desesperación... Mi vida hubiera podido acabar muy mal. Pero Dios me rescató de todo aquello... Quizá mi pobre escrito sirva para que otras mujeres o niñas inocentes puedan hacer lo mismo y perdonar aquello que no es perdonable...

La paz es la consecuencia inmediata del perdón. Es muy difícil, lo sé. Pero nada es imposible junto a la Madre de Dios.

* * *

Mi querida amiga Anne fue uno de esos regalos de Dios con los que pocas veces tropieza uno en la vida. Es una gema con algunas vetas, pero una gema preciosa al fin. Su historia es una historia de esperanza, de valentía, amor y perdón, especialmente para aquellas almas que piensan o sienten que no tienen derecho a ser felices o que están convencidas de que Dios nunca podrá amarlas a causa de los graves errores cometidos en el pasado. Es esa una de las tretas más utilizadas por el diablo: él desea que creamos que, a causa de ciertos pecados, no podremos obtener el perdón y la misericordia de Dios. Es muy astuto. Primero nos empuja a realizar una acción perversa o errónea, presentándonosla como atractiva y haciéndonos pensar que no tiene importancia. Nos susurra un «*hazlo; tampoco pasa nada por...; total: todo el mundo hace lo mismo; nadie tiene por qué saberlo...*». Sin embargo, basta cometer tal o cual acción censurable para que casi de inmediato se alegre profundamente y nos diga: «*no me puedo creer que hayas hecho eso; ¿no te da vergüenza?; eres una bazofia, una debilidad absoluta...; no vuelvas a acercarte a Dios porque se avergonzará de ti y te rechazará; estás podrido hasta lo más profundo; eres inservible*».

Dios actúa de forma absolutamente contraria, querido lector: Por ello, antes de que pequemos, el Espíritu Santo entra con fuerza en nuestro corazón y nos susurra: «*no lo hagas; no está bien; sabes que esto puede traer mucho pecado a tu vida, daños a terceros... Harás sufrir a tal o cual persona*». Pero tan pronto como caemos en esa falta grave, si nos ve decaídos, asustados, arrepentidos y confusos, nos dice: «*levántate, hijo; nunca olvides que te quiero y di la vida por ti; no te preocupes, yo estoy aquí para sacarte del barro y hacer de ti un hombre nuevo; juntos reharemos tu vida...*». La historia de Anne encaja dentro de este segundo grupo y brinda un rayo de esperanza a aquellas personas cuyas cicatrices aún no han terminado de sanar del todo. Sé que haberla leído le aliviará y reconfortará el alma.

Conocí a Anne hace treinta años, cuando ambas cursábamos primero de carrera de Pedagogía en la Universidad Marymount College (Nueva York). La vida me devolvió a España –donde finalicé mis estudios en la Universidad Complutense de Madrid–, lo que lamentablemente me hizo perder la pista de mi amiga norteamericana. Pero el mundo es hoy pequeño: hace tan solo cinco años y, siendo ya autora de varios libros, quiso el destino que uno de ellos cayera en manos de Anne*. ¡Qué alegría y sorpresa me llevé cuando me contactó a través de mi web para comunicármelo! Los adelantos informáticos no solo acarrean quebraderos de cabeza; a veces traen muchas alegrías... Agradecí a Dios ese reencuentro y retomé con fuerza una amistad que la distancia de todo un océano y el paso del tiempo habían apolillado. ¡Teníamos tanto que compartir! Supo así que me había casado, que era madre y que vivía en Londres. Y así me enteré de que Anne había cometido errores serios desde la última vez que nos vimos.

Sin embargo, me embargó una gran alegría cuando me confió que ella –tal y como me había sucedido a mí– había experimentado una gran conversión a la fe católica. Fue precisamente esto lo que logró sacarla del pozo de melancolía que a punto estuvo de costarle la salud. ¡Y pensar que ni siquiera habíamos querido acudir a misa los domingos cuando ambas coincidimos en la Universidad! Qué vueltas da la vida, querido lector... Ya ve que hoy su corazón se ha abierto a la alabanza, ha superado el miedo y vive agradecida a Nuestra Madre del cielo, que fue, junto con la ayuda inestimable de santa Teresita del Niño Jesús, quien le ayudó a sobrevivir en un sucio infierno. Brindo para ella –como para todo lector que haya tenido que pasar por el mismo– esta preciosa y poderosa oración.

Órela usted en momentos delicados, cargados de malos recuerdos; sé que le ayudará. Confíe en mí, querido lector: se lo digo por propia experiencia.

---

* *Un mensajero en la noche*, Ed. Varieditores, año 2002 (N. de la A.).

* * *

Oración del perdón a un enemigo:

En el nombre de Jesús, yo (se nombra a uno mismo) perdono a (se nombra al enemigo):

—Por toda ofensa, humillación, envidia, calumnia, maldición y rechazo cometida por él/ella contra mí.

—Por todo pleito, insulto, abandono, golpe y rencor que sienta injustamente hacia mí.

—Por su alcoholismo, drogadicción, infidelidades y mentiras cometidas contra mí.

—Por sus abusos y maltrato, ya sea físico, verbal o espiritual.

—Por sus calumnias vertidas contra mi persona con el solo fin de dañar irremediablemente mi reputación.

—En definitiva: por su falta de amor y falta de caridad hacia mí.

(En este momento se medita, una por una, las heridas cometidas por esa persona hacia ti, y las colocas sobre las manos de Jesús, para que lave con su sangre tu dolor y tu rencor).

Y en el nombre de Jesús: yo (...) te perdono a ti (...).

En el corazón de Jesús: yo (...) te perdono a ti (...).

En la Misericordia de Jesús: yo (...) te perdono a ti (...).

Y en este momento, y con el amor que me da Jesús y su Madre María, te bendigo a ti (...), y desato ahora mismo el lazo de rencor entre tú y yo.

Delante de Dios Padre, te declaro inocente y libre de mi rencor. Ya no me debes nada. Le pido a Jesús que te ame profundamente, te llene de paz y se manifieste en ti con abundancia de bienes espirituales y materiales.

Amén.

Capítulo 2

Lola o la verdadera fe en la intercesión de María, Madre de Dios

«Y el Señor les dijo: si tuvierais fe, aunque solo fuera como un grano de mostaza, diríais a esta morera: "Arráncate y trasplántate al mar", y os obedecería».

(Lc *17, 6)*

Es cierto que la oración mueve montañas, María. Y si de verdad creyéramos que Jesús está vivo en un trocito de pan consagrado y que es el mismo hoy que el que andaba por Galilea, estaríamos todo el día en adoración a sus pies, pegados a un sagrario o a una custodia. Le hablaríamos tal y como te hablo ahora a ti, sabiendo y confiando que está presente, que nos escucha como un amigo, como un Padre, como un mentor... Sin embargo nos falta fe... Y por eso rezamos poco, adoramos menos y nos despistamos con las cosas del mundo dejándonos enamorar por sus riquezas materiales, caducas e inservibles. ¿De qué nos servirán en la muerte tantos bienes? ¿Acaso el prestigio o la adulación sirven para entrar en el cielo? No por enterrarnos llenos de joyas se nos hará más liviano el juicio particular... Toda riqueza material no servirá de nada cuando tengamos que repasar frente a Dios cada una de nuestras obras y lo más duro será descubrir que solo sirvieron para algo las hechas con y por amor, pues, si se hace mucho sin amar, ¿de qué sirve? Por eso la fe en Jesús es tan importante y el agarrarnos a la mano de su Madre es un pasaporte seguro. Sin ellos no alcanzaríamos las metas de amor que nos proponemos;

sin ellos es fácil desesperarse ante las cruces que nos toca cargar en la vida. A mí me ha tocado cargar varias de gran peso... Algunas estuvieron a punto de hacerme caer en la desesperación, pero perseveré con todo mi corazón en la oración... ¡Y son tantos los milagros que la Virgen me ha procurado! Ella ha estado siempre a mi lado; no me ha abandonado jamás.

Ahora sonrío al recordar una anécdota que me acompañará de por vida... Hace referencia a un tropiezo que tuvimos Tomás y yo cuando nos prometimos. ¡Qué jóvenes éramos! Hablábamos seriamente de nuestra boda con gran ilusión: informamos a nuestros padres y amigos y todo era dicha. ¿Cómo iba a ser de otra manera? Tomás era un gran chico, el amor de mi vida... ¡Y yo me sentía tan segura de nuestra decisión! Solíamos hacer la vida normal de los novios en los años 90: yo estudiaba con enormes ganas de terminar la carrera –Tomás había finalizado su carrera de ingeniero– y en nuestros ratos libres paseábamos, hacíamos deporte, íbamos al cine... Vaya, lo que todos nuestros amigos también hacían. Pero nosotros hacíamos algo más que no todas nuestras amistades veían como usual: a veces visitábamos la catedral de nuestra ciudad y nos quedábamos rezando ante la Virgen, en quien teníamos mucha fe. Puedes reírte, pero ya entonces yo era muy creyente... Tomás me acompañaba gustoso. Él también era creyente y nuestra idea era casarnos por la Iglesia.

Finalicé la carrera universitaria y comenzaron algunos preparativos para la boda: miramos fechas, soñé con mi traje... ¡Pero, ay! ¡Como tantas veces sucede entre los jóvenes, un día tuvimos una gran trifulca! Ni siquiera hoy recuerdo a causa de qué comenzó aquello. ¿Qué lo dispararía? No sé... Nunca nos habíamos disgustado tanto ni nos habíamos peleado así. Tan seria fue la discusión que ambos perdimos los estribos y decidimos romper nuestro noviazgo. ¡Qué disgusto más grande! No podía creer que hubiéramos llegado a ese punto: ambos tan enfadados y dispuestos a dejar nuestra unión... De pronto mi corazón se llenó de dudas: ¿y si Tomás tuviera un carácter más arisco del que yo conocía? Había llegado a mis oídos que tal o cual amiga de la familia se había casado perdidamente enamorada, para descubrir tras la boda que su esposo era violento, que bebía o que era simplemente un desconocido muy distinto al del noviazgo. ¡No sé qué nos pasó! Nos asustamos mucho: de pronto nos apresaban grandes dudas y temores sobre nuestra relación. Tomás pensó que lo prudente sería romper... ¡Cuánto sufrí con aquella decisión! Recuerdo que llegué a casa hecha un mar de lágrimas, sin entender muy bien qué había sucedido... No sabía qué hacer: por una parte mi corazón estaba muy dolido, enfadado... No me había gustado la reacción de mi prometido y sabía que a él le había sucedido lo mismo. Casarse era algo muy serio para nosotros... Ambos sabíamos que, de hacerlo, sería con el deseo de pasar el resto de nuestra vida juntos.

Transcurrieron varios días angustiosos... ¡Ni siquiera nos telefoneamos! Mi tristeza y ansiedad crecía por momentos: le echaba horriblemente de menos. Le amaba muchísimo pero las dudas eran inmensas... Entonces recé con gran fe: mi oración fue fuerte y poderosa y confié con todo mi corazón en quien nunca me había fallado de niña. «Madre de Dios», dije, notando cómo me resbalaba un río de lágrimas por las mejillas. «Estoy enamorada de Tomás; le quiero con cada fibra de mi ser... Pero tengo miedo... No sé si seremos felices juntos; desconozco si seremos fieles, si la prueba del tiempo acabará rompiendo nuestro matrimonio... Me veo junto a un precipicio y tengo terror a saltar... Por favor, Madre, ayúdame: si este amor viene de Dios, si Él creó a Tomás para mí y a mí para él, entonces que nuestra discusión sea algo pasajero y nuestra ruptura, solo un pequeño susto o un temor infundado... Que vuelva a mí. Si por el contrario sabes que no seremos felices juntos y que no podremos formar una familia llena de alegría, de paz e hijos, entonces no permitas que nuestra unión continúe».

Pasaban los días y Tomás no llamaba...

El corazón se me había hecho pedazos.

* * *

Con el transcurrir de las semanas comprendí que le amaba a pesar de todo temor y de cualquier riesgo. Deseaba casarme con él pasase lo que pasase. Lloraba día y noche al recordarle, al sentir su ausencia. Ardía en deseos de volverle a ver, de pedirle perdón... Pero él seguía ausente y no daba señales de desear volver a verme. «Hija, ¿qué te pasa?», me preguntaba mi madre con gran preocupación. Yo no contestaba; no tenía ni fuerza para hacerlo.

Una tarde de inmensa tristeza, harta de llevar en soledad mi dolor y sospechando que por una estupidez incomprensible había echado por tierra la relación sentimental más importante de mi vida, cogí mi rosario y salí de casa con precipitación. «Tengo que pedir consuelo a la Virgen... ¿Acaso una Madre no escucha el lamento de un hijo? ¡Ella tendrá que oír mi oración!». El alma me ardía de tristeza al atravesar el umbral de la catedral... Me encaminé a pasos lentos hacia la hermosa estatua ante la que tantas veces Tomás y yo habíamos rezado juntos, y cuando al fin me coloqué delante de ella rompí a llorar como jamás lo había hecho. «Madre, ¿y ahora qué?», susurré entre lágrimas. «¿Cómo solucionar lo que ha sucedido entre nosotros? Yo amo muchísimo a Tomás. Sé que es el hombre con el que deseo casarme... ¿Qué ha pasado? Tantas ilusiones, tanto amor... ¡Ayúdame, Madre!». Entonces oí un carraspeo a mis espaldas. Sentí una gran vergüenza: ¿acaso alguien había escuchado mi lamento y le había molestado? Me giré inquieta, ¡pero cuál fue mi inmensa sorpresa cuando vi a mis espaldas a Tomás! Había acudido, tal como yo, a pedir auxilio a Nuestra Madre.

Nos fundimos en un abrazo lleno de amor...

* * *

Nos casamos en menos de un año, llevamos felizmente juntos 20 años y Dios nos ha regalado dos preciosos hijos que nos colman de inmensas alegrías. Éramos tan jóvenes entonces: Tomás tenía 35 años y yo, tan solo 23 cuando contrajimos matrimonio. Digamos que yo era tan solo una chiquilla enamorada... La Virgen nos había unido y había apostado por nosotros; la amábamos muchísimo, orábamos y le consagramos a nuestros hijos en cuanto nacieron. Ella había protegido nuestra unión y nos había hecho entender que Dios estaba de nuestro lado... Nunca nos ha abandonado: incluso en los momentos más feroces de la vida nos ha protegido como una Madre coraje.

El milagro más grande que nos ha concedido sucedió pocos años después de que naciera mi hijo pequeño. Tenía tan solo dos añitos cuando Tomás, a lo largo de una mañana cualquiera, se comenzó a quejar de cierto malestar. En un principio lo achacamos al estrés, ya que su trabajo era muy exigente. Trabajaba largas horas y nos acabábamos de mudar de Sevilla a Madrid, con todo lo que supone para una joven familia con dos niños muy pequeños acoplarse a una ciudad ajena, conocer amistades nuevas y hacerse con mil cambios... Pero las molestias no cesaban... Los médicos de Madrid no acertaban con la causa de aquel malestar extraño, y tuvo que ser un médico de Cádiz quien durante las vacaciones estivales nos diera una noticia turbadora después de realizarle muchos análisis:

—Sospecho que aquí se esconde algo mucho más serio... –dijo. Asustados y ya de vuelta en Madrid, armados con todos los análisis nuevos realizados en la pequeña clínica cercana a la playa donde habíamos pasado un duro agosto lleno de incertidumbres, los doctores descubrieron la causa de tan desagradable malestar: *Cáncer de pulmón con metástasis en mediastino, carcinoma de células pequeñas.* ¡El pronóstico era muy grave, María! El cáncer se había desarrollado muy deprisa y ya no había duda: la solución era nimia y, para frenar en lo posible su avance por el resto del organismo, debíamos comenzar de inmediato con un tratamiento feroz de quimioterapia. Imagínate cómo me sentí...

—¿Cuánto tiempo le queda a Tomás, doctor? –pregunté llena de temor.

—Un mes –contestó lleno de preocupación–. Pero, si la quimioterapia actúa rápido, quizá lleguemos a Navidad.

* * *

¡De pronto toda mi vida se vio truncada! El esposo a quien adoraba estaba herido de muerte. Temí horriblemente por su vida, por la tristeza en la que quedarían los niños si su papá se marchaba para siempre... Obviamente también me preocupó la situación económica en la que quedaríamos; solo pensar en una posible viudedad me estremecía, pero nada podíamos hacer más que luchar con uñas y dientes contra el león feroz que es el cáncer. Había mucho que vencer y lo haríamos de la mano de la mujer vestida de sol, esa que nunca antes nos había abandonado. Yo estaba decidida: pediríamos ayuda a gritos, si era necesario, a la Madre de Jesús.

Tomás se sintió de golpe muy solo y vulnerable ante la posibilidad de tener que rendir cuentas a Dios en tan corto espacio de tiempo. Era un hombre bueno, un esposo entrañable y un padre maravilloso, pero estaba asustado... ¿Quién no lo está cuando recibe un aviso contundente sobre un futuro compuesto por tan solo un mes? El recibir esa terrible bofetada cargada de adversidad le empujó a rebobinar toda su vida en unos segundos agónicos en los que concluyó que se marcharía sin desear mal a nadie, sin dejar enemigos en el tintero ni guardar rencor por alguna afrenta pasada. Este hecho le colmó de paz y llenó de fuerza y serenidad. Dio gracias a Dios por el don de la fe y enseguida, unidos, decidimos luchar contra la enfermedad con todas las fuerzas que aún nos quedaban. Sabíamos que no podríamos hacer nada solos, pero también sabíamos que la Madre de Jesús puede arrancar cualquier cosa del corazón de su Hijo. Así que oramos. ¡Y cuánto nos ayudó nuestra fe en esos terribles momentos! Entonces empezaron a suceder milagros...

El primero surgió cuando conseguimos algo totalmente inaudito e imposible: ¡un doctor afamado, experto en oncología, nos recibiría en 48 horas! En Madrid los doctores nos habían acuciado para comenzar al día siguiente un tratamiento radical de quimioterapia. Pero, por la rápida intervención de uno de ellos –¡benditos médicos de alma buena!–, nos lograron introducir en la consulta de un afamado y muy eficiente especialista en Estados Unidos. Aún recuerdo temblando cómo nos pusimos a toda velocidad a hacer las maletas, a organizar a los niños... El corazón me temblaba al entregárselos a mis padres en Sevilla, quienes, afligidos pero desbordantes de amor, nos prometieron cuidarles con todo el cariño del mundo.

—Toda oración será necesaria, papá –dije al despedirme. Lloré mucho durante el camino de regreso a Madrid, en donde Tomás me esperaba lleno de angustia para tomar el avión que nos llevaría a Nueva York.

¡Y ya en ese avión comenzamos a rezar el santo rosario! Teníamos los nervios a flor de piel, pero toda la fe de nuestros corazones centrados en al amor y en la ternura de la Virgen. Le pedíamos templadamente consuelo... Solo eso. Y Ella nos calmaba, nos ayudaba a sobrellevar una aventura atroz de la que teníamos todas las posibilidades de no salir airosos. «¡Solo un mes!», me repetía sin desearlo... Tomás me miraba sereno durante el vuelo, asegurándome que el rezo del rosario era mucho más poderoso que cualquier quimio, que cualquier radio. Lo que no pudiera solventar la medicina, lo haría la Madre de Jesús, esa a quien tanto debíamos en nuestro matrimonio.

—Nunca nos ha abandonado... –repetía Tomás entre misterio y misterio.

—Oremos entonces –respondí.

* * *

¡Cuánto sufrimos a nuestra llegada! Tomás se encontraba muy mal: tenía sudores fríos, muchísima fiebre y una extraña e incómoda tos. Para colmo en el hotel en donde habíamos organizado las reservas nos dijeron que a causa de un error informático no tenían habitación para nosotros. Era de noche y estábamos tan cansados... Al final tuvimos que trasladarnos a un hotel indio cercano, en donde nos vieron tan agobiados que se aprovecharon de nosotros y nos cobraron una barbaridad. ¡Y para colmo el hotel no era bueno!: estaba bastante sucio y despeluchado... Pero lo ofrecimos por el gran deseo que teníamos de agradar a la Virgen, de hacerle saber que, pasara lo que pasara, confiaríamos siempre en Ella.

Al día siguiente, muy temprano, por fin fuimos al hospital en donde nos habían prometido, ya desde Madrid, que nos recibiría el afamado oncólogo. Los hospitales norteamericanos son inmensos, María. Se asemejan a grises edificios ministeriales o a grandes empresas con mil pasillos enrevesados y cientos de médicos que, como hormigas, trabajan a velocidad asombrosa. ¡Cuántas pruebas tuvimos que repetir! No se fiaban de las ya realizadas en España, pues en cuanto les informamos de que Tomás no era fumador, concluyeron que en Madrid se habían equivocado de diagnóstico. No sirvieron de nada nuestras protestas ni el terrible paso que nos dijeron que debían dar de inmediato: esta vez la biopsia no se tomaría por *broncoscopia*, sino que abrirían directamente el organismo de mi esposo rompiéndole una costilla. Sería una forma mucho más eficiente de tomar un mayor pedazo de tejido tumoral. Gracias a esas pruebas nuevas, dolorosas y terribles, se descubrió una novedad de importancia vital: ¡la patología que venía diagnosticada desde España era efectivamente incorrecta! Lo que Tomás verdaderamente padecía era un linfoma –cáncer en la sangre–, que se había extendido desde el mediastino hasta el pulmón. La gravedad no era la misma –en vez de un mes de vida, el pronóstico era de unos 6/8 meses–, ni el tratamiento que nos habían propuesto en Madrid era el correcto. ¡Cuánto agradecimos a la Virgen este nuevo descubrimiento! Entonces el tiempo comenzó a correr de verdad: recogimos todo el protocolo de medicación necesaria para luchar contra el cáncer que padecía y, cargadas las maletas con él, regresamos a España dispuestos a luchar con todas nuestras fuerzas.

—Tomás, deseo que pelees hasta el final –dije llena de esperanza. Mi pobre esposo solo asintió.

* * *

Los protocolos de tratamiento para cáncer linfático son internacionales y la medicación es la misma. En casos como el de Tomás, se trataba de medicar durante cinco meses con quimioterapia muy agresiva. Era un arma muy preciada y válida, y nos mostramos muy agradecidos al equipo que comenzó a cuidarle en Madrid con el tratamiento. Nuestra batalla contra reloj comenzó agradeciendo a la Virgen su protección, viendo su mano en el cambio de diagnóstico. Nos sentíamos profundamente conmovidos con su gran amor hacia nosotros, y le devolvíamos su ternura rezando todos los días. La necesitábamos mucho, pues ante nosotros se vislumbraba una gran incertidumbre: ¿sería el tratamiento capaz de librar a Tomás de la muerte en tan breve tiempo?

Launceston Place Restaurant (situado en 1A Launceston Place, South Kensington, London W8), donde, durante la comida con mis amigas Kristina y Angie, oí hablar por vez primera de Medjugorje y donde tomé la sorprendente decisión de acompañarlas en un próximo viaje. (Ver el prólogo).

El Padre Michael O'Malley fue mi primer director espiritual tras mi conversión en el año 2000. Él me ha enseñado todo lo que sé sobre el catolicismo. Nunca podré agradecerle suficientemente su cariño, su sabiduría y su amor de padre. Sus manos consagradas me han librado muchas veces de mis pecados.

El Padre Michael O'Malley, Londres, 21 de marzo de 2014: un amigo y un verdadero padre para mí. (Capítulos 1 y 2 de la primera parte).

Visitando al Padre Michael O'Malley en junio de 2014; Wintershal, Inglaterra. (Capítulos 1 y 2 de la primera parte).

Fray José Guerrero, de la República Dominicana, bendice a los fieles con la custodia. (Ver capítulo 3 de la primera parte).

Imagen situada en la Iglesia de San Agustín, en México D. F. Allí me encontré esta imagen de la Virgen de la Caridad del Cobre que fue una respuesta a mis dudas sobre si la Virgen había intervenido en nuestro problema con la motora. (Ver capítulo 8 de la primera parte).

Recuadro explicativo junto a la estatua, en la Iglesia de San Agustín, calle Horacio, Colonia Polanco del Distrito Miguel Hidalgo, México D. F. (Ver capítulo 8 de la primera parte).

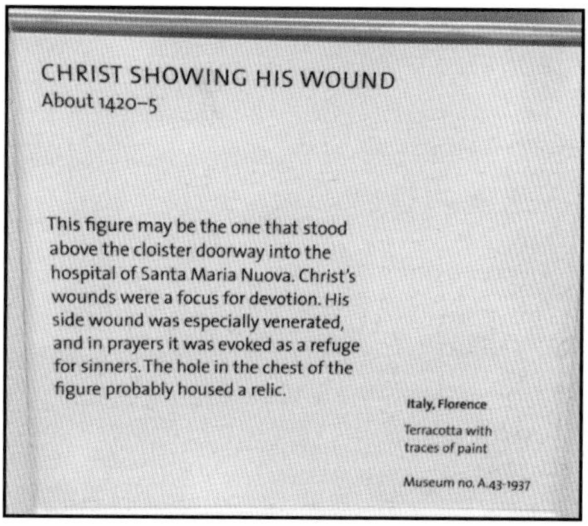

Cristo mostrando la herida del costado (circa 1420-5) en el museo *Victoria & Albert* de Londres. (Ver capítulo 9 de la primera parte).

San José durmiendo. (Ver capítulo 10 de la primera parte).

Foto tomada por la autora en Buenos Aires, 2012.
(Ver capítulo 11 de la primera parte).

Ante la *Madonna della Bocciata* (la Virgen del *pelotazo*), en la basílica del Vaticano, me consagré a la Virgen el 20 de enero de 2014. (Ver el capítulo 11 de la primera parte).

Icono del que salió «la luz», en casa del suegro de Mary-Anne,
el 20 de enero de 2008.
(Ver capítulo 3 de la segunda parte).

«Primer paseo que dimos con Nicolás por San Petersburgo nada más recogerle del orfanato.... ¡Un día lleno de emociones!». (Ver capítulos 6 y 7 de la segunda parte).

Con Nicolás en San Petersburgo. (Ver capítulos 6 y 7 de la segunda parte).

La autora ofreciendo su testimonio en una conferencia en Bilbao.

Visitando a la Virgen Desatanudos, durante mi viaje a Buenos Aires (Argentina, año 2013), tan amada y venerada por el Papa Francisco.

Estatua de la Virgen María en la Iglesia católica de los carmelitas en Church Street (Kensington), ante la que tantos ratos pasa la autora en oración.

Con mi madre espiritual, Sor María Leticia,
de las hermanas dominicas de Lerma.

Monte de las apariciones de Medjugorje,
donde la autora ha notado tantas veces la presencia de la Virgen.

Subiendo a la montaña de la Cruz en Medjugorje.

Mi madre: María Reina de la Paz (Medjugorje).

Miraba a mis hijos y los ojos se me colmaban de lágrimas... Pero a pesar del estrés, de la brutal preocupación y de la incertidumbre abrumadora, sabía que tenía un arma extraordinariamente poderosa contra mi tristeza y debilidad. Se trataba del poder sanador del santo rosario entre mis manos, ese que llamas tan acertadamente «*El Kalashnikov*» de la Virgen.

Los cinco meses transcurrieron lentos... Tomás intentaba ir al trabajo. Lo hacía con gran esfuerzo, llevando mascarilla y habiendo perdido todo el cabello, cosa que no le importaba en absoluto. Le admiraba y amaba más que nunca, sabiendo de su malestar y conociendo los efectos de la medicación en su sistema. Su calvicie no significaba para mí un problema; todo lo contrario: era la señal que me recordaba que estábamos siendo bendecidos extraordinariamente al poder recibir cuidados médicos adecuados. Daba gracias a Dios y a su Madre en todo momento por la suerte que teníamos de vivir en un país como España, en donde hay hospitales magníficos, y me sorprendía muchas veces pensando en tantas personas inocentes que hay en el tercer mundo, que no tienen recursos tan buenos como los que hay en nuestro país.

El tiempo seguía su curso y se acercó el momento tan temido, aquel en el que nos informarían mediante un profundo estudio si la medicación había tenido el efecto deseado. ¡Y para nuestro total regocijo nos confirmaron que el tumor había desaparecido! Nos alegramos tanto... Estábamos jubilosos, nos abrazamos y lloramos juntos.

—No quiero aguarles la fiesta –nos avisó nuestro oncólogo de Madrid–. En un mes debemos repetir las pruebas... Desgraciadamente a veces el tumor regresa.

Y vaya que si lo hizo... Justo al mes un nuevo escáner nos demostró que había regresado.

Y esta vez lo había hecho con furia.

* * *

—El tumor está de nuevo invadiendo su organismo –nos confirmó apesadumbrado el doctor–. Y lamento decirles que su fuerza es tan brutal, que es ahora resistente a la quimioterapia –todo nuestro gozo y la alegría vivida durante un mes se evaporaron como agua de rocío... El shock fue tremendo; agonizábamos y no había nada que calmara nuestra ansiedad y preocupación. No sabían decirnos qué esperar...

Tomás estaba psicológicamente en mejor estado que yo.

—No te preocupes –decía al verme abrumada de tristeza–. Seguiremos luchando, el doctor dice que hay una nimia posibilidad si probamos un trasplante de médula. Volveremos a Nueva York con todas las nuevas pruebas. ¡Saldremos victoriosos, ya lo verás!

Pero yo temblaba... «Madre mía», rogaba cada noche durante mi oración diaria del rosario. «Ayúdame a acatar con valentía la voluntad de Dios. Si es posible, intercede para que pase este cáliz... Pero, si la voluntad del Padre es llevarse al cielo a mi esposo, ayúdame a llevar esta cruz con alegría... Sin tu ayuda, Madre, moriré de pesar».

* * *

Vuelta a Nueva York y vuelta a vivir días de extraordinaria dificultad...

Hoy recuerdo aquella etapa como la más terrible de toda nuestra vida. Fue muy, muy duro pasar por aquello: se juntaron la aplastante desilusión del fracaso del efecto de la quimio, más la dolorosa separación de nuestros hijos de 2 y 4 años, que se quedaron a vivir con mi hermana –madre de 4 niños pequeños–, a la que nunca podré agradecer su inmensa generosidad. ¡Mis pequeños nos necesitaban tanto!

Cuando transcurrieron nuestros primeros 20 días en Nueva York telefoneamos a nuestro hijo más pequeño, quien cumplía esa mañana tres años. A Tomás se le hizo un nudo en el estómago cuando le felicitó, pues se convenció de que jamás volvería a ver a su hijo... Yo lloraba a todas horas, pero lo hacía a escondidas, deseando con todo mi corazón que Tomás no viera brotar ni una lágrima de mis ojos. Debía ser fuerte para él y con él; un pilar de amor y ternura. ¡Y créeme si te digo que a veces logré ser una gran actriz! Pues, aunque mi alma estaba rota en mil pedazos, de cara a Tomás mostraba un temple desconocido en mí. Hoy sé que aquello fue también un gran regalo de la Virgen, un don que me otorgó para no disgustar a mi esposo, quien ya sufría por todos... ¡Y toda esa fuerza externa me llegaba a través de la oración del santo rosario! ¡De verdad, María! Era el arma que me calmaba, que me hacía sentir su presencia de Madre fiel a mi lado cuando comenzaron de nuevo los ciclos de otra quimioterapia novedosa, a la par de un tratamiento con radioterapia muy agresivo que hasta entonces no pensaron que fuera necesario. Ahora ya lo era, dado que deseaban realizar el trasplante de médula con toda premura. Es un modo muy eficaz de luchar contra el cáncer, pues es capaz, en muchos casos, de regenerar defensas. Pero claro, en medio de este proceso, te deben introducir el veneno –la quimio–, que mata todo, lo bueno y lo canceroso... Así es. Es muy agresivo, pero los médicos nos animaban recordándonos que muchas veces salva vidas. También nos avisaron de que, de no funcionar, tomarían una última medida: le inyectarían una medicina conocida en la jerga médica como la *infoterrible*, dado que los pacientes la suelen descartar por provocar temblores y convulsiones espantosas.

—Pero, doctor –pregunté con voz temblorosa–. ¿Cuantas posibilidades tiene mi marido de sobrevivir si aceptamos el tratamiento de la *infoterrible*?

—Tomás tendrá un 70% de probabilidades de superar el trasplante y un 30% de fallecer –dijo secamente.

Aún recuerdo el escalofrío que me recorrió la espalda... «Entonces vaya usted a por todas, doctor. Luchemos hasta el final.

El doctor me miró inquieto.

—¿Está usted segura de querer dar este paso? Le advierto que será muy duro...

Tomás me cogió de la mano e intervino.

—Ya ha oído a mi mujer. Ella quiere luchar y yo seré su mejor soldado.

* * *

Decir que aquello fue *espantoso* se quedaría corto, María. Pasamos por tanto sufrimiento... Primero hubo que luchar contracorriente, pues los especialistas deseaban a toda costa probar un tratamiento experimental muy corrosivo. Los efectos secundarios eran tan salvajes que nos asustamos mucho. Telefoneamos a nuestro oncólogo de Madrid y nos apoyó con todo convencimiento: «no lo hagáis todavía; la eficacia de ese tratamiento aún no está probada». Al doctor norteamericano no le agradó nuestra decisión e insistió en que era un grave error. Confundidos y abrumados por las dudas, retomamos esos días el rezo del rosario con más fuerza que nunca. «Madre, ayúdanos», suplicábamos. Nuestra oración estaba cargada de fe y de amor... Y entonces la Virgen actuaba llenándonos de paz, de templanza... ¡Su presencia era tan viva a nuestro lado...! Al fin, y tras orar con todo nuestro corazón, llegamos a una conclusión muy acertada: rechazamos el tratamiento experimental. Pocos años más tarde nos confirmaron que tal medicación fue retirada del mercado al no lograr salvar a ningún paciente. ¡Tuvimos la seguridad de que nuevamente la Madre de Jesús nos había protegido!

Llegó el terrible día 2 de agosto que jamás olvidaré... Se realizó el trasplante en el cuerpo herido, agotado de Tomás... La quimio había machacado muchos glóbulos blancos –leucocitos–; había dañado todas las mucosas del cuerpo y su organismo había quedado en carne viva. Tomás era una llaga viva... Su cuerpo se quejaba y el dolor comenzó a ser insoportable. La medicación utilizada para paliarlo fue la morfina, cuyo catéter mi esposo apretaba constantemente... Simplemente no tenía ya fuerzas para aguantar más sufrimiento. Dejó de poder tragar alimentos y vomitaba todo lo que intentaba retener el estómago, a veces líquidos y otras sangre.

Se atisbaba su final. Comencé a prepararme... A pesar de que todo hacía presagiar que quedaba muy poco, Tomás y yo no soltábamos el rosario. Nos unimos más que nunca a la Virgen con confianza y con amor.

—Aguante usted, Tomás –nos animaba el médico–. Quedan muy pocos días para descubrir si ha funcionado el trasplante. ¡Estamos seguros de que habrá mejoría!

Mi pobre marido llagado, agotado hasta el extremo y con una fiebre altísima, logró a duras penas preguntar:

—Pero ¿cuándo lo sabremos, doctor? No creo que pueda resistir mucho más...

—¡Solo una semana más! Solo entonces descubriremos si el tratamiento fue eficaz.

Mi esposo y yo nos miramos llenos de esperanza. Tomamos nuestro rosario y comenzamos de nuevo a rezar.

* * *

Transcurrieron los días con una lentitud terrible... Hasta que por fin llegó el 10 de agosto. Mi pobre Tomás rozaba la muerte... Esperábamos ansiosos al doctor y su equipo, quienes tardaron una barbaridad en subir a planta. Esto nos angustió sobremanera.

Cuando al fin lo hicieron sus rostros serios nos indicaron lo que tanto habíamos temido:

—Lamentamos muchísimo decirles que las pruebas han sido contundentes –afirmaron–. **El trasplante ha fallado estrepitosamente.**

Me cubrí el rostro con las manos...

—Solo queda la última opción: si así nos lo permiten, esta misma noche le pondremos *la infoterrible*...

No puedo expresar con palabras lo que sintió mi corazón en esos momentos; presentí que todo se abalanzaba sobre nosotros, que nuestros preciosos hijos se quedarían sin su papá y sin haberse podido siquiera despedir de él. Los doctores, con mucha delicadeza, nos dejaron solos para que pudiéramos hablar tranquilos, en la intimidad. Teníamos mucho que hablar, que decidir... ¿Qué acción tomaríamos? La *infoterrible* podría adelantar su marcha al cielo pues estaba muy débil... Desesperada, cogí mi rosario entre los dedos y dije:

—Tomás, vamos a rezar: necesitamos que enganche el trasplante... No lo ha hecho, pero la Madre de Dios todo lo puede... Vamos, ayudémosle a ayudarnos: necesita nuestra fe, nuestro amor y nuestra confianza en Ella.

Pero Tomás no quiso rezar ya conmigo. Estaba derrotado, abatido. Decía que le era imposible suplicar al cielo algo que los médicos le habían asegurado que no sucedería. «El trasplante no ha arraigado y no lo hará jamás», habían dicho. Simplemente mi pobre marido, harto de tanto sufrimiento y extraordinariamente débil, había perdido toda esperanza.

Mi soldado valiente tiraba al fin la toalla... Pero yo no lo hice. Me negaba a hacerlo. Así que agarré mi rosario más fuertemente que nunca y recé. ¡Ah, cómo recé, María! Lo hice con todo mi corazón y con toda mi alma, sin llorar, con firmeza, con fuerza, con amor, con muchísimo amor...

Transcurrió el primer misterio... Llegué al segundo... Entonces Tomás susurró algo casi ininteligible.

—Ven –dijo–. Acércate a la cama –lo hice en silencio.

—¿De verdad quieres que rece contigo? –preguntó. Asentí con la cabeza...

Y así, juntos y con las manos unidas, logramos finalizar el Santo Rosario.

* * *

Hasta el día de hoy guardo en mi corazón todos los sentimientos que desfilaron por mi alma herida durante ese rosario... Solo sabía que la Virgen tenía que estar con nosotros. ¿Cómo iba a ser de otra manera si yo se lo había pedido con toda la fe que albergaba mi alma? Pero las horas transcurrían y Tomás no mejoraba...

La tarde fue muy mala: Tomás vomitaba mucha sangre, la fiebre alcanzó límites graves y comenzó a delirar. Yo llamaba cada dos por tres a las enfermeras, quienes eficientemente entraban y salían para realizarle más análisis de sangre y controlar la temperatura. Había que conseguir que mi esposo no falleciera de deshidratación aguda.

A las 6 de la tarde los doctores regresaron. Agarrando fuertemente mi rosario entre los dedos escuché las palabras más duras oídas en toda mi vida de boca del jefe del equipo de oncología:

—Señora, lamento muchísimo decirle que ha llegado el momento de que usted se despida de su esposo... No hay solución. Probablemente fallecerá esta noche... Quizá antes... Llame a sus familiares en España. No sabe cómo lo lamentamos... No obstante, si aún sigue con vida a las 10 de la noche, le inyectaremos la *infoterrible*... Es la última esperanza; pero aun así...

Hoy doy gracias a Dios de que no permitiera que mi pobre Tomás escuchara esas duras palabras.

Para entonces ya había perdido totalmente la conciencia.

* * *

Oré, oré y oré... Rogué toda la tarde a la Virgen que nos escuchara, que nos protegiera, que nos cubriera con su manto. «Madre, si es posible, que pase de nosotros este cáliz...; pero, si es voluntad de Dios Padre, entonces hágase en nosotros esa voluntad...». Pasaba las cuentas despacito, esperando ver a mi esposo exhalar su último suspiro en cualquier momento, a la vez que suplicaba que no llegara tan terrible desenlace... Y confiaba, confiaba, confiaba...

El tiempo transcurría lento... Miraba el reloj cada diez o quince minutos y me preguntaba cuándo llegarían los doctores con la famosa *infoterrible*. A veces me asaltaban las dudas: ¿acaso debía pedirles que no lo hicieran y que le dejaran morir tranquilo? Tenía miedo, temblaba... Y rezaba. Por fin las agujas del reloj tocaron las 10 de la noche. ¡Pero no venían con la *infoterrible!* Me pregunté qué estaría pasando... ¿Acaso habían decidido abandonar tal posibilidad? Me sentía confusa... Esperé un poco más de tiempo. Nada.

Al cabo de un largo rato –quizá cerca de las 11 de la noche–, desesperada, me levanté y fui en busca de la enfermera jefe para pedirle explicaciones. ¡Pero cuando la encontré me dio una información que casi me hizo desmayar!

—Señora –dijo–. No sabemos muy bien qué clase de situación ha sucedido con su esposo... Verá: sin explicación lógica, el laboratorio nos acaba de informar que los leucocitos subieron. ¡No entendemos nada! Pero todo hace indicar que el trasplante ha funcionado milagrosamente a lo largo de la tarde... ¡Cuando todo había fallado en los límites estrictos de protocolo! El equipo médico está muy confuso... Es un milagro. Le aseguro que lo es.

* * *

Han pasado 15 años y tanto Tomás como yo somos totalmente conscientes de que somos unos hijos privilegiados de la Madre de Dios. Ella movió los hilos, utilizó nuestra fe, nuestra oración y nuestro amor hacia Ella, para lograr lo imposible.

Hoy sé, con toda seguridad, que lo que Ella pide a Dios Padre, Él es incapaz de negárselo.

Querido lector:

Ya ve que los milagros existen, y créame si le digo que el caso de Lola y Tomás no es el único que conozco... Sé que fue la Virgen María quien intervino para presentar a Dios Padre el deseo inmenso de la curación de Tomás, pues, siendo Ella nuestra Madre, ¿acaso no va a rogar por nosotros? Porque, dígame, ¿qué madre abandona a su hijo en el peor momento de la vida? La Madre de Jesús no lo hace nunca... Como tampoco lo hace un aliado que tenemos en el cielo y que olvidamos con mucha frecuencia, al que Lola y Tomás sé que también se encomendaron.

Se trata de uno de los arcángeles amados por Dios del que nos habla nuestra fe católica: san Rafael.

Hoy en día una persona que profese públicamente su fe en los arcángeles será con toda seguridad diana de inmediatas burlas. Lo verdaderamente triste es cuando tales ataques provienen de gentes que se consideran a sí mismos católicos. A mí me ha pasado... Sin embargo no me avergüenzo de confesarlo: tengo mucha confianza en los ángeles, a quienes considero, tal y como nos lo dice la Iglesia, nuestros aliados, nuestros protectores y amigos celestiales. Amo y respeto especialmente a san Miguel arcángel, a quien me he consagrado en diversas ocasiones, y quien me ha defendido ante graves peligros a lo largo de toda mi vida*.

Asimismo, amo y venero mucho a san Rafael, el arcángel que en el libro de Tobías nos muestra un enorme deseo de proteger y sanar al hombre. La historia de Tobías es preciosísima... En ella el arcángel se presenta a sí mismo como *Rafael* –cuyo significado es *el que sana o medicina de Dios*–. Y dice sobre sí mismo que «*es uno de los siete que asistimos ante el Señor*» (*Tb* 12, 15). El libro de Tobías fue el primero que leí cuando decidí al fin aprender a estudiar la Biblia, y hasta el día de hoy lo considero como uno de los más hermosos y fáciles de entender del Antiguo Testamento. A san Rafael también se le nombra en otros libros bíblicos (*Ap* 1-4; *Ap* 5-6; *Hch* 10, 3, etc.).

Rafael explica que su presencia en casa de Tobías ha sido por mandato divino (*Tb* 12-18), y declara claramente su naturaleza espiritual: «*parecía a la verdad que yo comía y bebía con vosotros, pero yo me sustento con un manjar invisible y una bebida que no puede ser vista por los hombres*» (*Tb* 12-19; *Mt* 4-11; *Sb* 16-20, etc.).

Realmente es un personaje enigmático y de magnitud espiritual imponente... Se nos presenta como un ser de inmensa caridad y gran poder sanador por voluntad de Dios Padre, que se complace en permitir que nos ayude en nuestras penalidades corporales y espirituales.

Se le suele representar con un atuendo de caminante, con bastón y sandalias, dado que en el libro bíblico realiza un largo y peligroso viaje atravesando montañas y desiertos junto a Tobías, a quien salva de peligros, aconseja y protege de forma misteriosa durante todo el camino. Son muchas las ocasiones en las que Tobías hubiera perecido sin su protección.

También realiza un acto heroico: interviene en la curación de la ceguera del padre de Tobías y en la liberación satánica de su futura esposa, Sara, quien sufría terriblemente a causa del malig-

---

* Toda la información que he podido averiguar sobre este gran arcángel la incluí en mi obra *Cielo e infierno: verdades de Dios*, Ed. Libros Libres, 2013. Me consagré definitivamente a su protección en el Santuario de Aralar, Navarra, en el año 2013 (N. de la A.).

no y sus secuaces. ¡La historia del cortejo y la boda de Tobías con Sara es verdaderamente una aventura! Le recomiendo de corazón que la lea, pues le entretendrá mucho, se sorprenderá, reirá, llorará... Es mi libro favorito del Antiguo Testamento y su contenido me hizo creer y amar mucho a san Rafael.

Los católicos veneramos a este gran arcángel con humildad, y él interviene mucho en nuestras curaciones corporales y espirituales. Son numerosos los padres de la Iglesia que le invocaban y realizaban estudios espirituales sobre su gran poder sanador (san Ambrosio, san Beda, etc.). Y en la Iglesia copta, donde la angelología alcanzó un gran desarrollo, Rafael arcángel fue honrado desde la antigüedad. Hoy se le considera el patrono de los médicos y farmacéuticos.

* * *

Ahora ya no puede decir que no está enterado, querido lector: cuando esté enfermo, no solo puede contar con la inestimable bondad y mediación de la Madre de Jesús para aliviar su malestar. También tiene a san Rafael arcángel. No dude en invocar su protección; pídale auxilio con gran fe y él le amparará.

Y ahora, para no dejarle sin saber cómo llamar su atención, aquí le dejo una preciosa y antiquísima oración.

Espero que le ayude tanto como me ha ayudado a mí en momentos de enfermedad, tristeza o debilidad...

* * *

Oración a san Rafael, arcángel:

Arcángel san Rafael que dijiste: «Bendecid a Dios todos los días y proclamad sus beneficios. Practicad el bien y no tropezaréis en el mal. Buena es la oración con ayuno y hacer limosna es mejor que atesorar oro», te suplico me acompañes en todos mis caminos y me alcances gracias de sanación y liberación de toda enfermedad, malestar o fiebre. Amén.

Oración al Señor de la Salud:

(Recibida en locución por una niña perteneciente a una familia muy humilde de un país de Latinoamérica, el miércoles 23 de abril de 2014, a las 14.14 horas)*.

Dulce Jesús:

Que eres el autor de la vida y en tus manos está la salud de los hombres: no rechaces mi humilde plegaria.

Señor, que en los días de tu vida mortal sanaste a cuantos enfermos te invocaron con fe y confianza, animado con tales sentimientos vengo a pedirte concedas la salud a nuestros hermanos enfermos, a fin de que, experimentando, una vez más, tu paternal amor, te sirvan en adelante. Amén.

---

* La niña dijo después con gran inocencia que: «había sentido que la Mamá de Dios me hablaba al corazón; lo hizo bajito pero con firmeza. Ella fue quien me dictó esta oración y me pidió que se orara por todos los enfermos del mundo».

La identidad de la niña se mantiene oculta. Así lo prefieren tanto sus familiares como los sacerdotes que investigan sus dones de locución sobrenaturales. Lleva afirmando que ve a la Virgen María desde los 5 años.

Actualmente ha cumplido los 12 y su caso sigue siendo vigilado de cerca por dos sacerdotes de la diócesis a la que pertenece.

Hasta el día de hoy son muchos los milagros de curación física que se han producido y confirmado al ser orada esta simple oración junto a un enfermo.

Lamentablemente no me es permitido informarles más sobre este caso, pues forma parte del secreto de la investigación diocesana de su país y no recibí el permiso para ello. Esperemos que pronto se haga público (N. de la A.).

Capítulo 3

El icono de Mary-Anne

«¡Oh, Dios, no permanezcas en silencio, no te quedes, oh Dios, inmóvil y callado!».

(Salmo *83, 2)*

Mary-Anne miraba embelesada los escaparates de las pequeñas tiendas del barrio cristiano de Jerusalén, situado en la zona noreste. De las 19 hectáreas que componen la ciudad, las pequeñas y enrevesadas calles de esa zona eran las más visitadas ese atardecer debido a un enorme grupo de peregrinos estadounidenses, católicos como ella, que buscaban ávidos souvenires religiosos con los que obsequiar a sus familiares al regreso. Los sacerdotes que les acompañaban habían advertido sobre la necesidad de ser cautos y evitar extraviarse entre los callejones oscuros de las zonas musulmana, judía y armenia, dado que esa mañana los medios de comunicación habían amanecido plagados de noticias temerosas.

—La actividad bélica ha dado un giro inesperado y la sensibilidad palestina está hoy a flor de piel –explicó uno de los guías–. Al parecer, anoche se bombardeó una zona del extrarradio de Gaza...

Preocupados con la situación, tanto los guías como los sacerdotes se habían reunido durante el desayuno para discutir sobre la posibilidad de adelantar la vuelta a casa.

—Lo más importante es regresar con vida... –repetían. Finalmente se tomó la urgente medida de cancelar la peregrinación a Belén, donde hubieran visitado el exacto lugar del nacimiento del Niño Dios.

Mary-Anne se sintió muy decepcionada al conocer tal decisión.

—Vaya... –se quejó–. Era precisamente esa parte de la peregrinación la que más ilusión me hacía... –la razón yacía en la profunda devoción que sentía hacia al Niño Jesús tras haber experimentado una fuerte conversión leyendo el diario de santa Teresita de Lisieux. Desde entonces, recordar a ese Niño Divino era lo que consolaba su corazón en momentos de tribulación interior.

—A todos nos hubiera gustado ir –aclaró un sacerdote de su grupo–. No obstante debemos cancelar la visita; el motivo viene provocado por causas totalmente ajenas a nosotros basadas en la prudencia.

Mary-Anne se resignó con humildad y decidió agradecer a Dios haberla permitido visitar durante los días previos lugares bellísimos y de gran poder espiritual. Jamás podría olvidar la huella que el inmenso amor de Jesús sembró en ella mientras rezaba bajo la luz de la luna en el Huerto de los Olivos o las sensaciones vividas junto al Santo Sepulcro. Su alma había vibrado recorriendo el Camino del Calvario. ¿Y qué decir de lo que significó rezar junto a la gran multitud de mujeres judías en el Muro de las Lamentaciones? ¡Aquella experiencia se le había pegado literalmente a la piel!

Tal y como le habían explicado, había escrito en un papelito una plegaria que debía introducir entre las rendijas de las piedras que formaban el inmenso muro exterior del templo. «La fe es algo muy hermoso», pensó conmovida cuando introdujo su petición. En ese pequeño pliego incrustado en una rendija, abandonaba por fin en manos de Dios Padre un deseo que albergaba su corazón desde hacía muchos años, y que el paso del tiempo no había solucionado: deseaba perdonar a aquellos quienes, desde niña, le habían maltratado hasta romper su autoestima y hacer pedazos su corazón. Desde entonces su alma estaba plagada de heridas y rencor, provocadas por la maldad de una familia disfuncional que la había intentado arrastrar hasta el abismo. Había transcurrido mucho tiempo desde que habían finalizado las afrentas, pero su rencor aún no había sanado a pesar de que Dios, en su infinita misericordia, le había puesto en el camino a un esposo bueno que la adoraba y que pudo suplir en gran medida el amor que nunca nadie le había brindado de niña.

Pero, a pesar de ello, la herida dejada en su psique no había podido ser olvidada ni sanada. La pura realidad era que seguía supurando. Y eso la mataba despacio...

* * *

¡Ah, cuánto amor y ternura debía agradecer a su esposo! Mark era un hombre con un alma noble, tierna y sencilla que la amaba con todo su corazón. Su matrimonio era por ello una bendición inmensa y el gran pilar en donde se sostenían sus afectos. Él había luchado veinte años contracorriente para hacerla olvidar su pasado, pensando que, si la colmaba de amor, ella sería capaz de arrancar de su memoria los recuerdos del maltrato. Lamentablemente no lo había conseguido, lo que le entristecía mucho... También el resto de los miembros de la familia de Mark habían hecho un esfuerzo para arropar y proteger a su esposa. La suegra de Mary-Anne –llamada Emily–, mujer de personalidad alegre y protectora, había mostrado una enorme alegría al conocer a quien sería su futura nuera, y desde el primer día le brindó su cariño y ternura maternal. Gracias a ello, se ganó pronto la confianza de su insegura nuera y, ya en los comienzos de su amistad, Mary-Anne pudo compartir secretos y risas, tal y como Emily lo hacía con sus propias hijas.

Asimismo Dios se había derramado en gracias a través de Nicholas, padre de su esposo, quien, siendo un hombre íntegro y bondadoso, se preocupaba al ver los ojos colmados de tristeza de su nuera. Era entonces cuando aprovechaba para recordarle que él también la quería y aceptaba como un miembro más de su propia familia.

Transcurrió el tiempo. Los padres de Mary-Anne fallecieron y ella se alejó todo lo que pudo de sus crueles hermanos. Los jóvenes esposos se acoplaban día a día a su amor matrimonial, y la templanza y el ambiente de cordialidad afectiva de la familia de Mark parecían ayudar a Mary-Anne a recuperar la autoestima robada hacía demasiados años.

Pero, lamentablemente, las heridas dejadas en su psique a causa del maltrato físico y psicológico desde su niñez habían dejado un poso muy difícil de sanar. Sus hermanos biológicos seguían odiándola; le escribían emails terribles llenos de insultos y calumnias que dejaban a Mary-Anne sensible y vulnerable. Por ello se sorprendía al verse llorando con frecuencia por cualquier nimio motivo. Su inseguridad regresaba en momentos inesperados...

Deseaba con todo su corazón perdonar el recuerdo de sus padres y poder alejarse del maltrato psicológico de sus hermanos. ¡Si tan solo pudiera hacerlo! Le hicieron mucho mal y sabía que los flashbacks de los golpes, las burlas, los menosprecios y las calumnias que se habían vertido sobre ella durante toda su vida regresarían a su memoria cuando menos lo esperara...

Un día, harta de sufrir, decidió dar carpetazo a su pasado. «Si mis padres murieron odiándome y sin arrepentimiento, y mis hermanos no me aman y me desprecian, debo alejarme para siempre», se dijo resoluta. «Hasta aquí ha llegado mi pesar por su causa. No quiero volver a verles nunca más».

Cuando esa tarde visitó a sus suegros, estos notaron su inmenso pesar. Le preguntaron sobre la razón de su estado de ánimo y ella les confesó que había tomado la decisión de abandonar todo contacto con los miembros de su familia.

—Está claro que jamás dejarán de atacarme... Los ataques de mis hermanos se han recrudecido tras el fallecimiento de mis padres –les dijo–. No soportan que me haya alejado de su maltrato y de que al casarme haya huido de la relación familiar disfuncional... Sé que pertenezco a una familia que sufre patologías graves, y que casi todos sus miembros no han sabido o no han podido amarme por ello. Pero tampoco considero justo que deba pasar el resto de mi vida entristecida por sus malos tratos llenos de toxicidad. Por ello he decidido romper el lazo familiar de una vez por todas.

Comenzó a sollozar. Fue entonces cuando Nicholas, su suegro, le hizo una propuesta muy hermosa.

—Mary-Anne –dijo abrazándola–. Si tú me aceptas, desde ahora yo seré tu padre adoptivo. ¿Crees que serías capaz de quererme como a un padre? Yo ya te quiero como a una hija...

Mary-Anne notó cómo todo su cuerpo se estremecía. ¡Por supuesto que le aceptaría! Era lo que más deseaba y necesitaba en el mundo.

* * *

Pasaron algunos años. Poco a poco, los miembros de la familia biológica de Mary-Anne, cansados de recibir el silencio como respuesta a sus constantes ataques, fueron dejando tranquila a su víctima.

Mary-Anne se encontraba cada vez más dichosa al recibir amor de parte de su esposo y de su nueva familia; la relación entre suegro y nuera se desarrollaba en un núcleo de armonía y ternura tal, que despertaba la admiración entre vecinos y conocidos.

—¡Qué suerte habéis tenido con Mary-Anne como nuera! –decían cuando eran testigos del inmenso cariño que se profesaban. Mary-Anne comenzaba a desarrollar verdaderos lazos familiares como hija y todo parecía ir bien... Hasta que dejó de parecerlo. Nuevamente, la adversidad tocó a su puerta y esta vez lo hacía en la figura de ese padre al que había comenzado a querer con todo su corazón...

Nicholas llevaba algunas semanas no encontrándose del todo bien, cuando decidió por fin acudir al doctor. El diagnóstico fue de enorme gravedad: el funcionamiento sus riñones estaba en precario, y fallaban durante el descanso de la noche. El equipo de especialistas a quienes acudieron les dio una noticia extraña:

—No encontramos la razón –decían–. Quizá se trate de un virus o una deficiencia a causa de una bacteria desconocida. No sabemos qué hacer para remediarlo...

Fue entonces cuando comenzaron los análisis, las pruebas y las diálisis... Todo hacía sospechar que a Nicholas no le quedaba demasiado tiempo de vida cuando subieron al avión para realizar la peregrinación a Tierra Santa.

—Me niego a marchar sin vosotros –insistió Mary-Anne cuando le avisaron de que sus suegros no podrían acompañarles.

—Claro que irás –le riñó Nicholas–. Debes ir por una razón de peso: debes rezar por mí.

Mary-Anne le miró perpleja.

—Entonces prométeme una cosa –contestó notando cómo le resbalaba una lágrima sobre la mejilla–. Estarás en perfecto estado cuando regresemos. No se te ocurra marchar al cielo sin mi permiso...

Nicholas sonrió con ternura.

—Te lo prometo. Cuando regreses estaré aquí para que me cuentes cosas sobre todos los lugares santos en los que habrás hablado a Jesús de mí.

* * *

Mary-Anne se apresuró a entrar en la pequeña tienda atiborrada de peregrinos norteamericanos que, tal y como ella, buscaban regalos con los que obsequiar a sus familiares al regreso del viaje. ¡En ese pequeño habitáculo vendían de todo!: rosarios, biblias, medallas, cruces, estatuas, pinturas, reproducciones del Calvario, agua bendita, ramos del Monte de los Olivos... Todos los artículos eran hermosos y emanaban un misterioso aroma a santidad.

—Vámonos, Mary-Anne –se quejaba Mark, sintiéndose incómodamente espachurrado entre los compradores–. No compremos nada. Papá tiene todo tipo de artículos religiosos... Ya sabes que es muy creyente.

—No, no, no... –protestó Mary-Anne–. Deseo llevarle algo especial lleno del amor de Dios. Debe ser un objeto con el que pueda rezar y con el que se sienta acompañado por Jesús.

Mark puso los ojos en blanco.

—¡Pero si ya sabes que tiene de todo! A él le gusta rezar el rosario y al menos tiene tres. ¿Para qué comprarle otro? –refunfuñó. No acababa de pronunciar esas palabras cuando Mary-Anne fijó sus ojos sobre una estantería en la que, abarrotados, unos objetos tropezaban contra otros. Entre ellos sobresalía una imagen muy hermosa: un icono plateado del tamaño de una caja de zapatos. Los bordes eran de plata elaborada, con un precioso decorado de orfebrería; en el centro podía vislumbrarse el rostro de la Virgen María abrazando al Niño Dios.

Mary-Anne pidió al dependiente que le mostrara de cerca aquel precioso objeto de culto.

—Lamento decirle que ese icono no está a la venta, señora... –contestó.

—¿Por qué? –preguntó frunciendo el ceño.

—Porque mi familia y yo le rezamos todos los días para que nos proteja la tienda. Mi madre es muy mariana, ¿sabe? Ella lo tiene ahí desde hace muchos años. Lo pintó un amigo suyo que ya falleció... Un orfebre de Belén que solía llevarlo al lugar del nacimiento del Niño Jesús y en donde pedía que lo bendijeran los sacerdotes cristiano-armenios. Ellos pasan largas horas orando en ese lugar sagrado... –aquellas palabras dispararon una bala de amor que traspasó el corazón de Mary-Anne. ¡Un icono que había sido bendecido muchas veces en el exacto lugar del nacimiento de Dios! Era mucho más de lo que podía desear llevar a su suegro, enfermo y necesitado de su cariño y cuidados. ¡Deseaba adquirirlo fuera como fuera! El pobre vendedor se acababa de meter en un buen lío: no conocía la tozudez de Mary.

De nada sirvieron sus negativas ni suplicar que se marcharan de la tienda. Al final el pobre muchacho, rendido, telefoneó a su madre –dueña del pequeño comercio–, para que fuera ella quien luchara contra el empeño de aquella cabezota texana. La mujercilla apareció a los pocos minutos con aire cansino y cara de pocos amigos.

—A ver, señora... Ya le ha dicho mi hijo que ese icono no está a la venta. ¿Por qué no se lleva usted cualquier otro? Como ve, tenemos muchos colgados en las paredes...

—Es que usted no entiende... –comenzó Mary-Anne. Entonces desplegó todas sus armas: le relató su vida, los pesares padecidos desde niña y las grandes cruces que su alma cargaba a causa del maltrato. Y le habló de su amoroso *padre adoptivo*, su suegro, a quien ella quería con todo su corazón y que tanto amor había desplegado en su alma. Le relató la grave enfermedad que padecía y la promesa que este le había hecho de no rendirse hasta que ella regresara.

La mujer se conmovió... Dubitativa alargó la mano, agarró el icono con reverencia, lo besó y, algo temblorosa, se lo entregó.

—Ande y váyase antes de que me arrepienta... –dijo.

—¡Gracias! –exclamó Mary-Anne llena de regocijo–. Pero dígame, ¿cuánto le debo?

La vendedora echó un lastimoso suspiro al aire antes de contestar.

—Son 140 $... Pero créame si le digo que en realidad no es ese su precio... Su valor es infinito, pues lleva impreso dentro el amor de la Virgen. Le aseguro que su suegro recibirá grandes gracias de la Madre de Dios si reza frente a él.

Mary-Anne la abrazó y marchó con el icono envuelto en papel de regalo bajo el brazo ante la atónita mirada de su esposo.

—Mira que eres cabezota... –protestó este–. Ya te he dicho que papá tiene todo tipo de objetos religiosos para rezar. Este icono no le hace ninguna falta.

—Eso es lo que tú crees –contestó esbozando una sonrisa de oreja a oreja.

* * *

Cuando regresaron del largo viaje, lo primero que hicieron tras soltar las maletas fue correr a visitar a Nicholas y a Emily. Encontraron al enfermo sentado en su butacón del salón, con el rostro pálido y ojeroso.

—¡Qué alegría que ya estéis de vuelta! –dijo esbozando una enorme sonrisa.

—¡Cuánto te hemos echado de menos! –gritó alborozada Mary-Anne mientras le abrazaba. Habían telefoneado a diario interesándose por la salud de su padre, cuya enfermedad avanzaba lenta y pesadamente. Emily les relató después en privado que los doctores estaban muy preocupados. La enfermedad que había invadido los riñones de su esposo seguía siendo un misterio... No daban con la causa ni tampoco comprendían por qué la medicación no obtenía resultados. Nicholas conocía su inminente marcha al cielo, pero su fe le mantenía alegre y confiado.

Emily lo pasaba peor...

—Ya no saben qué hacer... –explicó sin poder ocultar su tristeza–. En poco tiempo, si la diálisis no obtiene el resultado adecuado, comenzaremos los trámites para poder realizar un trasplante de riñón. No será fácil... Pero debemos intentarlo.

—Mamá –preguntó Mark con rostro preocupado–. ¿Cuánto tiempo creen los médicos que podrá seguir papá con vida?

Emily se echó a llorar.

—Desgraciadamente estamos hablando de semanas...

* * *

Mary-Anne no se separó un segundo de sus suegros durante todo el largo y durísimo tratamiento de Nicholas. El donante del riñón tardaba en llegar y los días transcurrían lentos y llenos de incertidumbre.

Mark colgó el icono frente a la cama de su padre, quien se había mostrado entusiasmado con su regalo.

—¡Qué precioso detalle, hijo! –dijo cuando se lo dio.

—No he sido yo, papá –contestó Mark–. Ha sido tu nuera. Yo le intenté disuadir diciéndole que ya tenías demasiados cachivaches religiosos.

—¡Menos mal que no te hizo caso! –contestó frunciendo el ceño.

Mary-Anne le visitaba a diario, le relataba todos los detalles del viaje y le confesaba la misteriosa espiritualidad que había brotado de su corazón en los lugares más santos.

—En el Santo Sepulcro lloré a mares –confesó–. Notaba que Jesús estaba a mi lado, aunque obviamente no le podía ver...

—Te creo, hija –respondía Nicholas conmovido. Juntos rezaban el santo rosario clavando los ojos sobre el precioso icono tantas veces bendecido en el lugar del nacimiento exacto del Niño Jesús. Era entonces cuando le pedían a la Madre de Dios la fuerza necesaria para seguir adelante, para luchar ante tanta adversidad y para que colmara de paz a Emily, quien desgastada por la preocupación había dejado de alimentarse bien.

Pero los doctores seguían pesimistas...

—Está muy enfermo –decían cada vez que le visitaban–. Ya no sabemos qué más hacer... Ni siquiera pensamos ya que, de llegar el donante de riñón, podrá usted retenerlo tras la operación.

Pasaron los días... Nicholas resistía, pero cada vez sufría más. Y entonces, una mañana de nieve y frío navideño, el que quien ya no quiso alimentarse fue él. Agotado, con el vientre terriblemente hinchado a causa de los constantes fallos renales, y notando su organismo envenenado a causa de la enfermedad, comenzó a perder el conocimiento.

Cuando acudieron los médicos dijeron:

—Avisen a todos los hijos; llega el final.

Mary-Anne se encontraba en su trabajo cuando recibió la llamada de Mark. Desesperada y terriblemente conmovida pidió permiso a su jefa para cogerse la tarde libre. «Es el único padre que verdaderamente he tenido a nivel afectivo», le dijo entre lágrimas. Salió a toda prisa y condujo con dificultad atravesando la gruesa capa de nieve que entorpecía el tránsito de las carreteras.

«Dios mío», rogó al cielo. «No permitas que fallezca sin que pueda despedirme de él. Ha sido el único padre que verdaderamente me ha querido».

* * *

Cuando llegó, encontró a toda la familia reunida en el salón de la casa. Solo Emily permanecía a los pies de la cama de su esposo, rezando y cuidándole.

—Lleva toda la noche sin descansar –le informó una de sus cuñadas–. Está agotada, pero se niega a que la sustituyamos...

—Yo lo haré –contestó Mary-Anne–. La convenceré de que duerma una siesta y, mientras, yo me postraré a los pies de la cama de Nicholas.

—A ver si lo consigues; a nosotros no nos hace caso...

—Ya... Pero a una nuera cabezota le dará apuro negarle ese privilegio –contestó guiñándole un ojo.

¡Y no se equivocó! Emily sabía lo mucho que Mary-Anne amaba a su esposo y las brutales carencias afectivas que había padecido bajo el odio de su padre biológico. Sintió lástima al saber que sufriría la pérdida de Nicholas tanto o más que sus propios hijos. Entonces, cansada físicamente hasta el límite y notando que los párpados se le cerraban a causa del sueño acumulado, cedió.

—Solo dormiré una hora –le advirtió–. Después de ese tiempo regresaré y te echaré al salón con los demás.

Su nuera aceptó dándole un beso en la frente.

Entonces Emily salió del dormitorio y les dejó solos.

* * *

Nicholas respiraba con dificultad. Mary-Anne sabía que contaba con muy poco tiempo... ¡Solo una hora para disfrutar del amor de su suegro! Sería sin duda la última...

Notó cómo se le humedecían los ojos... Ese hombre la había cuidado, respetado y tratado como a una hija. ¡Debía agradecérselo con todo el corazón! Acercó sus labios al oído de su suegro y susurró: «Nicholas, soy Mary-Anne y estoy aquí contigo. Quiero que sepas que has sido un suegro maravilloso para mí y que me he sentido a tu lado cuidada, protegida y amada, como una hija gracias a tu amor de padre bueno. Tú y tu familia es lo mejor que me ha sucedido en la vida. Gracias, gracias, gracias...».

Entonces, notando ya cómo las lágrimas comenzaban a resbalar por sus mejillas, buscó el rosario de Nicholas por la mesilla de noche, lo tomó entre las manos y comenzó a rezar con todas sus fuerzas.

«Madre, si es voluntad de Dios Padre llevárselo, lo acepto...», susurró mirando al icono. «No obstante, si Tú puedes suplicarle que nos lo deje un poco más de tiempo, hazlo... ¡Te lo agradecería tanto! Pero, Madre, que sea siempre lo que Dios disponga; solo Él y su voluntad divina es lo que desea mi alma». Las cuentas del rosario resbalaban veloces entre sus dedos. Miró el reloj y comprobó que habían transcurrido tan solo veinte minutos, ¡cuando parecía que llevaba junto al moribundo una eternidad! «Qué lento transcurre el tiempo cuando se sufre», pensó.

Ya estaba comenzando el tercer misterio del rosario cuando le pareció captar algo extraño por el rabillo del ojo. Se giró suavemente y clavó la mirada en el icono. Entonces se percató de que estaba sucediendo algo inusual... Del cuadro salía algo misterioso... Se asemejaba a una luz tenue, a un rayo de sol. Provenía exactamente del lugar en donde la Madona sostenía al Niño Jesús. Mary-Anne se quedó sin aliento... ¿Qué era aquello? ¿Acaso estaba imaginando cosas? ¿Quizá estaba sufriendo una alucinación? Cerró un instante los ojos y sacudió la cabeza, pero, cuando los volvió a abrir, la luz había aumentado. Había formado ahora un rayo perfecto, suave y cuasi translúcido, que se dirigía tímidamente hacia el moribundo.

Mary-Anne no pudo contenerse más y se levantó. Se acercó a pasos lentos hacia el icono y fijó aún más cautelosamente la vista en la Madona. ¡Aquello no se trataba de una alucinación! Se trataba realmente de un haz de luz suave y limpio que brotaba desde el centro del icono, justo desde las manos de la Virgen María, en el lugar exacto en donde sujetaba a su Niño Dios. «No puede suceder lo que estoy presenciando...», se dijo. Se frotó los ojos y acercó el rostro al icono todo lo que pudo. ¡¡Era cierto que salía luz de él!! ¡¡Y ese haz de luz se posaba ahora de forma perfecta y bellísima sobre el rostro de Nicholas!! Fue entonces cuando Mary-Anne llamó a Mark. ¡Vaya si lo hizo!: pegó tales gritos que corrieron hacia el dormitorio del enfermo todos los miembros de su familia. Y ahí que aparecieron, con ojos asustados, Mark, sus cuñadas y su suegra, quien se abalanzó hacia el rostro de su marido.

—¿Pero qué te pasa? –le riñó Mark.

—¿¿¿No lo veis??? –preguntó Mary-Anne.

—¡Pero el qué! –respondieron.

—¡El haz de luz! ¡La luz que sale del icono de la Virgen hacia Nicholas! –todos se pusieron a mirar, pero no captaron nada–. No veo nada... –respondían atolondrados.

—Yo noto una paz inusual –susurró de pronto una de las hermanas de Mark. ¡Y tanto que la había! Porque se notaba en la atmósfera algo extraño semejante a una ternura inmensa, infinita... Todo alrededor se impregnaba de un amor, de una dulzura misteriosa...

—Mary-Anne –dijo Mark–. Papá está estable y no hay ningún haz de luz... Pero es cierto que noto algo... Algo como... No sé cómo describirlo... Algo como tierno... –¡pero su esposa veía con claridad el rayo! Se desesperaba cuando intentaba señalárselo al resto de los miembros de la familia con un dedo y todos admitían no verlo.

—No os mováis –dijo angustiada...–. Tengo el convencimiento de que la Virgen está llegando ahora para llevárselo...

—Está bien, no nos iremos... –la tranquilizó Mark–. Pero deja de decir que hay un rayo de luz que sale del icono... Porque nosotros no vemos nada...

—¡Pero es que yo lo veo! –repitió agitadamente Mary-Anne–. ¡Es real! ¡Mirad bien! ¡¡Y ahora aumenta de intensidad!! La Madre de Dios viene a recoger a Nicholas ahora... ¡Rezad, rezad! ¡La Virgen está aquí!

La paz inundó totalmente la estancia... Las hermanas de Mark se abrazaron y Emily besó la frente de su esposo. Entonces Nicholas hizo algo extraño; algo que no era capaz de hacer desde hacía muchos días: abrió los ojos e incorporó su cuerpo herido sobre las almohadas. Entonces clavó la mirada sobre el icono y sonrió. Acto seguido señaló a la Madona y emitió un suspiro profundo.

Había expirado.

* * *

La luz que brotaba del icono hacia Nicholas regresó lenta y dulcemente, ante la atónita mirada de Mary-Anne, a las manos de la Virgen retratada, en donde acabó desapareciendo. Nicholas se había marchado al cielo.

Hasta el día de hoy, Mary-Anne sabe que la Virgen fue quien vino a recogerle. El icono sigue hoy colgado en el cuarto de Emily, quien, ya muy anciana, no se desprende de él ni por todo el oro del mundo. Cierto es que ningún otro miembro de la familia vio lo que Mary-Anne presenció, pero todos han aceptado su visión como verdadera. Ella morirá asegurando que lo que sus ojos captaron fue real. Sigue amando mucho a la Madre de Dios y reza el rosario frente al icono todos los días junto a Emily.

Los ataques de sus hermanos sobre ella han cesado, pero sus heridas, aunque mitigadas por el paso del tiempo, aún permanecen. Entonces ella confía su dañada familia biológica a la Madre de Dios, con fe y esperanza.

Desde estas líneas ruega que recemos por ella, para que un día esa Madre de Dios, a la que tanto ama, pueda sanarle todo recuerdo y colmar su corazón con un verdadero y profundo perdón.

—Yo sé que Ella existe, que es real –me pide que les diga.

Yo la creo. Y espero que usted también lo haga, querido lector.

* * *

Oración por un enfermo (por san Ezequiel Moreno)*

Cristo, Jesús, que por nosotros
has abrazado la Cruz:
ten presente a (se nombra al enfermo)
que sufre la enfermedad (de ...).
Fortalécele con tu espíritu.
Dale paciencia en el dolor y fortaleza en la fe.
Que se sienta consolado por ti.
Que san Ezequiel Moreno lo tome bajo su protección.
Amén.

---

* San Ezequiel Moreno nació en Alfaro (España), en 1848. Como agustino recoleto fue misionero en Filipinas y Colombia, formador en España, restaurador de la Orden y obispo en Casanare y Pasto (Colombia). Murió en Monteagudo (España), en 1906, a causa de un doloroso cáncer. Hoy es compañero de camino, intercesor y fuente de consuelo para enfermos de cáncer en el mundo entero.

Capítulo 4

Las prostitutas, hijas amadas por la Madre de Dios

«En esto los maestros de la ley y los fariseos se presentaron con una mujer que había sido sorprendida en adulterio. La pusieron en medio de todos y preguntaron a Jesús: –Maestro, esta mujer ha sido sorprendida en adulterio. En la ley de Moisés se manda que tales mujeres deben morir apedreadas. ¿Tú qué dices? La pregunta iba con mala intención».

(Jn *8, 3-6)*

Me han pasado muchas cosas graves, María... Son tantas que, aunque quisiera, no podría contarte todas. ¡Tendrías entonces que escribir un libro entero sobre mi vida! Y eso no puede ser... Claro que he sido yo quien me he metido en este lío, pues nadie me obligó ni me arrinconó para que decidiera un día dejarlo todo para venir a trabajar al barrio más pobre de esta preciosa ciudad de Honduras. Así es el Señor: cuando decides seguirle, te lo exige todo; pero también te brinda todo su amor para hacerlo bien. Yo lo sabía y por eso una buena mañana, no sin sufrimiento, dejé atrás novia, padres y trabajo en España para seguirle. Ya sabes que tenemos un Dios celoso: si le sirves a Él, no puedes servir a otro dueño.

Me han llamado muchas veces loco, pero no me importa ni me ofendo. ¿Por qué habría de hacerlo? ¡Es la pura verdad! Soy *David el loco* para muchos, María, pero un loco de amor por la Madre de

Dios. ¿Tú crees que se puede estar enamorado de la Virgen, amiga mía? ¡Ah!, veo en tus ojos que tu respuesta es afirmativa. Sé que tú también has padecido lo tuyo por seguir a Jesús desde tu condición de esposa y madre, y que no son pocos los disgustos que te has llevado a causa de defender tu fe. Por otro lado, solo hay que mirarte para descubrir en tu rostro la felicidad que solo Dios es capaz de dar a quienes le aman. Y sé que tú lo haces... Porque, cuando uno experimenta una conversión tan fuerte como la que hemos vivido tú o yo, ya no hay vuelta atrás. Es entonces cuando, por la acción del Espíritu Santo, el alma despierta de un letargo ciego que nada dejaba ver, pero que ahora todo desvela. Es como si uno se diera de bruces contra la realidad de lo que verdaderamente se escondía del alma, lo que le permite conocer de sopetón una nimia parte sobre la sobrenaturalidad de Dios. Entonces ya no hay remedio: por puro amor hacia Él se deja todo atrás y se comienza un camino nuevo cuyo fin es solo Jesús. Él debe ser el destino de nuestras andanzas, por muchas puertas que de pronto se estrechen hasta espachurrar al más delgado. Gracias a Dios podemos contar con la Virgen... Ella es una magnífica Madre, pues con solo una caricia suya se ensanchan esas puertas impenetrables. Su misericordia es inmensa...

Mi ciudad de adopción es la preciosa San Pedro de Sula, la segunda más grande de Honduras, y también la más peligrosa. Sus calles y barrios –en ciertas partes tan hermosos– no pueden esconder la gravedad de una situación social trágica, pues no es ningún secreto que ahí pueden encontrarse todos los pecados del mundo juntos: drogas, pandillas, balas, alcohol, violencia, prostitución... Y en medio de tanto dolor, en el que a veces se cruzan tiros cerca de mis orejas, es donde me aventuro a llevar amor cada noche. Es en sus calles en donde me acerco a la realidad de las pobres gentes abandonadas por todos... Hijos de Dios rodeados de la mayor impiedad humana, como la que tienen que soportar las prostitutas –tanto las jovencitas como las ancianas–. Es principalmente a ellas a quien busco para regalar rosarios bendecidos y hablarles del amor que siente por cada una de ellas la Virgen María, que es nuestra Madre del cielo. ¡Ellas son hijas de María como todos nosotros y las ama con locura! Agradecen tanto que les diga eso...

Económicamente ya sabes que es muy poco lo que puedo darles... Soy empleado en unos almacenes cercanos a las clínicas de la zona *Los Andes*, en donde se vende ropa y cosas lindas, como zapatos, bolsos y esas coqueterías que tanto os gustan a las mujeres. Mi sueldo es básico, pero de algo tengo que vivir... A veces siento la llamada de entrar en el seminario y acabar por dar plenamente mi vida a Dios. Pero luego me envuelven las dudas... Porque ser sacerdote es algo muy serio, María. Creo que lo más serio que se puede ser en este mundo. Y me siento tan indigno... Tú reza por mí, ¿vale? Encomiéndame para que un día decida dar el paso que solo Dios Padre desea para mí: no deseo hacer más que su voluntad. Por ahora solo sirvo para hacer lo que hago... No es mucho, pero sé que a la Madre de Dios, a quien tanto amo, le agrada.

* * *

¿Quieres saber cómo trabajo para Ella? Pues es, tal y como te decía, bajando por las noches hacia las barriadas más peligrosas de la ciudad de San Pedro Sula, como la de *El Carmen, El Rivera Hernández, la Concepción y la de El Satélite*. Todas ellas atormentadas por robos, tiros, violencia y la maldad de gentes que no conocen a la Madre de Jesús. Si la conocieran y veneraran, tendrían corazones guadalupanos... Ella, la Emperatriz de las Américas, la dulce Madre que ama a todos, está deseando proteger con su manto a toda Honduras, pero no le dejan... Y por ello escojo cada noche una zona diferente en la que me introduzco para hablar de Dios a los más pobres, a donde acudo cargando mi mochilita llena de rosarios bendecidos. Mi lugar preferido son los bares y prostíbulos, en donde hablo de Dios a quienes desean escucharme... A veces me han pegado, otras, escupido... Pero te sorprenderás al saber que en muchas ocasiones esas pobres gentes me han devuelto mucho amor. Son las prostitutas quienes más me enternecen y con quienes más aprendo de la vida y sus golpes. Ellas no me insultan, sino que se muestran agradecidas cuando les cuelgo del cuello uno de mis rosarios. «¿Conoces a la Virgen María?», les pregunto. A veces me contestan que no saben quién es y esto me causa mucha tristeza...

Me han atracado varias veces, ¡pero solo pueden robarme los rosarios! No llevo nada de valor más allá de eso y sé que, si se los llevan, pueden hasta salvarles el alma... Por eso no me ofusco. No son pocas las veces que he tenido que regresar a casa andando, dado que me han robado las pocas monedas que llevo para el trayecto de vuelta, pero tampoco me ha importado. Es más: cuando me ha sucedido suelo aprovechar la ocasión para ofrecer a Jesús cada paso caminado y así sacar un alma del purgatorio. Es como si hiciera un trato con Él en el que le digo: «*mira, Jesús: por el amor que siento hacia Ti y hacia mis hermanos perdidos a quienes ansío llevar hacia tu Madre, me han pegado y robado esta noche. Como ves no tengo dinero para regresar a casa... Así que hacemos esto: yo no me quejo y regreso andando, pero cada paso que dé prométeme que lo utilizarás para sacar ahora mismo un alma del purgatorio y meterla en el cielo*». Entonces mi corazón olvida la afrenta, se calma mi temor y acabo llegando a casa cansado pero con una gran paz en el alma. Ya ves, María: con el Señor siempre es fácil poner una sonrisa ante la adversidad. Aunque debo confesarte que a veces he pasado mucho miedo... Como aquella noche en la que un hombre ebrio a causa de las drogas me quiso matar con un cuchillo.

Me amenazó acercándomelo al cuello cuando cometí el error de perderme entre las sombras de la barriada *Satélite*, a altas horas de la noche. Había pasado la velada hablando a varias prostitutas de edad avanzada sobre la Virgen... ¡Pobres almas rotas! A una de ellas, Manuelita, le faltan todos los dientes. Dice que los perdió de jovencita tras recibir un puñetazo de su difunto esposo, un bebedor que la trató muy mal y con el que tuvo cuatro hijos. Todas sus terribles historias son dolorosas, y el pesar que cargan en el corazón es inmenso. Algunas ni siquiera saben dónde están sus hijos... Me contaron que varios habían muerto a manos de las bandas peligrosas de la cuidad...

Esa noche les conté todo lo que sabía de la Madre de Dios, les expliqué que las amaba mucho más de lo que imaginaban y consolé sus heridas regalándoles rosarios bendecidos que de inmediato se colgaron del cuello. Pero sucedió que una de ellas se empeñó que conociera a sus nuevas amigas, así que la acompañé al bar donde alternaban...

La zona en la que ese negocio se llevaba a cabo era de las más peligrosas en *Satélite*. Yo vigilaba mi reloj inquieto: sabía que se haría demasiado tarde y que la noche acabaría llenando de oscuridad la barriada. Pero no tuve corazón para negarme... Así que confié en la protección de la Virgen, a quien me encomendé antes de seguirla, rezando un *Acordaos* de San Bernardo*. Y es que en esas zonas nunca se sabe lo que puede suceder.

Sus amigas de oficio me recibieron con ternura e interés. A todas les hablé de la Madre de Jesús y me enternecí cuando me dijeron que deseaban que regresara al día siguiente con más rosarios... Y es que esa noche se me habían acabado todos. Como eran tantas...

Les estaba prometiendo que así lo haría cuando entró en el bar una de ellas llamada Rosita, dando gritos y haciendo grandes aspavientos. ¡Qué asustada venía!

—¡¡Hay un muerto fuera!! ¡¡David, venga usted a ayudarlo!! –me decía.

—¿Pero qué ha pasado? –preguntaban sus compañeras.

—¡¡Que han matado a un muchacho mientras le informaba sobre mis honorarios!! –salimos en tropel a la calle para encontrarnos tirado a un hombre joven sobre el pavimento.

—¡Qué horror! ¿Quién le ha hecho esto, Rosita? –preguntó Manuelita colocándose las manos sobre la cabeza–. ¡Pero si es tan solo un crío...!

—¡¡Yo no he hecho nada!! –contestó Rosita echándose a llorar–. Paró junto a mí, me preguntó el precio de mis servicios, y estábamos llegando a un acuerdo cuando esos muchachos de la motocicleta llegaron. ¡Entonces le dispararon y cayó al suelo! ¡Les juro que no tengo la culpa! –una moto conducida por dos jóvenes se escapaba calle abajo–. ¡Han sido ellos, David! –me explicó la muchacha señalándolos. Miré hacia la motocicleta para intentar recordar la matrícula, pero antes de que me diera tiempo el joven que no conducía se giró, dirigió su arma hacia nuestro grupo y... ¡Nos disparó! Un silbido seco me acarició la oreja... Sin aliento

---

* Incluida al final del capítulo 6 de la primera parte del presente libro (N. de la A.).

por el susto, vi con desasosiego cómo se escabullían tras una esquina amparados por las sombras de la noche.

¡Pobres almas llenas de maldad que no conocen más que la violencia! Desde esa noche oro por ellos y se los encomiendo a la Virgen. Ella es también su Madre, les ama igual que a mí y sé que mis oraciones les ayudarán para que, a través de su intercesión, ellos aprendan a reparar su pecado. Si hoy estoy aún aquí relatándote lo sucedido, sé que fue por la protección de la Madre del Señor...

Ya no me he vuelto a meter en las barriadas de San Pedro de Sula sin antes pedirle que me oculte bajo su manto.

* * *

El muchacho tendido en el suelo tenía los ojos cerrados. Brotaba mucha sangre de su costado, por lo que coloqué las palmas de mis manos sobre la herida con la esperanza de parar la hemorragia. Mientras, las prostitutas llamaron a la policía agitadas y pidieron socorro a los transeúntes... No se acercaron más que tres, quienes, tras descubrir lo sucedido, se apuraron y se alejaron rápidamente. Al poco rato solo éramos nueve personas –entre ellas, ocho prostitutas– los que rodeábamos el cuerpo inerte de aquel pobre infeliz. Reconocí en el grupo a Tránsito, una jovencita que llevaba en el camino de la prostitución desde los quince años, y a quien yo estaba enseñando los sacramentos poco a poco...

El muchacho fallecía lentamente... Intentó pronunciar algunas palabras ininteligibles por lo que me arrodillé, acerqué mi boca a su oreja y le supliqué suavemente que no hablara, recomendándole que estuviera tranquilo y que solo intentara respirar despacito hasta que llegara la ambulancia. De pronto dejó de hablar, echó un espumarajo ensangrentado por la boca y expiró... Aquella pobre criatura había perdido la vida antes de llegar a recibir cualquier ayuda médica. Retiré mis manos de la herida y coloqué mis dedos sobre su frente herida, en donde hice la señal de la cruz. Entonces oré con todo mi corazón esta simple oración al Señor: «Jesús, ten piedad de este pobre pecador; no permitas que se pierda su alma para siempre. Recuerda solo que tal vez no haya podido vivir en el bien, sino solo en el mal. Quizá nadie le ha amado ni enseñado a querer y a respetar al prójimo. Ayúdale, Señor... Ten piedad». Levanté la mirada unos segundos y me conmoví al ver que las prostitutas derramaban lágrimas.

—Pobre muchacho –dijo Manuelita enseñando el hueco de sus dientes al hablar–. Me recuerda a mi Wilson... Quizá tenga su edad... ¡Qué tristeza!

Yo continué orando: «Señor, protege a la familia de este pobre muchacho... Parece tan joven... Quizá tenga una madre que le espera, una familia angustiada que esta noche se asustará cuando no llegue a casa. Ten piedad, Jesús... Envía a tu Madre Santa a esa familia para que reciban consuelo...». Entonces me acordé de pronto de un escapulario chiquito de tela que siempre llevo al cuello. Me lo quité y se lo até al muchacho a su muñeca derecha.

—Qué hermoso es lo que le pides a Dios... –dijo de pronto Tránsito–. Yo también quiero rezar, pero no sé cómo hacerlo.

—Es muy fácil –dije–. Mira, puedes, por ejemplo, decir: María, Madre Nuestra, mira a tu pobre hijo. Cúbrele con tu manto; Madre de Piedad, tómale en tus brazos, llévale contigo, no le dejes caer en las llamas del infierno... –no había acabado de pronunciar esas palabras cuando me di cuenta de que las prostitutas se comenzaban a arrodillar junto al muchacho fallecido. Sus cortas y apretadas faldas les impedían hacerlo con comodidad. Los altísimos tacones, sus collares de cuentas de colores y sus exuberantes maquillajes hacían de ellas un extraño conjunto de almas orantes.

—¡Dinos qué tenemos que hacer para que Nuestra Madre Guadalupe se lo lleve al cielo! –dijo una de ellas con largas pestañas postizas a quien no reconocí. Me conmovía profundamente ver sus rostros tristes, sus lágrimas y el deseo de orar por ese infeliz–. ¿Acaso no conocéis el Ave María? –pregunté.

—¡Yo sí! –contestó Rosita rápidamente colocando las palmas de sus jóvenes manos unidas en posición orante–. *Ave María, reza ahora y en la hora de la muerte. Y no nos dejes caer en la tentación. Amén.*

—No es así, mi negra –refunfuñó Florita, una de las de mayor edad.

—Ya lo sé... Es que no me acuerdo bien... Pero quiero rezar por él... ¡Enséñanos tú, David! A mí ya se me olvidó rezar hace mucho tiempo...

Una extraña sensación de ternura me invadió el corazón... En ese instante comprendí una realidad que hasta entonces había pasado totalmente desapercibida en mis horas de trabajo por las calles: supe que esas mujeres de vida alegre no eran menos que yo a ojos de Dios; comprendí el inmenso amor que siente la Virgen María por ellas y mi alma se estremeció al caer en la cuenta de que eran verdaderamente sus hijas... ¿Qué madre no sufriría al ver prostituyéndose a su hija? ¡Y la Virgen María, Madre de todas ellas, veía a diario sufrir a todas sus hijas prostitutas en el mundo entero! Debía de sufrir muchísimo por sus pequeñas prostitutas...

Jamás había comprendido una verdad semejante. Entonces las amé con todo mi corazón y quise, más que nunca, llevarles hacia el amor de Dios.

Miré a mi alrededor... Con desconcierto descubrí que los transeúntes ya no prestaban ninguna atención a lo sucedido y que se habían alejado perdiéndose tras las entradas de los bares... Lamentablemente en la barriada de *Satélite* las muertes a causa de la violencia callejera no son extrañas. Es triste observar cómo el ser humano se va acostumbrando a todo, incluso a la maldad más temible. Es entonces cuando los tiros, los asesinatos, los robos y el miedo se convierten en cosas cotidianas y nuestro corazón deja de alterarse. Quizá en el *Satélite* uno se acostumbra pronto a vivir en el infierno... Yo no lo hago... Sin embargo, aquellas prostitutas de almas heridas llenas de penurias y pesares no querían alejarse de aquel muchacho. ¡Eran sensibles al sufrimiento! Me causó gran impresión ver que no deseaban otra cosa que estar cerca de la víctima e insistir, una y otra vez, en orar.

—¿Por qué te quedas callado? –me riñó Tránsito–. Mi abuela rezaba el rosario conmigo cuando yo era una niña... Pero ya lo olvidé... La mala vida y esas cosas me han ido alejando de todo lo lindo de la vida de oración... Así que enséñame tú, David.

—No importa que no sepas –contesté–. Dios escuchará vuestra plegaria igualmente. ¿Acaso no sois hijas de todo un Dios? Eso os hace ser princesas ya que Él es Rey de reyes... Y la Virgen María es vuestra Madre. ¿Y no es acaso Ella la Reina entre las reinas?

Las chicas me miraron boquiabiertas.

—Pues eso yo nunca lo he sabido –dijo Manuela secándose las

lágrimas–. ¡¡Somos princesas y nadie nos lo había dicho!!

—David, dime –dijo Tránsito–. ¿Acaso crees que Ella me puede querer igual que a ti, que eres tan bueno?

—A ti te quiere aún más, porque tú has tenido la vida mucho más difícil que yo... Además yo no soy santo, sino un pobre pecador. Piensa que las madres aman especialmente a sus hijos heridos...

Todas rompieron a llorar al escucharme decir eso... ¡Pero es que yo lo creo de verdad, María! Y entonces comenzaron a orar con el corazón... ¡Qué bella fue aquella experiencia! Una pedía para que los médicos fueran capaces de devolverle al fallecido la vida; otra que su alma llegara muy pronto al cielo; la tercera rogó dulcemente a la Virgen María que el alma del muchacho no sufriera, que le perdonara y que como Madre le abrazara. Rogaba que olvidara sus faltas... Por último Rosita pidió que tampoco le abandonara a Ella. Dijo que deseaba conocerla, regresar a los sacramentos y le pidió protección tanto para ella como para su bebé...

—David, ¿crees que el señor cura me echará del templo si aparezco con estas ropas?

—Si lo hace, es que es un mal cura –contesté conmovido.

Comprendí que yo sería, sin ninguna duda, el último en entrar en el cielo. No me cupo la menor duda de que todas ellas entrarían mucho antes que yo.

* * *

La policía llegó al fin. Nos hicieron muchas preguntas, tomaron mis datos, interrogaron a algunos transeúntes, ¡y se llevaron a la pobre Rosita esposada como si ella hubiera hecho algo malo!

—¡Te iremos a ver mañana temprano! –gritó Manuelita mientras veía cómo se alejaba el furgón policial.

La ambulancia, que tardó una eternidad en llegar, se llevó al fin el cadáver de aquel infeliz.

* * *

Todos esos avatares hicieron que me pusiera en camino hacia casa demasiado tarde. Y la zona es tan peligrosa... Cuando me marché de allí eran ya irremediablemente las tantas de la noche... ¡Y vaya miedo que pasé!

Las calles estaban regadas de sombras y los lobos habían salido de los bares... Nunca me había atrevido a quedarme hasta tan tarde en la barriada del *Satélite*.

Cuando ya la policía hubo marchado y todo regresó aparentemente a la normalidad, las chicas comenzaron de nuevo a buscar clientes y regresaron a sus bares. Yo me quedé solo de nuevo, con el alma hecha pedazos y sintiendo que esa noche la Madre de Jesús me había alejado de la muerte por un milímetro: aún recordaba con un escalofrío la bala que sentí silbar junto a mi oreja...

—Dios mío... ¿Pero qué he vivido esta noche? –me cuestioné–. Esta aventura no podré olvidarla jamás... ¡Y ahora debo regresar a casa! ¡Con lo tarde que se ha hecho! Espero que no me suceda nada...

Comencé a andar hacia la parada del autobús que me acercaría a mi zona cuando al girar una esquina ese pobre depravado del que antes te hablé me asaltó. ¡Otro serio percance, por segunda vez en la misma noche, amenazaba mi vida de nuevo! Si estoy vivo, es solo porque la Madre de Jesús me protegió nuevamente esa noche con su manto sagrado.

—¡¡Deme todo lo que lleve encima de valor o le mato!! –dijo sin ningún reparo apretando un cuchillo contra mi garganta. Le di todo lo que llevaba encima, que no era sino mi pequeña bolsa de rosarios vacía, y las pocas *lempiras* que guardé para algún transporte que me acercara a casa*.

—¡Esto es muy poco! –protestó–. ¡Deme más o le mato, amigo...!

—Pero es que ya solo tengo mi rosario –contesté. Entonces, muy asustado, me saqué el rosario del bolsillo del vaquero. Era un rosario simple, de cuentas de madera y sin valor monetario alguno. El ladrón se quedó mirándolo...

—¿Y esto qué es? –preguntó.

—Es algo muy valioso –contesté conteniendo el aliento–. Pero, si me retira usted el cuchillo del cuello, le prometo que le explico

* Lempiras: moneda oficial del país (N. de la A.).

todo... El pobre hombre temblaba. A simple vista era fácil descubrir que estaba algo drogado... Pero aún parecía coherente y hablaba con claridad.

—Pues, si tiene valor, puedo venderlo, ¿no? Explíqueme, hermano, qué puedo hacer con él.

No te lo vas a creer, María... Pero ahí me quedé dos horas más, explicándole lo que era el santo rosario, lo que significaba para la Virgen María y el mucho valor que tenía para mí el que le entregaba. Era el que siempre llevaba encima y el que tantos milagros ha obtenido de la Madre de Dios en mi vida; ese que adquirí durante una peregrinación a Medjugorje y el que durante una de las supuestas apariciones fue bendecido por la misma Virgen. Se lo expliqué todo, y todo le agradó escuchar. ¡Y después se empeñó a invitarme a cenar un bocadillo en un bar con el dinero que me había robado! No pude negarme... Durante la cena me hizo muchas preguntas sobre Medjugorje y los acontecimientos que ahí suceden. Yo le hablé de todo y me explayé especialmente sobre lo que sabía sobre el poder del amor de la Madre de Dios para conducirnos a todos al cielo, independientemente de nuestros pecados, siempre y cuando nos arrepintiéramos y los confesáramos con todo nuestro corazón. El hombre acabó jurando que iría a peregrinar a la Basílica de Guadalupe de México para pedir perdón a Dios por sus faltas.

—Yo de niño era muy creyente, ¿sabes? –me dijo cuando nos despedimos–. Pero la vida me maltrató... Y me alejé. No lo haré más, hermano... –Nos despedimos con un abrazo tras el cual le vi perderse entre las sombras del fondo de una calle abarrotada de borrachines, chulos y prostitutas...

No le he vuelto a ver.

* * *

Esa noche viví una aventura extraña llena de las cosas de Dios. Ya has debido adivinar que fue una de esas en las que tuve que regresar a casa andando... Sé que esa noche, mientras andaba cabizbajo orando y notando cómo la luz de la luna me acariciaba el cogote, debí de sacar una barbaridad de almas del purgatorio.

Vamos, que estoy seguro de que fue una verdadera muchedumbre...

* * *

Mi querido lector: ya ve que tengo amigos valientes... La historia que me relató David me hizo recordar una anécdota sucedida a una gran amiga española, quien tuvo la dicha de convivir cierto tiempo junto a la Madre Teresa de Calcuta:

Nuria vivía momentos desolados: se había escapado a la India tras haber padecido una ruptura familiar seria en Madrid. Pero tras buscar la paz por el Rajastán por un período de más de una año, solo fue capaz de encontrarla en Calcuta, en donde fue acogida para trabajar como voluntaria por las Hermanas de la Caridad.

Cuando entró en la comunidad no era católica practicante, su corazón era casi ateo y no quería ni deseaba perdonar... Por ello no se unía a las oraciones, ni acudía a la misa diaria con las hermanas. Simplemente esa parte de la vida de la comunidad le importaba un somero pimiento. Todo su interés de estar ahí se apoyaba en el deseo de trabajar para los más pobres y así lograr encontrar al fin algo de la paz perdida. Dios no entraba en sus planes...

Pero es Él quien, en su inmensa misericordia, tiene siempre planes mejores para nosotros. Así que dispuso que, al no haber camastro libre para ella, fuera la propia Madre Teresa en persona quien la invitara a compartir su pequeña celda. ¡Eso sí que fue un gran milagro! Pero Nuria entonces aún no se daba cuenta de ese inmenso regalo inmerecido... Se quejaba a la Madre Teresa de todo y despotricaba constantemente contra su familia.

* * *

Mi amiga hoy recuerda con inmenso amor cómo, cuando llegaba la noche, la Madre Teresa atravesaba el umbral de la puerta de su nimia celda, agotada y abrumada por el trabajo llevado a cabo durante el día. Era entonces cuando Nuria le pedía consuelo y consejo sobre los pasos que debía dar en su vida... Aclara que la Madre Teresa nunca le obligó a rezar, ni siquiera a creer en Cristo; solo le prestaba un oído amigo en donde Nuria podía derramar sus dudas, su tristeza y su deseo de reconciliarse con su familia. La Madre Teresa nunca se quejó de la premura con la que Nuria le exigía consuelo y ni una sola vez la interrumpió o pidió que se callara. Solo escuchaba..., amándola como a una madre.

Una noche en la que la Madre Teresa llegó especialmente agotada por un durísimo día de trabajo, al atravesar el umbral de su celda encontró a Nuria en un estado de gravísima tristeza. Mi amiga estaba muy inquieta, profundamente arrepentida del daño que había procurado con su inmadurez a su familia, y llorando a mares.

—No sé qué hacer, Madre... –le dijo–. No encuentro la forma de arreglar mi situación personal, familiar y afectiva... Soy muy desgraciada... Siento que no tengo a nadie en el mundo, que he perdido a mi familia... Ayúdeme, Madre, pues creo que hoy he tocado fondo. Simplemente me encuentro en un callejón sin salida...

Entonces la Madre Teresa la abrazó llena de ternura, le miró a los ojos y dijo:

—Hija mía, este es el regalo más eficaz que puedo ofrecerte para lograr tu consuelo: cuando te encuentres agobiada, estés en una situación crítica de ansiedad sin saber qué camino tomar, en peligro o en un momento de gravedad afectiva, solo debes pedir socorro a quien jamás te abandonará. Es a María, Madre de Dios y Madre nuestra. Ella vendrá en tu ayuda de inmediato. Para ello, solo debes decir esta frase desde lo más profundo de tu corazón: **María, Madre de Jesús Misericordia: sé una Madre para mí ahora.**

Nuria obedeció derramando muchas lágrimas... Pasaron unos pocos días y luego semanas... Todas las veces que recordaba sus heridas o pensaba en lo mucho que debía reparar, recitaba esa simple oración.

Entonces, un buen día y de la forma más inesperada, comprobó que su corazón le pedía a gritos acudir a misa junto a las hermanas de la Caridad... ¡Y al cabo de un mes su fe se había enriquecido hasta límites insospechados!

Llegó a amar tanto a la Madre de Dios que decidió confesarse, regresar a los sacramentos y pedir perdón a aquellos familiares en España a quien había dañado.

Pocos meses más tarde regresó a su hogar, en donde su familia la recibió con los brazos abiertos. Hasta el día de hoy mantiene con ella una excelente relación y ya no desea recordar, sino solo perdonar y ser perdonada por los agravios cometidos en el pasado.

La Madre de Jesús, la Reina de la Paz, había triunfado en su corazón.

Capítulo 5

Lucy, un bebé rescatado de la nieve

«Así dice el Señor: son tantos los crímenes de Amón, que no lo perdonaré. Porque abrieron en canal a las embarazadas de Galaad para ensanchar su territorio».

(Amós *1, 13)*

John era un hombre difícil. Su infancia católica en Irlanda no había sido sencilla y haber vivido en una zona en la que los conflictos políticos y la violencia del IRA se habían hecho presentes, no había facilitado las cosas. De carácter agrio y corazón duro, a sus cuarenta y un años se dio cuenta de que había amado poco a Dios. Agnóstico y cabezón, acabó apagando la llama espiritual de su religión y de las enseñanzas que su madre había luchado por sembrar en su alma desde niño.

—Pase lo que pase, nunca te alejes de la Virgen María –le había repetido infinidad de veces–. Aunque Irlanda acabe siendo protestante, tú prométeme que jamás dejarás de tener fe y de sentir amor por la Madre de Jesús. Ella es el camino más rápido y sencillo para llegar al cielo, hijo.

Pero John, por razones que aún hoy no es capaz de descifrar, apartó ese consejo de su corazón. Y, cuando cumplió dieciocho años, ya parecía ser demasiado tarde para que creyera en esas cosas...

* * *

El padre de John era fontanero. De complexión fuerte y vigorosa, había trabajado duro para sacar adelante a sus dos hijos, logrando satisfacer todas las necesidades primarias del hogar de forma digna y honrada. Pero, como muchos irlandeses de su generación, cayó en una costumbre que no siempre conducía a los cabeza de familia a buen puerto: había entrampado su tiempo libre con las máquinas tragaperras y acudía al pub tras la larga jornada laboral. Ambas aficiones le condujeron irrevocablemente a una dependencia del alcohol que dañó mucho a su familia...

—Fueron años muy duros –recuerda hoy mi amigo–. Para disgusto de mamá, muchas eran las noches en las que llegaba ebrio a casa, lo que trajo discordia en momentos clave de nuestro crecimiento... Y así, cuando alcancé los dieciocho años, no pude soportarlo más. Un día, harto de ver sufrir a mamá y observar que nunca se defendía de los insultos, perdí los estribos y golpeé a mi viejo. Mi hermano Jeff intentó contener mis puños y gracias a ello no le rompí a papá más huesos de los que deseaba... Aun así, Jeff no pudo evitar que uno de los dientes delanteros de nuestro padre saliera volando por la salita...

Aquella pelea fue tan desagradable y el disgusto que se desencadenó en la familia tan abismal, que pocos días después John decidió marcharse. De nada sirvieron las amargas lágrimas llenas de tristeza de su madre o las súplicas del hermano menor.

—Estoy decidido, Jeff –dijo–. Me sacaré el permiso de conducir y me labraré un futuro como camionero. Entonces no volveré a ver a este terrible tirano...

Durante los años que siguieron a aquella cruda despedida fueron muchas veces en las que regresaron a su memoria el abrazo, los besos y las palabras de su madre en el momento de la partida.

—Hijo –le había dicho–. Recuerda lo que siempre te he pedido desde que eras un crío: no olvides a la Madre de Jesús. Ella te ayudará en momentos de peligro. Quiérela con todo tu corazón y todo te irá bien.

—Yo no sé querer, madre –fue lo único que supo contestarle.

* * *

La vida de camionero conlleva inmensos sacrificios, poco descanso y demasiados viajes; pero, a pesar de su dureza, John ganaba buen dinero, se mantenía dignamente e incluso ahorraba. En el fondo de su corazón reconocía que haber roto el contacto con sus seres más queridos había sido incorrecto, y a veces sentía una punzada de arrepentimiento cada vez que les recordaba... Cuando esto sucedía, empujado por su soberbia y egoísmo, apartaba de un plumazo todo deseo de regresar, de pedir perdón a su madre y de reconciliarse con su padre. Prefería pensar que estaban mejor sin él. Entonces buscaba chicas bonitas con las que olvidar el pasado y planear un futuro mejor. Pero le costaba lograr llegar a buen puerto en sus relaciones afectivas y esto le inquietaba... Era demasiado engreído, duro y egoísta y no era extraño verle enfrascado en peleas con aquellos borrachines de bar cuyos caminos se cruzaban accidentalmente con el suyo. A pesar de todo, John se las arregló para hacer algunos pocos amigos..., ¡que lamentablemente no perseveraban durante demasiado tiempo a su lado!

También tuvo cerca de su corazón a alguna que otra preciosa morena con la que probó suerte en el amor. Pero, tal como había sucedido con algunas amistades, también ella se fue de su lado.

—Tienes muy mal pronto –le recriminaban. No exageraban...

Transcurrieron algunos años en los que solo se preocupó de recorrer los caminos y carreteras de ciudades y pueblos de su amada Irlanda. Cuidaba su camión como si fuera su joya más preciada y se convirtió en una especie de nómada, viviendo largas temporadas en moteles de carretera muy diferentes a lo que debería ser un hogar. ¡Pero desgraciadamente a John le gustaba utilizar sus puños! Era capaz de dejar sin mandíbula, sin pestañear, a un borrachín que osara mirar de reojo a su chica del momento... Esto le causaba, obviamente, grandes problemas, así que siempre acababa yéndose a otra ciudad.

Un día, cansado de ir de aquí para allá por los fríos campos irlandeses, decidió establecerse en Dublín. Fue ahí, en su pequeño apartamento alquilado del extrarradio, donde una noche de soledad se dio al fin cuenta de una terrible realidad: John no era en absoluto feliz. Añoraba a su familia, recordaba con inmensa ternura a su madre y a su hermano, y deseaba encontrar una novia de corazón noble que fuera capaz de templar su angustia y mal carácter, con la que poder formar una familia. Se preguntaba dónde había fallado... Entonces se animó pensando que quizá, con el paso de tiempo y un poco de buena voluntad, podría aprender a controlar su mal genio. Y para ello discurrió un plan: ahogaría la ira de sus puños en un gimnasio en vez de en el rostro de aquellos a quienes él consideraba molestos.

Así lo hizo, pero pasó el tiempo y sus sueños no se hacían realidad...

Entonces buscó un segundo plan: si acudía al pub de su barrio, haría amistades nuevas que acabarían con su soledad. Y eso fue lo que hizo... Pero no halló aquella amistad soñada, sino una forma de ahogar sus penas en un líquido agrio. Y, antes de que se diera cuenta, se había enganchado al alcohol, enamorándose de la botella de ginebra... Era esta una compañía que no le reñía ni le despreciaba por su rudeza, con el valor añadido de que le hacía olvidar. Junto a ella anestesiaba el dolor de la soledad y de los malos recuerdos. Fue entonces cuando todo comenzó a cambiar y su camino fue, literalmente, cuesta abajo y sin frenos...

Inevitablemente se dio al fin cuenta de que su vida se había dirigido hacia un escenario que siempre había despreciado y hasta temido... Porque, a sus cuarenta y un años, John se había convertido en una fotocopia de su progenitor.

Solo había una diferencia: no había sido capaz de encontrar a una mujer lo suficientemente buena como para aceptarle como esposo.

* * *

Una noche de hielo y nieve cercana a la Navidad, se sintió muy enfadado. Lleno de recuerdos amargos y de ira, sabiéndose solo y con una certeza aplastante de no saber amar, se emborrachó como pocas veces antes lo había hecho. Abandonó a traspiés el pub en plena noche y condujo su camión, furioso, hacia un monte alejado de *Borrisoleigh*, pueblo en donde debía pernoctar. Deseaba estar solo, aparcar en la meseta del monte de *Devil's Bit**, y gritar a la luna todo su odio.

El camión traqueteaba peligrosamente por curvas colmadas de nieve cuando sucedió lo inevitable... John no recuerda cómo acabó en aquel barranco ni cómo pudo sobrevivir al espantoso impacto que dejó su cuerpo terriblemente herido. Los bomberos tardaron dos largas horas en sacarle de allí, pues la nieve, el viento helado y la oscuridad de la noche entorpecieron terriblemente su rescate. Cuando al fin lo lograron, le introdujeron en una ambulancia que se lo llevó a toda velocidad hacia el hospital más cercano, con muy pocas esperanzas de entregarle vivo.

Esa noche John no fue el único que entró por urgencias. Lo hizo junto a otro paciente, alguien muy chiquitito y vulnerable... Se trataba de una niña recién nacida a quien algún desalmado había abandonado con el cordón umbilical aún colgando sobre la nieve de un parque. El viento frío de esa noche de invierno irlandés helaba los huesos... Un barrendero había escuchado un levísimo quejido y, pensado que se trababa de un gato callejero herido, se acercó para descubrir, espantado, el cuerpo azulado de la niña. Fue él quien alertó a la policía local, quien a su vez la trasladó hasta el hospital de la comarca.

Esa madrugada los doctores de emergencias trabajaron muy duro para sacar adelante a sus dos pacientes en estado crítico. John perdía sangre a borbotones... Las radiografías demostraron que ingresaba con la clavícula partida en varios pedazos, varias costillas destrozadas, un desgarro en la muñeca y una inmensa brecha en la cabeza. La pequeña sufría de hipotermia y su corazón latía muy despacio; respiraba con enorme dificultad y no respondía a los primeros auxilios.

—No lograremos salvar la vida de ninguno –le pareció a John escuchar decir al doctor entre las espesas brumas de su entendimiento dañado.

---

* Devil's Bit o «Pedacito del diablo»: montaña del condado de Tipperary cerca de Templemore y Barrane. Cuenta la leyenda que la montaña debe su nombre a un arranque de ira y rabia del diablo, quien mordió el pico de la montaña para escupir su cumbre rocosa en otro lugar (N. de la A.).

Después perdió la conciencia y su cerebro se sumergió en la más absoluta oscuridad.

* * *

Mi amigo necesitó largas semanas agónicas para recuperarse levemente. Le dolía todo: los huesos, la herida de la cabeza, la clavícula, las costillas... Comía despacito, con la frente vendada y un ojo tapado a causa de la brutal brecha que se había hecho sobre la ceja, la cual necesitó más de quince puntos de sutura. Los escáneres demostraron que había sobrevivido a una lesión craneal que podría haber sido a todas vistas mortal.

—¡Usted es producto de un milagro! –le dijeron muchas veces los facultativos.

Para lograr volver a caminar con muletas necesitó semanas de fisioterapia, mucho descanso y terribles curas que le dejaban minado física y psicológicamente.

—No le podremos dar de alta en mucho tiempo –dijo el doctor–. Tampoco sabemos cómo quedará su clavícula en el futuro tras la operación, pues la lesión ha sido muy grave.

Sabía que le habían tenido que intervenir y que introdujeron varios clavos para unir los pedazos destrozados de su hombro. Se encontraba tan mal y le dolía todo tanto en el postoperatorio, que ya ni siquiera quiso preguntar cuántos... Sin embargo, nada podía compararse con otro tipo de dolor que también comenzaba a sentir y que nada tenía que ver con el cuerpo. Se trataba del increíble sentimiento de soledad interior que le embargaba.

—¿Tiene usted algún familiar a quien desee que avisemos? –había preguntado el doctor jefe de planta. John se quedó callado unos largos instantes, respiró profundamente y avergonzado meneó la cabeza negativamente de un lado a otro. El doctor comprendió la situación–. No se preocupe –dijo–. Todos hemos pasado por momentos difíciles con nuestros allegados... No obstante, si no le parece mal, avisaré al equipo de Psicología del hospital. Creo que alguno de nuestros magníficos especialistas puede ayudarle a sanar las heridas emocionales provocadas por este espantoso accidente.

—No lo haga, doctor –contestó John agarrándole de la manga–. No quiero ver a ningún psicólogo.

El doctor le miró dubitativo.

—¿Está seguro...? Yo creo que le haría mucho bien si...

—¡Ya me ha oído! –interrumpió el paciente–. Sé perfectamente lo que necesito; así que déjeme en paz y no me traiga a un loquero... Solo servirá para ponerme más nervioso de lo que ya lo estoy –¡su carácter irascible había regresado fortalecido!

El médico le miró con ojos entristecidos. Se levantó educadamente y se dirigió hacia la puerta del cuarto. Justo cuando iba a atravesarla, se giró, clavó la mirada en John y dijo:

—Entonces tendrá usted que enfrentarse solo a su problema con el alcohol.

John le miró atónito: –¿Pero cómo se atreve a...?

—Mire y escuche bien –interrumpió el facultativo–. Usted es alcohólico. Tuvo ese accidente porque su nivel de alcohol en sangre en los momentos previos eran hiperbólicos. Tiene el hígado tan inflamado a causa de la bebida que cualquier día le va a explotar. Su cerebro no podía pensar, reaccionar ni frenar en el momento del impacto. Por eso se chocó contra el árbol que le hizo deslizar hacia el barranco donde casi encuentra la muerte. Añadiré algo más: es usted un paciente difícil y desagradecido. Mi personal está disgustado con sus modales y me han pedido que le ruegue que les deje de tratar descortésmente, cosa a la que parece estar usted acostumbrado. Además, se queja sin descanso y agota a las enfermeras de guardia. Debería usted aprender de Lucy. Ella jamás se queja, sufre más que usted y está aún más grave... Ella sí que es un ejemplo de ternura. Usted, en cambio, se ha convertido en nuestra pesadilla.

John le miró boquiabierto:

—¡Voy a quejarme a las autoridades del trato que me ha dado! ¡Entonces verá, doctor, quién pierde aquí! –vociferó.

—No, señor –contestó el médico sereno–. Quien tiene mucho que perder frente a las autoridades es usted. Sepa que la policía ha venido a interrogarle más de seis veces, y si no lo ha hecho hasta ahora es porque yo lo he impedido para no cansarle. Pero ya no les frenaré más. Los agentes vendrán a interrogarle mañana sobre el accidente. Supongo que finalmente tendrá usted que afrontar un juicio a causa de la bebida, pues es usted un peligro, tanto para usted como para los demás conductores inocentes que pueden cruzarse en su camino.

John estaba perplejo... Nadie le había hablado nunca de esa manera. De pronto se sintió desarmado, avergonzado y humillado.

El doctor hizo un gesto de despedida con un movimiento de cabeza y salió del cuarto sin mediar una palabra más.

* * *

Mi amigo aún permanecía pensativo cuando entró una de las enfermeras a hacerle las curas diarias.

—Señorita, tengo algo que preguntarle... –dijo tímidamente. La enfermera le miró sorprendida. Era la primera vez que le llamaba *señorita*, y no *¡eh tú!* o *chica...*

—Usted dirá... –contestó dubitativa.

—¿Quién es Lucy?

La enfermera le lanzó una mirada tierna.

—¡Ah, Lucy! Es el pequeño ángel que ingresó a la vez que usted aquella fatídica noche... Apenas tiene cinco semanas de vida. Nos la trajeron recién nacida, con el cordón umbilical colgando y con una brutal hipotermia. Alguien la había abandonado sobre la nieve nada más nacer... Sospechábamos que no sobreviviría ni doce horas, pero para sorpresa de todos se agarra a la vida con uñas y dientes. Aún está con nosotros... Como es obvio, nadie ha venido a reclamarla, ni la policía ha averiguado nada sobre ella. La única visita que recibe es la del sacerdote de la iglesia del barrio, que hace las veces de capellán de este hospital. Viene todos los días a bendecirla y ya la ha bautizado, pues el equipo médico que la atiende se siente muy pesimista con su diagnóstico. Con toda seguridad morirá muy pronto.

John escuchó la explicación en un profundo silencio... Fue la primera vez que no refunfuñó durante las curas.

Su corazón acababa de tomar una decisión extraña: a partir de ese día ya no se quejaría más.

Si Lucy no lo hacía, él tampoco.

* * *

Al día siguiente fue a visitar al bebé en la UCI infantil del hospital durante los 20 escasos minutos que estaba permitido.

—No puede entrar –advirtió la enfermera jefa de la Unidad–. Los niños de esta planta están muy graves.

—Pero ¿y ese señor que está ahí dentro con ella? ¿Acaso él puede y yo no? –preguntó huraño.

La enfermera se encogió de hombros.

—A ver... Es que él tiene permiso de nuestro director. Es el capellán del hospital y bendice a los niños. Pero ya ve cómo va: con bata protectora, guantes y mascarilla. Usted no tiene permiso para entrar.

John no logró controlar un tibio soplo de envidia rozarle el corazón. Aquel anciano de bata verde metía las manos enfundadas en guantes quirúrgicos por los agujeros preparados en la cuna-nido de Lucy. La acariciaba suavemente la cabeza –protegida con un gorrito blanco– y la bendecía. Luego retiraba las manos y rezaba pegado al cristal de la cuna-nido. John esperó pacientemente a que saliera de la UCI para abordarle.

—Hola... Me llamo John y le he visto bendecir a la niña.

—¡Hola, hijo! –contestó el anciano sorprendido extendiéndole una mano–. Soy el padre Thomas, capellán de este hospital. ¡¿Y a ti qué te ha pasado?! Estás vendado por todos sitios...

—He sufrido un terrible accidente con mi camión. Ayer me enteré de que Lucy ingresó a la vez que yo y que está muy grave. Y la quería visitar. Al parecer no tiene familia... Y, como yo tampoco la tengo, pues he pensado que podíamos hacernos mutua compañía...

—¡Ah, no te dejarán pasar, hijo! Mírala desde aquí fuera, a través de este ventanuco. ¿Acaso no es preciosa? –dijo señalando a Lucy con un dedo calloso. El bebé tenía los ojos vendados y un sin fin de conductos y cables insertados por su nimio cuerpecito... A su lado y sobre una mesita, alguien había colocado la imagen de la Virgen de Lourdes en un pequeño marco de plástico–. Los cables y sondas son para controlar todas sus constantes –le explicó el sacerdote–. Ya la he bautizado... Y he sido yo quien ha colocado en la mesita la imagen de la Virgen. Esto me procura mucho consuelo y me hace pensar que Ella baja del cielo a cuidarla cuando yo no puedo estar a su lado... Como solo me dejan estar con ella 20 minutos...

—Parece un soldado herido en plena guerra... –murmuró John notando cómo se le hacía un nudo en la garganta.

El sacerdote sonrió.

—Así es, amigo... Es un pequeño soldado de la Virgen. La he consagrado a la Madre de Dios. Ella la ha protegido mucho hasta ahora, pues los médicos han dicho que debía haber muerto cuando ingresó, y mira... Aquí sigue como una leona –de pronto clavó los ojos en el rostro asombrado de John y preguntó–: Hijo, ¿quieres rezar conmigo el rosario por Lucy? –John se quedó mudo... Y entonces, como en una película y en orden fotográfico, ahí regresaron de golpe a su mente todos los recuerdos ocultos de su pasado. Vio a su madre, de la que recordó sus ojos azules, su tez blanca y su pelo pelirrojo. Oraba el santo rosario junto a la chimenea de la casa familiar que hacía tantos años había borrado de su memoria. Las palabras que siempre le decía regresaron fuertemente a su corazón: «*No olvides nunca a la Virgen María...*».

—Padre... –logró tartamudear–. Yo no sé rezar... De crío sabía, pero ya no sé.

El sacerdote no contestó. Regresó toda su atención a Lucy, tomó el rosario entre sus manos y dijo: «Padre nuestro, que estás en los cielos...».

John agarró una silla, la arrastró a su lado y se sentó mirando a Lucy embelesado... ¡Era tan pequeña y bonita! ¿Quién habría tomado esa decisión drástica y terriblemente cruel de abandonarla? Era preciosa, perfecta... Y moriría rodeada de cables, de tubos alimenticios, de oxígeno falso... ¡Sola en el mundo! Ella había nacido sin nada: sin padre ni madre, sin hermanos, sin hogar... Y lo más terrible: sin amor... En cambio él recordaba de pronto a unos padres que le quisieron. Eran ciertamente imperfectos, pero a su manera le habían amado. Su padre le brindó un hogar con un techo bajo el que cobijarse, estudios y alimento... El recuerdo de Jeff le inundó por completo... ¡Cuánto se quisieron de niños! Se preguntó dónde estaría ahora... Sería sin duda todo un hombre.

Quién sabe... Quizá estaba casado y tenía hijos preciosos como Lucy... Seguro que habría logrado lo que él nunca había conseguido: una esposa bonita, un hogar... suspiró profundamente... De pronto se sintió muy cansado... Se colocó la cabeza entre las manos y notó cómo densas lágrimas le resbalaban abundantemente por las mejillas... El sacerdote se percató de que gemía bajito.

—¿Qué te duele, hijo? –preguntó–. ¿Quieres que llame a la enfermera? –pero John no pudo responder ya nada. Solo lloraba y lloraba, derramando las lágrimas amargas que jamás antes su corazón orgulloso había querido derramar. El sacerdote abrazó al hombretón en pijama que, derrumbado sobre la silla, parecía morir de sufrimiento–. Calma, muchacho... No pasa nada –le susurró.

—¡¡Padre!! –gritó John al fin desconsolado–. ¡¡Ayúdeme!! ¡Tengo el alma rota!

—Estoy aquí, hijo... –dijo contundente–. ¿Qué deseas que haga por ti? Soy solo un pobre cura en plena ancianidad –John apenas podía hablar... Lloraba sin control ni freno, dejando que desde lo más profundo de su corazón brotaran las mil heridas que se había empeñado en infectar con odio, rencor y alcohol...

—Tiene usted ante sí un desecho humano, padre –susurró entre gemidos–. No valgo la pena ni para ser amado por Dios...

El sacerdote sonrió.

—Eso es una gran mentira y te la ha metido el demonio en el corazón, porque la pura verdad es que Jesús murió por ti en la cruz, tal y como lo hizo por Lucy y por quienes la abandonaron sobre la nieve en plena noche. Él todo lo perdona y olvida...

—Entonces... Confiéseme, padre –logró decir al fin–. Soy un terrible, asquerosamente sucio pecador.

El sacerdote se quitó la bata verde obligatoria para visitar a los enfermos de UCI infantil. A John le pareció extraño ver de pronto ante él a un hombre extremadamente delgado, bajito y frágil, vistiendo un alzacuellos blanco y una sotana de sacerdote diocesano. El hombrecillo abrió su maletín y sacó una estola morada que se colocó alrededor de los hombros. Entonces arrimó su silla a la de John, acercó sus labios a su oreja y susurró:

—Aquí estoy, hijo... Dios te bendiga y que el Espíritu Santo te ilumine para hacer una buena confesión. ¿Cuándo fue la última?

John carraspeó antes de responder...

—Creo que cuando me confirmé a los diecisiete años... ¡Hace más de veinticinco, padre...! Estoy muy avergonzado... Ya no sé cómo se confiesa un pecador.

El anciano le dio una palmada en el hombro.

—Tú solo di lo que pesa en tu corazón, que de lo demás ya se encarga Jesucristo, hijo...

* * *

Las siguientes semanas transcurrieron con lentitud... Lucy empeoraba y John mejoraba... El bebé, débil y vulnerable, un día respiraba bien y otro, mal. Sus riñones fallaban. Los doctores continuaban pesimistas y alertaban al personal sobre la pronta llegada de un mal desenlace. Pero John y el padre Thomas no creían en el diagnóstico médico... Acudían diariamente a la UCI, donde unidos rogaban con gran fe a la Virgen para que Ella la fortaleciera, la sanara y le encontrara una familia buena en donde pudiera disfrutar de una futura vida feliz. El viejo sacerdote era quien entraba en el recinto protegido, mientras que John debía conformarse quedándose en el exterior, en donde permanecía impaciente a que su nuevo amigo saliera. Pegaba la nariz al cristal de la ventana como un niño, procurando no perder un instante de la visión del bebé. «Es más delicada que el más fino cristal...», le decía en su corazón a la Virgen. «Madre, no te la lleves...».

Cuando el padre Thomas salía al fin, ambos rezaban el rosario... Era obvio que el corazón de John estaba experimentando una transformación, pero lo más sorprendente era la increíble velocidad con la que lo estaba haciendo. Ese bebé, su vulnerabilidad y total desamparo habían despertado en él un extraordinario y desconocido sentimiento que no sabía describir...

Avergonzado, una mañana reconoció al padre Thomas que, cada vez que miraba la estampa de la Madre de Dios junto a Lucy, un escalofrío le recorría todo el cuerpo.

—¿Y eso te desagrada, hijo? –preguntó el sacerdote.

—Todo lo contrario, padre –fue su respuesta–. Esa estampa junto a la niña... No sé cómo explicarlo... Me gusta mucho... Desde que la vi junto a la cuna sentí que pasaba algo... Quizá va a pensar que soy un pobre loco, pero creo que la Virgen está verdaderamente junto a ese bebé, padre... Y que ambas me están dando algo que jamás tuve... Ellas me están trayendo paz.

* * *

El anciano padre Thomas era optimista y confiaba plenamente en la intervención de la Madre de Dios.

—No dejes de orar mientras yo no esté, hijo –pedía a John cuando marchaba hacia otras plantas. Había observado el cambio en el corazón del hombretón y esto le tenía fascinado. Se sorprendía al presenciar cómo John se conmovía cuando le veía bendecir al bebé, o cómo derramaba lágrimas mientras duraba la oración del rosario.

—Cada vez quiero más a la Virgen, padre –repetía muchas veces–. Yo la aparté de mi vida, pero Ella ha regresado... Y ahora confío en que nos escuche y salve la vida de Lucy.

Cuando la enfermera de la UCI infantil le escuchó decir eso por enésima vez, intervino.

—Perdón... No deseo desilusionarles, pero... –dijo–. Créanme cuando les digo que la gravedad del estado de salud del bebé es inmensa. No deseo que Lucy fallezca, pero es muy probable que lo haga antes de lo que sospechamos el padre Thomas se encogió de hombros, sonrió y marchó dejando tras de sí a John orando tras el cristal por esa niñita llena de cables, tubos y sondas.

—Vamos, princesa –le oyó murmurar antes de meterse en el interior del ascensor–. Tienes que seguir luchando si quieres que este viejo gorila esté contento. Te prometo que, si te curas, dejaré de beber para siempre. Es una promesa, princesa...

La enfermera frunció el ceño. ¿Qué le pasaba a ese sujeto? Había sido un paciente insufrible a quien todo el personal evitaba... Pero ya no reñía a las enfermeras, no se quejaba de la comida ni gritaba a los médicos... La situación que estaba presenciando desde hacía días en la UCI infantil era todo un misterio para ella:

Lucy debería haber muerto hacía muchos días y ese pobre loco había pasado de ser una pesadilla a un hombre conmovido. ¿Y por qué no fallecía de una vez el bebé? ¿Qué era lo que la sostenía con vida?

—Verdaderamente están pasando cosas raras... –pensó clavando la mirada a la estampa de la Virgen.

* * *

Transcurrió una semana más y, entonces, una noche mientras John cenaba recostado sobre su cama, recibió su inesperada visita.

—Buenas noches... –dijo la enfermera tímidamente tocando con los nudillos la puerta de su habitación.

—¡Hola! –exclamó John sorprendido–. ¿Qué hace usted aquí? –el rostro de la enfermera jefe de la UCI infantil le hizo adivinar que algo no andaba bien...–. ¿Le ha pasado algo a Lucy? –preguntó incorporándose sobre las almohadas.

—Bueno... Verá... Traigo noticias..., desgraciadamente, malas.

John empalideció.

—Voy para allá –dijo retirando las sábanas de la cama, sentándose en el borde del colchón y buscando las zapatillas con los dedos de los pies. La enfermera se abalanzó sobre él.

—¡No puede usted hacer eso! –le riñó–. No está permitido entrar a la UCI infantil y mucho menos que usted ande a estas horas por los pasillos del hospital... ¡Es muy tarde para eso! –John le clavó una mirada interrogante y guardó silencio. De pronto el aire se podía cortar con un cuchillo...

La enfermera le observó llena de piedad:

—Verá... –dijo–. He venido a decirle que la pequeña se ha ido... Ha descansado al fin. Pero le he traído esto... –sacó del bolsillo de su bata la pequeña imagen de la Virgen de Lourdes enmarcada y el gorrito de lana blanco que había protegido la cabeza de la niña durante casi mes y medio–. He pensado que le gustaría a usted quedárselo...

Y, sin decir más, dio la vuelta sobre sus pasos y abandonó la estancia, dejando tras de sí a un John enmudecido y totalmente bloqueado.

Fue entonces cuando sintió como si un puñal le estuviera atravesando el estómago... «Madre», susurró, notando cómo se le aguaban los ojos. «¿Por qué no escuchaste mi oración?».

Luego miró el gorrito de lana blanco y lo besó.

* * *

El día siguiente fue muy duro tanto para el padre Thomas como para John. Cuando el sacerdote llegó y recibió las terribles noticias, se quedó profundamente apenado. Más tarde visitó a los pacientes a quienes llevaba los sacramentos a diario en el hospital, para acabar su ronda en el cuarto de John, a quien encontró taciturno sujetando entre las manos el gorrito de Lucy.

—Estaba ansioso por verle, padre. Recemos el rosario, por favor... –le dijo nada más verle entrar.

El sacerdote se mostró sorprendido al oírle decir eso.

—Hoy me cuesta rezar, hijo... –confesó cabizbajo. El anciano compartió su terrible desilusión y su falta de aceptación frente a ese extraño designio de Dios. No podía dejar de cuestionarse por qué la Madre de Jesús no había escuchado su oración. ¡Era mucho lo que habían rezado por ese bebé abandonado!–. No lo entiendo –repetía apesadumbrado dejando escapar un profundo suspiro–. ¡Tanto trabajo médico, mil esfuerzos de las enfermeras y tantas oraciones...! Me temo, querido John, que de nada han servido... La Virgen no ha oído nuestro lamento... ¡No es justo que Lucy no haya podido cumplir ninguna misión en su pequeña vida...!

John permaneció unos segundos pensativo mirando y dando vueltas entre sus dedos al gorrito de Lucy... Entonces, con voz segura y sereno, dijo:

—Está usted equivocado, padre... La corta vida de Lucy sí ha servido de algo... Ella ha cumplido una misión a toda vista imposible, que nadie antes pudo lograr. Ha vivido y ha muerto con un propósito...

El viejo sacerdote le miró compasivo.

—¿A qué te refieres, hijo?

—Yo diría que para mucho, padre Thomas... Porque la pequeña Lucy, esa niña que vino de la nieve, abandonada y sola en el mundo, sin mediar palabra y sin haberla podido besar o acariciar siquiera una sola vez, es quien me ha enseñado a mí, a un bruto pecador perdido y sin remedio, a amar. Ella ha sido mi maestra en el amor, padre. Ella ha cumplido una misión...

Entonces, ese gorila grande y bruto, derrotado al fin, se echó a llorar.

* * *

El camino de John tras la marcha del hospital no fue fácil, querido lector... ¡Tuvo que pasar un gran purgatorio antes de poder disfrutar de una vida templada! Durante los siguientes seis meses no pudo desprenderse de las muletas para andar, y hasta el día de hoy sufre dolor cervical a causa del trauma recibido. Atravesó verdaderos momentos de angustia cuando tuvo que afrontar facturas atrasadas y, sobre todo, cuando tuvo que enfrentarse al juez para entregar su licencia de conductor de camión. Este le obligó a pagar la factura del árbol derribado a causa del accidente y le exigió acudir a la Organización de Alcohólicos Anónimos, en donde debía rehabilitarse de sus adicciones.

Ha pasado mucho tiempo... John realizó varias peregrinaciones al pueblo mariano de Medjugorje (en donde le conocí), junto al padre Thomas y sus parroquianos. Desde entonces mi amigo es un hombre muy distinto al que un día atravesó el umbral de la puerta de Urgencias del hospital en donde le fue salvada la vida... El amor hacia la Virgen ha crecido inmensamente en su corazón y Ella le ha hecho regresar a los sacramentos.

Hoy es un hombre felizmente casado, con valores fuertemente cristianos y es padre de gemelas... ¡Una de ellas llamada Lucy! Aún conserva en un marco la imagen de la Virgen de Lourdes que tanto acompañó al bebé que le enseñó a amar...

—¿Sabes una cosa, María? –me dijo la última vez que nos vimos–. Cuando todas las puertas se cierren en tu vida o cuando creas que ya nada tiene sentido, acude a la Madre de Dios. ¡Corre hacia Ella! Es la Madre que sabe lo que cada uno necesita...».

¡Qué gran verdad, querido lector! Él sabe que no hizo falta que me convenciera.

* * *

Oración de sanación por las familias rotas o en problemas

¡Señor Jesús! Hoy venimos a Ti, en nombre de cada una de las personas de nuestra familia. Tú, en tus designios de amor por cada uno de nosotros, nos has colocado en ella y nos has vinculado a cada una de las personas que la componen. En primer lugar, te queremos dar gracias de todo corazón por cada uno de los miembros de mi familia, por todo el amor que he recibido tuyo a través de él/ellos y te queremos alabar y glorificar porque nos has colocado en ella. A través de la familia y en la familia, tú nos has dado la vida y has querido para nosotros que formemos un núcleo de amor.

Hoy, Señor, queremos que Tú pases con tu sanación por cada uno de nosotros y realices tu obra de amor en cada uno de nosotros. Y antes de nada, Señor, queremos pedirte perdón por todas las faltas de amor que hayamos tenido en casa, por todas nuestras indelicadezas, por todas nuestras faltas de comprensión, por no ser a veces cauce de tu amor para ellos.

En primer lugar, Jesús, te pedimos que entres en el corazón de cada uno de los miembros de esta familia en problemas, y toques aquellas experiencias de nuestra vida que necesiten ser sanadas. Tú nos conoces mucho mejor que nosotros mismos; por lo tanto, llena con tu amor todos los rincones de nuestro corazón herido por el rencor a causa de heridas pasadas, sufridas tanto en nuestra niñez, como en nuestra adolescencia pasada. Y llena de tu amor cada rincón de nuestras heridas en este presente.

Vuelve a recorrer nuestra vida, la vida de cada uno de nosotros, desde el principio, desde el mismo momento de nuestra concepción. Purifica las líneas hereditarias y líbranos de aquellas cosas que puedan haber ejercido una influencia negativa en aquel momento. Bendícenos mientras íbamos formándonos en el vientre de nuestra madre y quita todas las trabas que puedan haber dificultado, durante los meses de gestación, nuestro desarrollo en plenitud.

Danos un profundo deseo de querer nacer y sana cualquier trauma tanto físico como emocional, que pudiera habernos dañado durante nuestro nacimiento. ¡Gracias, Señor!, por estar ahí presente para recibirnos a cada uno de nosotros en tus brazos en el momento mismo de nuestro nacimiento, para darnos la bienvenida a la tierra y asegurarnos que Tú nunca nos faltarías ni nos abandonarías.

Jesús, te pedimos que rodees nuestra infancia con tu luz y que toques aquellos recuerdos que nos impiden ser libres. Si lo que más necesitamos cada uno fue más cariño maternal, mándanos a tu Madre, la Virgen María, para que nos dé lo que nos falta. Pídele que nos abrace a cada uno, que nos arrulle a cada uno, que llene el vacío que necesita el calor y el consuelo que solo una madre puede dar.

Quizá «el niño interior» siente la falta del amor del padre. Señor Jesús, déjanos gritar con libertad, con todo nuestro ser: ¡Abba!, ¡padre! Si necesitábamos alguno de nosotros más cariño paternal y la seguridad de que nos deseaban y nos amaban de verdad, te pedimos que nos levantes y nos hagas sentir la fuerza de tus brazos protectores y paternales. Renueva nuestra confianza y danos el valor que necesitamos para hacer frente a las adversidades de la vida, porque sabemos, Padre nuestro, que tu amor nos levantará y nos ayudará si tropezamos y caemos.

Recorre nuestra vida, Señor, y consuélanos cuando otros nos trataban mal. Sana las heridas de los encuentros que nos dejaron asustados, que nos hicieron encerrarnos en nosotros mismos, y levantar barreras de defensa ante la gente y ante familiares que nos hirieron. Si alguno de nosotros se ha sentido solo, abandonado y rechazado por la familia, concédenos por medio de tu amor, que lo sana todo, un nuevo sentido del valor de cada uno como persona.

¡Oh Jesús!, te presento a tus pies a toda mi familia y te pido que sanes nuestras relaciones, que sean unas relaciones llenas de cariño, de comprensión y de ternura.

Que nuestra familia se parezca a la tuya.

Te pedimos, por intercesión de tu Madre la Reina de la Paz, que nuestros hogares sean lugares de paz, de armonía y donde realmente experimentemos tu presencia. ¡Gracias, Señor!

Amén.

Capítulo 6

Silvia, КРАСИВАЯ МАМА (Silvia, mamá bonita) Parte I

«A todos los que dediquen su vida a seguir a Cristo les será dada la plenitud en la vida: la divina imagen será restaurada en ellos, renovada y llevada a la perfección».

*(*Evangelium Vitae *por san Juan Pablo II)*

A ver cómo te cuento yo esto, María... ¿Acaso sabes tú relatar lo que verdaderamente significa recibir un inmenso milagro de la Virgen? Yo no sé hacerlo... Todo lo que ello conlleva, la inmensidad sobrenatural y el amor que arrastra algo así, no puede expresarse con palabras. Creo que ni existen en el diccionario... Faltan las letras, las sílabas y hasta el entendimiento necesario para describir tan inconmensurable misterio de amor. ¿Cómo explicar entonces lo que siento? Quizá deba comenzar por gritar, a través de este escrito, que la Madre de Jesús ha cambiado mi vida... Y también mi alma...

¿Sabes una cosa...? Cuando Rafa y yo nos casamos hace quince años nos planteamos adoptar en caso de que Dios no nos enviara hijos naturales; sin embargo hoy creo que aquella conversación fue producto más de un enamoramiento joven y loco que de una decisión serena y meditada. ¡Ambos nos sentíamos tan fuertes ante el mundo entonces! Éramos valientes, gozábamos de gran vigor y salud, y apoyados en el amor joven y verdadero que nos profesábamos, nos sentíamos capaces de comernos el mundo. Por eso, cuando nos ofrecieron dos puestos de trabajo magníficos en Nueva York, no lo dudamos un instante. Hicimos las maletas y allá que nos fuimos, con el alma cargada de sueños e ilusiones y sin tener ni idea de lo que nuestros empleos en Wall Street nos depararían.

* * *

La vida neoyorquina significó un gran aprendizaje durante nuestro primer año de casados. La ciudad era mágica. Todo en ella transcurría a gran velocidad, nuestros empleos eran muy enriquecedores y antes de que nos diéramos cuenta ya estábamos acoplados a nuestra nueva vida americana. A todas luces parecía que los planetas se habían alineado para bendecir nuestra unión...

El primer año voló cargado de grandes satisfacciones, tanto laborales como personales. Nos sentíamos felices... Sin embargo, sin apenas percibirlo empezamos a captar interiormente un sinsabor extraño... Algo nos faltaba para completar nuestra perfección afectiva; lo malo era que no sabíamos de qué se podía tratar. Entonces, un día, mientras desayunábamos, nos miramos a los ojos y sin mediar palabra comprendimos qué era aquello que nos llevaba rondando el corazón durante los últimos meses... Simplemente, con solo esa mirada, supimos que había llegado el momento de tener un bebé.

* * *

Al poco tiempo me quedé embarazada. ¡Me enteré el día antes de San Valentín! Qué alegría tan grande tuvo Rafa cuando se lo conté... A los pocos días debíamos viajar a Panamá, lo que no supuso un problema, según el criterio de mi ginecólogo.

—Puede usted viajar –me había dicho–. Cuídese mucho y diviértase, pero no se alimente mal. La veré a la vuelta –y ahí que nos fuimos, yo con un bebé más pequeñito que un grano de arroz escondido en mi vientre, y un marido cargando con todos los bultos. Todo fue bien: no sentía náuseas ni malestar alguno... Sin embargo, en pleno vuelo de ida comencé a percibir un extraño malestar. Me asusté un poco... Pero, a pesar de mi temor, no nos sucedió nada malo durante nuestra maravillosa estancia en ese precioso país, y antes de que nos diéramos cuenta ya estábamos de vuelta en Nueva York.

La primera noche en nuestro hogar neoyorquino volví a sentir ese mismo e incierto malestar... Incapaz de dormirme comencé a dar vueltas y más vueltas sobre las sábanas. «Quizá así es como comienzan los primeros síntomas de los tan conocidos vómitos del embarazo...», pensé. Pero a las dos de la madrugada la incomodidad aumentó... Me levanté con mucho cuidado para no despertar a Rafa y fui al baño, ¡donde con verdadero horror descubrí que mi camisón estaba manchado de sangre! Eran solo unas gotitas, pero estaba asustada... Cuando te quedas embarazada por primera vez, la ilusión y la alegría que se siente no permite temer ni por asomo que se puede perder el bebé que se espera... Pero para mi total estupor y tristeza, cuando acudí al día siguiente con premura a ver a mi doctor, me informó de que mi hijo había muerto...

Aquello supuso una brutal bofetada de realidad. Rafa se entristeció mucho; ninguno de los dos atisbábamos a comprender por qué había sucedido algo así, pues no había realizado movimientos bruscos, no había tenido ningún accidente casero ni había cargado con las maletas...

—A veces sucede –nos tranquilizó nuestro médico–. Pero no se obsesionen: no quiere decir que vuelva a ocurrir.

Se me rompió el corazón... Simplemente ya amaba a mi hijo y aunque no le notaba físicamente en mi interior –era aún tan pequeño– ya sabía que formaba parte de Rafa en mí. Era nuestro, pero se había marchado para siempre. Su ida me dejó invadida por la melancolía más espantosa. Me sentía sola y vulnerable hasta el extremo... Algo me había *robado* a mi niño y el vacío causado por su ausencia en el fondo de mi vientre me angustiaba horriblemente. Tuve por ello la imperiosa necesidad de volverle a sentir, de saberme *mamá* de nuevo... ¡Así que en dos meses me vi embarazada otra vez! Pero en esta ocasión tuve miedo desde el primer día: ya no me poseía la seguridad de ser verdaderamente una mamá ni de que mi embarazo pudiera llegar a buen término. Me volví muy cauta... Rafa descubrió una pequeña capillita en pleno Wall Street, situada justo detrás del banco en donde trabajaba, y comenzó a visitar al Señor de vez en cuando durante sus descansos para el almuerzo. Conocer esas pequeñas escapadas hacia Dios me llenó de gozo. Entonces yo comencé a ir también, y durante mis visitas me sentaba frente a la preciosa estatua de la Virgen, a quien suplicaba que protegiera mi nuevo embarazo. «¡No permitas que se malogre en mi vientre, Madre!», le decía derramando lágrimas. Yo aún trabajaba y me escapaba todo lo que podía a esa capillita para dejar entre las manos de la Virgen mi preocupación y salud. Y así, convencida de que Nuestra Madre del Cielo me escuchaba, poco a poco recuperé la seguridad en mi gestación.

Pero pasó el tiempo, llegó mayo y volamos a Madrid para pasar unos días con nuestras familias. ¡En cuanto aterricé comprobé llena de angustia que había vuelto a manchar! Qué horribles fueron aquellos días... Acudimos a un buen ginecólogo de Madrid que consideró necesario un inmediato reposo, pues el bebé era más pequeño de lo que debía ser según la ecografía. Me pasé todas las vacaciones descansando en la cama, aburrida y desolada... Después, con bastante temor y extremo cuidado, regresé a Nueva York, en donde acudí de inmediato a mi ginecólogo y le relaté lo sucedido. Este me hizo nuevas ecografías y me aseguró que había latido... Pero, preocupado, me aclaró que era lento.

—Silvia, no se angustie –dijo–. Si hay latido, hay esperanza.

Fue a esa última frase a la que me agarré.

* * *

Sin embargo, y, para mi espanto, a los pocos días comencé de nuevo a manchar... No sufría pérdidas abundantes, pero las había.

—Ahora ya sí que debe estar muy, muy quieta –me advirtió–. Debe guardar reposo absoluto hasta que yo le diga lo contrario.

—¿Y cuándo será eso, doctor? –pregunté inquieta.

—No lo sé... Veremos –contestó–. Le ruego que se lo tome con calma –guardó unos segundos de silencio tras los cuales me miró pensativo..., y luego pronunció unas palabras que me dejaron inmersa en el más absoluto terror–. Escúcheme bien, Silvia: si por cualquier casual *saliera algo* de su útero, debe recogerlo con cuidado entre las manos y volar al hospital –me entregó un recipiente de plástico esterilizado y añadió–: puede meterlo aquí para el traslado.

Me fui de la consulta con el recipiente entre las manos, temblando y notando como si un chuchillo me atravesara el corazón...

* * *

Y así, tal y como había sospechado el doctor, sucedió...

Pocos días después de recibir tan horrible instrucción, mi pequeño cayó en el inodoro. Lo miré temblando... Comencé a derramar lágrimas a borbotones. Estremecida por la horrible situación, haciendo de tripas corazón, extendí las manos, lo agarré con extremo cuidado y le introduje en la caja esterilizada. Lo observé con profundo amor a través del recipiente: *mi niño era un bebé perfecto...*: tenía los deditos, la cara, todo... Volé hacia el hospital en un taxi que luchaba traqueteando contra una fuerte lluvia... Cuando al fin llegué, el médico, un hombre de alma buena de religión judía, dijo: «mire, Silvia: hoy hasta el cielo llora...». Rafa apareció en la consulta pocos minutos después, empapado y profundamente entristecido... Me practicaron un lavado, pero de mi vientre no salió nada más. Todo había desaparecido... Así, sin más.

Me sentí más vacía que nunca. Lo malo es que no solo mi vientre se había quedado hueco. También lo había hecho mi alma.

* * *

A partir de ese día empecé a encontrarme muy mal.

—No te atormentes, Silvia –me repetía Rafa una y otra vez–. Quizá fuimos un poco imprudentes y forzamos tu cuerpo hacia un nuevo embarazo, cuando aún no te habías recuperado del primer aborto... Ya verás cómo pronto estarás bien.

Pero yo no estaba nada bien... No me hicieron un legrado, pues era invasivo para el organismo y el doctor pensó que, poco a poco, yo misma expulsaría aquello que ya no necesitaba. Efectivamente así fue, y por ello sentía contracciones, me dolía el vientre y lloraba sin cesar... Anímicamente era una mujer rota; mi alma gemía... Entonces me refugié en alguien en quien yo había puesto toda mi confianza: corrí hacia la capillita y puse en las manos de la Virgen todo mi dolor, mi sufrimiento y lamento... «Ayúdame a ser madre», suplicaba entre lágrimas. Y yo confiaba plenamente en que Ella me escuchara...

Pero tenía miedo... Desde pequeñita había tenido una extraña premonición que me atormentó durante muchos años: algo dentro de mí me repetía que no lograría nunca ser mamá. Era misterioso y aterrador a la vez sentir algo así... Para colmo comencé a mirar la ciudad de Nueva York con ojos nuevos llenos de temor: ya no era el lugar en donde trabajaba con éxito, ni en donde tan bien lo pasaba. Nueva York se transformó en mi cabeza en un lugar frío y solitario, en donde hacer amigos puede llegar a ser difícil a causa de la prisa y el desenfreno. Los minutos vuelan a velocidad de vértigo sobre su asfalto gris y todo ronda alrededor de un progreso que asusta. ¡Me sentía tan sola! La ausencia de mi madre me dolía hasta lo más profundo de mi ser y por primera vez lamenté seriamente no haber hecho más que unas pocas amigas desde mi llegada. ¡Todo mi tiempo lo había empleado en estar con Rafa y en trabajar! Ahora me daba cuenta por fin de que el trabajo no lo es todo y de que el mundo afectivo, la familia y las amistades son la base de la felicidad y lo que puede sostener todo lo demás. Sin ellos, se cae el tejado... Aquellas visitas a la capilla y mis oraciones a la Madre de Dios eran lo único que me procuraban consuelo y templaban el dolor de mis heridas.

Por su lado, Rafa trabajaba duro. Y entonces sucedió algo extraordinario: ¡a mi esposo le ofrecieron un traslado a Londres! ¡Y yo pedí una excedencia en mi empleo y me la concedieron! Nuevamente Dios nos iluminaba el camino... Sentí que, cuando en la vida se cierra una puerta, Dios siempre abre una ventana. Así es.

* * *

Londres es una ciudad maravillosa... Me enamoré de ella nada más pisarla. Sin embargo, las palpitaciones, el malestar y la ansiedad no se desvanecían, y esto me angustiaba. Llegó un momento en el que, temiendo haber enfermado del corazón, acudí a un cardiólogo con el convencimiento de que me diagnosticaría una seria cardiopatía. Pero, gracias a Dios, mi corazón estaba sano. «Es psicológico», me dijo, al ver que mis constantes eran perfectas. Y era cierto, pues las palpitaciones solo desaparecían cuando me visitaban mis sobrinos desde Madrid, veía bebés o jugaba con ellos...

A los pocos meses descubrí que me había quedado embarazada de nuevo... Pero hice la mudanza y de vuelta a Londres volví a tener las temidas pérdidas... El ginecólogo me instó de inmediato a guardar cama... Tenía tanto miedo a perderlo... ¡No podía soportar la idea de que me sucediera por tercera vez! Rezaba sin parar, me cuidaba con esmero y rogaba a Dios un milagro. Cuando llegó el día del parto agarré con fuerza la medalla de la Virgen de Covadonga y solo la solté cuando me obligaron a hacerlo al entrar a quirófano. Hasta el último instante le rogué con todo el corazón por mi niña... ¡Y, para mi absoluto regocijo, mi preciosa hija Paula nació sin problemas! Era además *El día de la Madre*, ¡y encima nos tocó un décimo de la lotería! Paulita había llegado, literalmente, con un pan bajo el brazo... Hoy nos reímos mucho cuando la tenemos que reñir si se porta mal: nos recuerda entonces que no llegó sola, sino con el premio del décimo...

Desde que llegó Paula a nuestra vida, cada vez que me planteaba tener más niños, me asustaba. A pesar de ser inmensamente feliz con ella, aún las heridas de los dos abortos no habían sanado en mi psique. Supongo que por eso tardé en embarazarme de nuevo, y quizá por eso Rafita tardó en llegar. ¡Pero al fin llegó! Y lo hizo dando guerra: el parto fue complicado y ambos sufrimos mucho. Poco después me llamaron del laboratorio para decirme que habían observado ciertas anomalías en los análisis de mi pequeño... Qué susto más horrible me llevé... Salí con el bebé en brazos volando hacia el hospital, en donde me informaron, sin duda alguna, de que mi pequeño de cinco días estaba enfermo de la tiroides. Entonces comenzaron largas pruebas, ecografías, más análisis de sangre... Recuerdo el miedo tan terrible que pasé esperando en esa fría salita de hospital mientras esperaba sola la llegada presurosa de mi esposo, mientras mi bebé lloraba en la distancia tras no sé cuántas puertas... A mí no me dejaban pasar... Yo temblaba de miedo. No me decían nada y no me devolvían a mi niño...

Por fin, tras varias horas de angustia, salieron con un diagnóstico claro: Rafita era hipotiroideo. En tiempos pasados, cuando la medicina no era tan sofisticada como ahora, estos niños se desarrollaban mal: crecían demasiado gorditos y sufrían de retraso en el desarrollo cognitivo. Hoy, con un tratamiento de por vida, el desarrollo es perfecto y solo necesita la medicación adecuada para llevar una vida sana y perfecta. Solo tendría que vivir revisándose la tiroides periódicamente y ajustando la medicación a sus necesidades. Hoy, gracias a Dios, Rafita es un niño sano. Es cierto que deberá ser esclavo de las pastillas tiroideas, pero llevará a término una vida normal y feliz. Es muy espabilado y en el colegio saca buenas notas, lo que me emociona profundamente dado que al principio de su vida las expectativas no eran buenas... Desde que nació mi niño redoblé las oraciones a la Virgen, a quien cada día quería más, en quien cada día confiaba más. «No me puedes dejar ahora con este lío», le decía cuando oraba. ¡Y entonces sucedió algo que no esperaba en absoluto!: para mi estupor y el de todos, tan solo tres meses tras el parto de Rafita, ¡me quedé embarazada otra vez! Estábamos en estado de shock... Hoy sonrío al recordarlo, pero el susto fue morrocotudo. A veces me río pensando que la Virgen escuchó mi oración y contestó de esa manera para que dejara de quejarme por no ser mamá... Silvita nació sana y perfecta, a pesar de que estuve aterrorizada durante todo mi embarazo, ya que manché de nuevo a lo largo de ciertas etapas.

—Creo que usted tiene tendencia al sangrado leve en cada embarazo –me dijo el médico–. De quedarse de nuevo embarazada, deberá cuidarse mucho.

Cómo iba yo a imaginar que sus palabras fueran a ser un triste presagio...

* * *

Yo no tenía planeado tener más niños, pero Dios es un Padre de amor inmenso... Así que, para sorpresa de todos, al año y pico descubrí que estaba de nuevo embarazada. Fue como un sueño, no nos lo podíamos creer. Pero otra vez comencé a manchar... Y otra vez mi bebé subió al cielo antes siquiera de poderle besar. Entonces regresó la ansiedad. ¡Y lo hizo con ira! Lloraba inconsolablemente y rezaba... Le preguntaba a la Virgen muchos *¿por qués*? Le exigía explicaciones que no me daba. Se me rompió el corazón de nuevo y me enfadé... No comprendía por qué Dios me ponía en este asombroso y doloroso aprieto una y otra vez. Perder un hijo en el seno materno es terrible... No se puede describir con palabras. Rezaba y rezaba, y reñía a la Madre de Dios. Mi alma despedazada ansiaba una respuesta, pero Nuestra Madre del cielo es silenciosa... Hasta que un día, mientras oraba, me pareció escuchar una misteriosa palabra en el fondo de mi corazón: «*Adopción*». Recuerdo que pegué un respingo... «*¿Adopción?*», susurré. «¿Cómo que *adopción*?».

«*A-D-O-P-C-I-Ó-N*», me pareció escuchar de nuevo. Pensé que había perdido la cordura, María... ¡Y entonces me comenzó a suceder con asiduidad! Ocurría en misa, en el rosario, cuando pensaba en la Virgen, al orar frente al Santísimo. Esa palabra comenzaba a sembrar y echar raíces en mi corazón, a hacer huella... No entendía la razón. Si ya tenía tres hijos pequeños, preciosos y sanos, ¡no había cabida en nuestra vida para adoptar! Aquello me sorprendía y alertaba a la vez, y no fueron pocas las veces en las que sospeché que quizá por rezar demasiado me estaba aturdiendo el entendimiento... Recordé que, de recién casados, hablamos de ello. Pero ya te dije que siempre lo consideré fruto del enamoramiento de dos jóvenes que soñaban con formar una familia fuera como fuese, tildando el asunto con romanticismo propio de la edad y las quimeras.

Cuando se lo conté a Rafa, me miró sorprendido.

—Rafa, ¿crees que todo forma parte de mi imaginación? –dije.

—Pues no lo sé... ¡Pero entérate! –contestó enarcando una ceja. Me sorprendió que no tuviera dudas ni me hiciera más preguntas... Hoy creo que el Señor y la Virgen ya se lo debían de haber sembrado en lo más profundo de su corazón...

Yo comencé a sentir un fuego interno que me quemaba, primero en forma de llama y después en forma de candela pura. Me despertaba por la mañana e inmediatamente ese fuego se encendía y me pedía a gritos adoptar... Era como si me invadiese un amor inmenso hacia una personita ajena a mí que aún ni conocía. Qué gran misterio son las cosas del Espíritu Santo, María... Así que decidí ser práctica: comenzaría simplemente informándome, preguntaría aquí y allá, indagaría en internet y descubriría qué se necesitaba para conocer algo sobre el complicadísimo mundo de las adopciones...

Todo lo haría en silencio: no deseaba que nadie lo supiera. Sería nuestro pequeño secreto.

Sabía que Rafa lo guardaría con gran respeto.

* * *

Las oficinas de adopción de Londres son un mundo, María... ¡Uffff! Todo es complicado, te ponen mil pegas, te hacen infinidad de preguntas... En pocos meses tocaron al timbre dos señores estirados a quienes no esperábamos. Se trataba de asistentes sociales a quienes habían asignado nuestro caso. ¡Ni siquiera llamaron para avisarnos de su visita! Nos hicieron un *tercer grado* de preguntas... Lo querían saber todo sobre nosotros y a todo respondimos con mucha sinceridad.

—Debemos advertirles de algo importante –nos dijeron con expresión seria–. No deben ustedes *quedarse embarazados* durante el proceso: si así fuera, no atenderían al bebé adoptado en buenas condiciones. Deben tener mucho cuidado y tomar medidas para no concebir.

Comprendimos esa regla y agradecimos mucho que nos la expusieran, pero nosotros no deseábamos poner impedimentos a la llegada de una nueva vida. Por ello no les dijimos nada: ni que evitaríamos la llegada de una nueva vida a nuestra familia ni que no. Pero cierto es que sabíamos que, si era voluntad de Dios hacernos tan inmenso regalo, lo aceptaríamos con todo el corazón. Asimismo, de adjudicarnos un bebé de un orfanato, sabíamos que lo amaríamos exactamente igual.

Ellos se fueron arrugando la nariz... Entonces supusimos que nuestro deseo de adoptar un bebé quedaría en una quimera.

—Esto ha sido tan solo un bonito sueño, Silvia –me dijo mi marido. Yo solo sonreí...

* * *

Transcurrió un largo año en el que nos volvieron majaretas: cambiaban constantemente de asistentes sociales y nos asignaban nuevos que debían comenzar de cero la investigación sobre nuestro caso. Por otro lado, la asistente social que se supone debía ocuparse de los trámites en Rusia, tampoco funcionaba con eficiencia. Nos decía que nuestros documentos estaban llenos de errores burocráticos, pero no nos indicaba cuáles eran o cómo solventarlos. ¡Así no había manera!

Luego llegó un largo silencio... Así que decidimos no preocuparnos, centrarnos en nuestra vida familiar, en las pequeñas cosas de la vida... ¡Y entonces apareciste tú y me propusiste hacer una peregrinación a Medjugorje! Recuerdo que sucedió en un precioso día de mayo de 2008... «¡Claro!», te dije. ¡Pero justo unas semanas antes de subirnos al avión descubrí que me había quedado embarazada de nuevo! Qué gran alegría supuso aquel regalo...

—Rafa –dije a mi marido cuando le telefoneé para decírselo llena de júbilo–. Ahora lo entiendo: esta debe ser la razón por la que los Asistentes Sociales no volvieron a contactar con nosotros. Sin duda la Virgen sabía que Dios nos enviaría otro hijo... –pero Rafa no estuvo de acuerdo con frenar la adopción.

—Ya sé que no se han vuelto a comunicar con nosotros, Silvia –contestó–. Pero lo haremos nosotros. Les informaremos de la buena nueva y que ellos decidan –teníamos claro en nuestras mentes y en nuestros corazones que, de llegar a nuestras vidas un nuevo bebé, ya fuera adoptado o no, se le recibiría con todo el amor del mundo.

En Medjugorje todo fue maravilloso. ¡Cuánto se lo pedí a la Virgen! Recé todo y más... Mucho, mucho, mucho... Tú nada sabías de lo que llevaba en mi vientre, pues no dijimos nada... Solo oramos con todo nuestro corazón. Le rogué a la Madre de Dios que enviara a quien Ella quisiera, pues era Madre de todos y a todos nos ama de la misma manera. ¡La sentí tan cerca! Le pedí hasta una señal que me demostrara que todo iba a ir bien... Entonces sucedió algo...

Recuerdo que nos encontrábamos rezando el rosario en la iglesia cuando comencé a sentirme muy mal... Y ahí regresaron las náuseas, el malestar... Salí para recibir un poco de aire fresco, ¡y ahí estabas tú!

—Silvia, arrodíllate –me ordenaste.

—¿Por qué? ¿Qué pasa...? –contesté sin entender.

—Suenan las campanas... Ven, arrodíllate, que llega la Virgen a este pueblito...

Me arrodillé sin entender bien de qué se trataba aquello, pues te vi segura y decidida. También observé curiosa que la inmensa masa de peregrinos que nos rodeaban también lo hacían...

—No te asustes –dijiste–. Se trata de la aparición. Ella viene siempre a esta hora y, aunque no estemos junto a los videntes, en la parroquia tocan las campanas para recordarnos que en este instante la están viendo –entonces te cambió la expresión del rostro y exclamaste–: ¡Mira, Silvia! Señalaste al sol... ¡Y este se movía! Me dijiste que nunca antes lo habías visto y esto me conmovió mucho. ¡Era increíble, María! ¿Recuerdas? Danzaba de un lado a otro y de él salían rayos de diferentes tonalidades que no dañaban nuestras pupilas. Todos los peregrinos miraban embelesados... Yo me quedé maravillada... Era tan precioso... Me tomé aquel detalle como un regalo del cielo, preguntándome si esa era la confirmación que había pedido, con tanta fe, a la Madre de Dios sobre mi embarazo. Corrí hacia el interior de la iglesia para buscar a Rafa, avisarle y contarle lo sucedido en el exterior... Todos nuestros amigos salieron precipitadamente y lograron ver el final de aquel misterioso acontecimiento solar.

El día de nuestra partida un sacerdote extraordinario, al que aún conocía poco, se me acercó y me hizo la señal de la cruz en la frente. ¡Todo el gran grupo de peregrinos estábamos presentes y sin embargo solo me la hizo a mí! Mi corazón vibraba de júbilo: pensé, inocentemente, que aquella era otra señal de la Virgen para mí. Mi bebé estaría sano y llegaría a buen puerto. Estaba segura de ello... Y, con inmensa alegría, regresé a Londres. Había sentido a la Virgen muy cerca de mí durante todo el viaje, y sentía que Ella, en su bondad e inmenso amor de Madre, había protegido lo que más quería: mi nuevo bebé.

* * *

Pero lo que realmente pasó fue que Ella me había estado preparando para algo muy duro: de regreso a Madrid comencé de nuevo a sentirme muy mal. Recuerdo que sucedió mientras asistíamos a un funeral por el fallecimiento de un gran amigo. Me asusté muchísimo... ¡Y salimos de ahí volando para el hospital!

—Este embarazo es de riesgo –me dijeron–. El bebé está sano, pero debe guardar cama.

Lamentablemente, pocos días después, ya en Londres, lo perdí... Fui al médico y le vi en la ecografía: mi pequeño tenía tres meses, pero no se percibía su latido... Su pequeño corazón había fallado. Sentí en el alma el dolor más agudo que jamás antes había sentido. Mi esposo estaba lejos, en Rusia, a causa de su trabajo y yo contaba solo con la compañía –¡infinitamente valiosa!– de mi madre. Rafa se entristeció horriblemente... ¡Habíamos orado tanto en Medjugorje por nuestro chiquitín! Mi esposo anuló todas sus reuniones y tomó el primer vuelo de regreso. Esta vez me tuvieron que practicar un legrado... ¡Qué sensación tan horrible! Sufrí mucho con aquella intervención. Pero, a pesar del dolor y del sufrimiento, noté la oración de mis amigas, quienes, informadas de esta tristísima noticia, no cesaron de rezar por mí en esos duros momentos. Fueron sus oraciones las que me devolvieron un poco de paz y serenidad.

El problema principal radicaba en mi alma... Por primera vez estaba comenzando a perder la fe. Me enfadé mucho, pero mucho, mucho con la Virgen.

—Una Madre no se porta así –le dije con rabia–. Me has engañado... Y no te rezaré más.

Capítulo 7

Silvia, Красивая мама (Silvia, mamá bonita) Parte II

«¿Para qué salí del vientre? Para ver penas y tormentos, y acabar mis días afrentado».

(Jr *20, 18)*

Durante las siguientes semanas me recuperé como buenamente pude... Había perdido el vigor, la alegría y las ganas de orar. La mayor de las tristezas me envolvía por completo; sentía como si una negra tela de araña cubriera mi corazón, y esto me impedía ver la luz de amor y ternura que emanaba de mis hijos hacia mí en las pequeñas cosas de cada día. Se podría decir que lo veía todo negro... El demonio me atormentaba con pensamientos oscuros que me quitaban toda esperanza en Dios. «De nada sirve rezar», me sorprendí un día pensando. La peregrinación en Medjugorje, que en un principio había supuesto un regalo espiritual inmenso, se había transformado en un sueño perdido, en una bruma confusa y extraña... Apartaba de mi recuerdo el maravilloso espectáculo de la danza del sol y deseaba olvidar la preciosa bendición de aquel sacerdote santo sobre mi frente. Mi alma sentía rencor, un misterioso rechazo a Dios que tristemente compartía con Rafa, quien, harto, deseó no hablar más de bebés, de embarazos ni de adopción. Hoy sé que fue el diablo quien tentó nuestro corazón, quien nos cegaba y gozaba al vernos apagados y sin esperanza.

Fue entonces cuando de la forma más inesperada llegaron los papeles de adopción una mañana a nuestra casa. Provenían de Rusia y en ellos nos informaban de que, a pesar de haber sido aceptada nuestra petición y de que el gobierno ruso nos considerara aptos para adoptar, se había tomado la decisión de devolvernos los documentos. Eso parecía dar por concluido el proceso, y nos hizo pensar que habíamos sido rechazados. Nos miramos asombrados... No entendíamos lo sucedido, pero lo más confuso fue descubrir que nuestro abogado londinense tampoco lograba entender nada. Aquello era un galimatías tremendo: los documentos estaban escritos en ruso y la traducción no era demasiado acertada. Rafa se sintió muy decepcionado con los trámites legales y me propuso olvidar el tema.

—Dejemos que nos llamen ellos en caso de que nuestro abogado logre seguir adelante –dijo encogiéndose de hombros. Yo acepté su propuesta como una decisión acertada y, harta de perseguir lo imposible, decidí pasar página y pensar en otras cosas.

Pero, si algo he aprendido sobre la Virgen, ¡es que no cesa de perseguirnos cuando nos extraviamos! Ella es una Madre coraje, una valiente, una guerrera de Dios que jamás se cansa de amar, proteger y buscar a sus hijos cuando estos se empeñan en perderse por sendas oscuras. Y, por ello, una buena mañana me llegó una invitación para acudir a Madrid a realizar un retiro. ¡Y cómo no!: el empujón me lo diste de nuevo tú.

—Silvia –dijiste con voz colmada de fuego desde el otro lado del auricular–. ¡Debes hacer el retiro de Emaús!

Yo no tenía ganas, ni fuerza, ni fe: –¿Y eso ahora qué es, María?

—Pues... Es como estar en el cielo aquí en la tierra –respondiste. Sentí un gran rechazo... No quería ir, me negaba, ponía excusas... ¡Pero eres muy terca y habías convencido a todo mi grupo de amigas! Así que, por no oírte más y por no desear quedarme atrás, accedí de mala gana.

—¡Bien! –exclamaste–. No te arrepentirás...

—Veremos... –pensé taciturna al colgarte.

* * *

Y llegó el retiro de Emaús. ¡Con qué espíritu de tristeza acudí! Allí me encontré con muchas amigas que insistieron en que regresáramos a Medjugorje. ¡Me negué en rotundo! Ni por asomo me apetecía pisar de nuevo aquel pueblito. Aún seguía enfadada con la Virgen, y me sentía engañada, timada... «Solo iré si la Virgen me lo pone bien fácil», contesté huraña cuando insistieron. «Si no lo veo claro, no regreso». ¡Y resultó que desde ese momento todo con lo que me tropezaba en el retiro tenía un contacto directo con la Virgen de la Paz de Medjugorje! De pronto, mira por dónde, ahí aparecían estampitas, fotos, conversaciones sobre experiencias de conversión vividas por mis compañeras de retiro... ¡La Reina de la Paz me perseguía y yo seguía muy dolida con Ella! Recuerdo una estampa que alguien dejó en mi silla, en la que salía fotografiada la famosa estatua de la Virgen de ese pueblecito bosnio. Miré el reverso y pude leer: «*Venid a mí los que estéis cansados y agobiados...*». Esa frase caló mi corazón... Y, antes de que me diera cuenta, Ella ya me lo había robado otra vez. No sé si fue lo magníficamente sobrenatural y bello que viví en ese retiro lo que acabó por derretir mi alma, haciéndome rendir ante el amor inmenso de Dios. Por fin había recobrado la felicidad. Solo deseaba que mi estado de ánimo permaneciera así durante un largo espacio de tiempo...

Cuando regresé a casa, plena de paz, pedí un regalo a Rafa que casi le hace caer de la silla.

—Rafa –dije mientras cenábamos–. Quiero que me lleves otra vez a Medjugorje.

—¿Cómo dices? –me preguntó abriendo mucho los ojos.

—Sí... Verás: lo que dije sobre Medjugorje ya no lo siento... Ahora deseo ir con todo mi corazón –el pobre no entendía... Y la verdad es que yo, un poco tampoco...

* * *

Llegar de nuevo a Medjugorje significó una nueva aventura para mí... ¡Había confiado tanto en la Virgen en la peregrinación previa! Tenía miedo... Seguía sin entender sus designios. Estaba nerviosa y algo aturdida, pues ese viaje significaba mi toma de contacto de nuevo con la Madre de Dios. Ansiaba volver a amarla, retomar mi confianza en Ella, alcanzar una fe que se había visto turbada por la adversidad. «Virgen María, he venido a que me devuelvas el amor que rechacé», le dije nada más entrar en la iglesia. Entonces, la Virgen actuó.

Esa noche me tumbé rendida en la cama y caí en un profundo sueño. Rayando las tres de la madrugada me desperté bruscamente, sudando y muy asustada. ¡Había tenido una pesadilla muy desagradable con el demonio! Intenté calmarme, relajarme... Bebí un poco de agua. Rafa dormía plácidamente a mi lado, ajeno a mi temor. Entonces sucedió... Tuve una visión interior, un sentimiento de profundo amor que borró todo lo experimentado en esa horrible pesadilla. Es difícil de explicar... Sentí que Ella estaba conmigo, que contactaba en mi corazón y me decía algo muy hermoso:

«Silvia, volverás a ser madre».

Me quedé unos minutos sobre la cama, boquiabierta, sin saber qué hacer ni cómo reaccionar... ¿Qué era aquello? ¿Me habría afectado el sufrimiento de los últimos meses? ¿Acaso se trataba de una treta del demonio? ¿Había perdido la cordura? Pero, a pesar del temor, la sensación de inmensa paz y ternura, que me cubrió espontánea e inesperadamente, no me abandonaba... Me levanté de la cama para ir al baño y refrescarme el rostro, pero, cuando lo hice, sentí náuseas. «Dios mío», rogué. «No dejes que me engañe... ¿Será posible que me haya quedado embarazada de nuevo?». El corazón comenzó a palpitarme muy fuertemente... Podría ser... Luego regresé a la cama, y cuando llegaba el alba logré al fin dormirme.

En cuanto me desperté por la mañana recordé la pesadilla desagradable... ¡Pero también la preciosa experiencia de amor de la Virgen! ¡Y supe, con toda seguridad, que esa parte de mi aventura nocturna no había sido un sueño! Lo que me había sucedido había sido extraordinariamente real y bello. Pero debía tener cautela: no podía descartar que tal vez mi imaginación me había jugado una mala pasada. Sin embargo, la Silvia que regresaba a Londres era muy distinta a la que días antes iba taciturna y cabizbaja. Ya no estaba enfadada con la Virgen; había recobrado mi esperanza en Ella, en su amor, en su ternura... ¡Mis sentimientos hacia Ella habían cambiado! Entonces te lo conté, ¿recuerdas?

—Oye, María... Creo que estoy embarazada... Y siento que este bebé me lo regala la Virgen...

—¡Qué alegría! –respondiste con gran júbilo y sin dudarlo un segundo–. Silvia, este será un niño muy especial...

A partir de ese momento, y hasta que finalizó la peregrinación, no paré de pensar en la Reina de la Paz. ¡La sentía tan presente en mi alma! Toda la tristeza había desaparecido, se había esfumado como un mal recuerdo. Comprendí que Ella nunca me había abandonado, que había estado pendiente de cada paso y había sufrido a mi lado cuando mis bebés habían fallecido en mi vientre. Mi Madre del Cielo había actuado en Medjugorje, había irrumpido de nuevo en mi corazón, y lo había hecho con fuerza. Durante un segundo cerré los ojos y la vi ahí, cerquita, sonriendo... Estiraba sus brazos santos hacia mí, como invitándome a derrumbar todas mis penas sobre ellos. Sentí que me decía que me amaba, que me protegía, que lo haría siempre. Me sentí tan feliz que pensé que me había vuelto loca...

Lloré y lloré durante todo el viaje de vuelta.

* * *

En cuanto llegué a Londres me hice el test de embarazo: ¡salió negativo! No entendía... Pero algo dentro de mí me decía que tenía que haber algo más: algo incierto que la Virgen me tenía preparado... ¡Y ahí estaba! Junto a la mesa, con las cartas acumuladas por nuestra ausencia, había un paquete a mi nombre. Era grueso: lo abrí despacito... Entonces comprobé que era un vídeo. Provenía de Rusia... «*Vídeo de Oleg*»*, había escrito sobre una pegatina.

Me quedé de una pieza mirando ese vídeo. ¡Era del orfanato de Rusia! Junto al vídeo, una ficha informativa del bebé asignado: un varoncito sano, mofletudo, con datos de peso y altura. ¡La Virgen había decidido traerme un nuevo hijo pero por medios in-

* El bebé se llamaba realmente Oleg; Silvia prefiere que a lo largo de este relato se le conozca como Nicolás (N. de la A.).

sospechados, cuando ya habíamos olvidado el proceso! Habíamos padecido tantos problemas con nuestro abogado, con la embajada, con los trámites... ¡Simplemente no nos lo esperábamos! No exagero si te digo que casi me desmayo...

La Virgen es una Madre que escucha, María... Y lo hace de una manera extraordinariamente eficaz.

* * *

Transcurrieron algunos meses en los que no hicimos más que rellenar papeles, fichas y permisos... Y ver el vídeo de *Nicolás* unos veinte millones de veces. ¡La burocracia en la que nos vimos inmersos de un día para otro era terrible! El tiempo volaba y nuestro hijo debía estar creciendo... No nos dejaban ir a verle aún, y nos atormentaba saber que crecía despacito sin nuestros abrazos, besos y cariño. Al ver cómo volaba el tiempo me quejé a Rafa.

—¡Ya debe de haber cumplido un año! ¿Por qué tardan tanto en permitirnos ir a conocerle?

—Lo sé... –contestó–. Pero no podemos hacer nada al respecto. Debemos tener paciencia, Silvia... –¡Paciencia! Esos meses comprendí que era una virtud que había desaparecido de mi carácter. Me imaginaba a mi niño desatendido, llorando o pasando por experiencias peores. Ya le amaba con todo el corazón; realmente todos lo hacíamos en casa.

Un día nos informaron de que daba sus primeros pasitos, que estaba sano... ¡Y por fin nos dieron carta blanca para ir a verle a Moscú! No podríamos recogerle aún, pero sí visitarle. Nuestra llegada fue caótica, aunque nos enviaron un chófer que solucionó mucho nuestra torpeza con el idioma. ¡Señor, qué diferente es el ruso del español o del inglés! Nuestro conductor hizo mucho esfuerzo por atendernos y traducirnos durante los agónicos días que pasamos haciendo colas en el Ministerio de Educación, en la Oficina del Menor y en otros departamentos de gobierno involucrados en las adopciones. Pero no entendíamos nada... Los funcionarios no se comunicaban en inglés y nos armábamos líos muy gordos, equivocándonos de pasillos a cada rato y situándonos en las colas equivocadas. Entre ellos discutían en ruso, nos señalaban y nos asustamos... Todo era rústico: los muebles, los ordenadores y las pantallas... Dependíamos en todo momento de la traducción de nuestro chófer, a quien tuvimos que entregar toda nuestra confianza. Nos pidieron muchos documentos del trabajo de Rafa, y, al entregarles una carpeta repleta de papeles, cayó de entre ellos una foto antigua en la que posábamos frente a un castillo durante unas vacaciones en Francia. No sabíamos cómo diantres había acabado mezclada con la documentación... ¡Y creyeron equivocadamente que era nuestro! Fue muy complicado explicarles que solo éramos dos turistas buscando un recuerdo bonito de la campiña francesa, pero no nos creían... Aquello fue muy turbador: nos miraban airados pensando que debíamos de ser muy pudientes, y eso no cuadraba en los cálculos del sueldo que les proporcionaba la información del empleo de mi esposo. ¡No sabíamos cómo convencerles de que no éramos dueños de ningún castillo o palacio! Al final, y tras discusiones varias entre dos funcionarios que solo hablaron en ruso, entendimos que nos decían que nos marcháramos al hotel.

—Dicen que contactarían con ustedes en un par de días –nos tradujo nuestro conductor. Pero antes de retirarnos nos hicieron una última advertencia que nos dejó perplejos–: Deben saber que a veces, exclusivamente por motivos de peso, nos vemos obligados a cambiar de bebé en el último momento.

Esta última información nos turbó muchísimo... Podía pasar de todo, dado que durante los tres días siguientes decidirían qué bebé finalmente nos sería entregado. Nadie nos había informado hasta entonces de esta turbadora posibilidad... Nos miramos inquietos... Y en ese momento comprendimos que había una seria posibilidad de que *Nicolás* no llegara nunca a ser nuestro hijo.

Solo pensarlo nos rompió el corazón.

* * *

Nos fuimos de allí con el estómago contraído... Pero, a pesar de todo, decidimos poner buena cara ante la adversidad y disfrutar del viaje lo mejor que pudiéramos; quizá por ello esos días permanecen en mi memoria como la más preciosa luna de miel.

¡Estábamos muy emocionados! Nos vibraba el alma, orábamos... Visitamos la cuidad en nuestros momentos libres y nos encantó la comida, la cultura y la imponente belleza de sus museos y de sus iglesias ortodoxas. Pero en cuanto nos despistábamos nuestra conversación tornaba hacia nuestro pequeño. ¿Sería igual que en el vídeo? Solo ansiábamos abrazarle y llevárnoslo de ahí. Todo lo que deseábamos era darle una vida mejor y colmarle de todo el amor que la vida le había injustamente negado.

A los pocos días contactaron con nosotros para informarnos de que los papeles habían sido aprobados. ¡Por fin parecía que se abría ante nosotros una senda segura! Nos citaron en el Ministerio de Educación, en donde nos sorprendió encontrarnos con un grupo de asistentes esperándonos que, en cuanto nos vieron, nos dieron la enhorabuena. Entonces sacaron una carpeta con muchos documentos y sacaron una foto... ¡Era de Nicolás! Nos exigieron que les aseguráramos que deseábamos seguir adelante...

—Por supuesto –afirmamos.

—Entonces deben marchar a San Petersburgo. Es ahí donde está el orfanato de su futuro hijo.

* * *

Esa misma tarde salimos del hotel presurosos y tomamos el tren que nos llevaría hasta San Petersburgo; en la estación nos esperaba un nuevo conductor que amablemente nos condujo hasta el hotel.

Al día siguiente nos levantamos muy nerviosos... Nuestro conductor llegó muy puntual a la cita. Yo me animaba pensando que todas vosotras, mis amigas, rezabais desde Madrid y Londres por nuestro pequeño, por mi familia y por mí... Acordarme de ello me procuraba consuelo y templaba mi ansiedad. Sabía que, si la Virgen nos había conducido hasta ese punto, sería para llegar a buen puerto. Y sentía su amor en mi corazón... «Madre, no nos abandones ahora», rogaba mientras pasaba las cuentas de mi rosario. «Madre, tú nos has traído hasta aquí...; hazme saber que estás con nosotros; Madre, te necesito ahora más que nunca...; Madre, no permitas que me lo hayan maltratado...».

El camino hasta el orfanato se me hizo largo...

* * *

—Miren –dijo nuestro conductor al llegar. Su dedo enguantado señalaba un edificio gris, feo e inmenso–. Es el hospital en donde ha nacido su hijo... Es ahí donde dan a luz las madres que saben de antemano que van a abandonarles. El orfanato está justo enfrente y los bebés pasan a sus cunas directamente desde el paritorio.

Miré a mi izquierda y el edificio en donde vivía Nicolás me pareció seco, frío y nada hospitalario. Un escalofrío me recorrió la espalda al atravesar su enorme puerta de hierro, vieja y despintada. Parecía la boca de una cárcel... Dentro nos tropezamos con una escalera de piedra inmensa frente a la cual nos detuvo un guardia de seguridad que exigió ver toda nuestra documentación. Todo estaba rodeado de cámaras. A los pocos minutos aparecieron varios funcionarios que nos saludaron cortésmente y nos pidieron que nos colocáramos unas zapatillas de plástico. «Es necesario para proteger a los niños de las bacterias de la calle», dijeron. Nos las calzamos de inmediato y entonces comenzó nuestro largo caminar atravesando fríos y largos pasillos de baldosas blancas. En uno de los pasillos nos cruzamos con una pareja de nacionalidad sueca. Nuestras miradas se cruzaron cómplices. Observé que llevaban grandes paquetes con pañales y regalos... Nos sonrieron... Llegamos a un despacho en donde nos invitaron a entrar: «ahora vendrá el médico», nos dijeron, y nos dejaron solos... No sabíamos qué hacer; estábamos muy angustiados. Rafa me cogió la mano y notó que temblaba... «No te preocupes», susurró... Pero sus ojos no podían ocultar su temor y nerviosismo.

Cuando el doctor llegó nos preguntó si sabíamos las circunstancias de Nicolás. «Más o menos...», contestamos dubitativos. Entonces tomó el teléfono y comprendimos que pedía que trajeran al niño. De pronto nos sentimos como en la sala del parto: venía nuestro hijo, ¡aunque llegaba de una manera diferente a la acostumbrada! Se abrió la puerta y apareció una cosita de la mano de dos cuidadoras, que asomó la cabeza y nos clavó los ojos. Yo no pude contenerme más... Comencé a derramar lágrimas de júbilo, de amor, de ternura... Sentía a la Virgen de nuevo en lo más profundo de mi corazón. Ella era la artífice de todo, Ella me entregaba a su pequeñín abandonado... Nicolás me clavaba sus ojitos curioso. Pregunté si le podía coger en brazos y me avisaron de que, con toda probabilidad, el niño rechazaría mi gesto, pues los huérfanos no están acostumbrados a los abrazos.

—Es necesario para la salud psicológica de las cuidadoras –me explicó el doctor–. No deben encariñarse para proteger su estado mental y afectivo. De no ser así, las partidas de los bebés les afectarían terriblemente.

—¡Oh!, claro, doctor –susurré–. Lo entiendo... –Nicolás dejó que yo le cogiera en brazos. Pero, ¡ay!, la que formó cuando vio a Rafa... Comenzó a llorar con una fuerza terrible... El pobre Rafa no sabía qué hacer... Le intentaba acariciar las mejillas, pero el niño se ponía peor.

—Es que no está acostumbrado a ver varones –nos explicaron las cuidadoras–. Pasan todo su tiempo con nosotras... –había un ventanal y le acerqué para ver si se tranquilizaba un poco. Le señalé los coches que transitaban y eso pareció gustarle...

—Deben hacerse fotos ahora –nos explicó el doctor–. Es importante para el juez –así lo hicimos... Y luego se llevaron a nuestro pequeño.

Rafa y yo nos miramos conmovidos. Simplemente no terminábamos de creer lo que estábamos viviendo.

La vida es un gran misterio, María...

* * *

Nos invitaron a acompañarles a un edificio anejo en donde una asistente social nos informaría sobre lo que sabían de la madre biológica de Nicolás. Recuerdo que el aspecto del edificio me causó gran estupor: paredes altísimas, sucias, plagadas de grafiti... Algunos dibujos eran obscenos. La puerta era de metal y tenía rastros de balazos de tiempos pasados... El edificio era horriblemente hostil, con puertas pequeñas, paredes grises y despachos pequeños. Emanaba de cada esquina un olor desagradable semejante a una mezcla extraña entre lejía y agua estancada... Nos dimos cuenta de que los pisos superiores eran viviendas. Me pregunté quién viviría ahí...

La asistente social hablaba un inglés algo más que correcto. ¡Por fin alguien a quien entender! Nos explicó muchas cosas de vital importancia, como que Nicolás estaba bien de salud.

—Aunque padece un leve retraso a causa de una clara falta de estimulación –dijo. Esa afirmación no nos sorprendió: había padecido desde su nacimiento una ausencia de afecto, de caricias, de cariño. Nadie le hablaba, nadie jugaba con él, no tenía familia... Tuve miedo; no sabía si me ocultaban algo... Le pregunté por la madre biológica y me explicó que provenía de una zona que ya no era considerada territorio ruso, que era su segundo parto y que el bebé mayor vivía con ella y su esposo.

—La madre es musulmana; esto es siempre positivo porque significa que no ha bebido ni fumado durante el embarazo, dado que tal religión lo prohíbe seriamente –esa fue toda la información que le estaba permitido darnos.

Por la tarde nos dejaron estar un poco más con Nicolás; fue durante un pequeño recreo en el que los niños pasaban en un gran patio. Entonces tuvimos la oportunidad de ver a más niños... Conocimos a Marina, una preciosa niña albina que había nacido sin pupilas y que tenía menos de un año. Sentí una punzada de dolor cuando nos informaron que los doctores aún ignoraban si era capaz de ver algo... ¡Entonces deseamos adoptarla también!

—Creemos que con una operación la niña podría llegar a ver –nos dijeron. También conocimos a Anastasia: tenía familia, estaba muy despierta, se notaba que recibía visitas, cariño familiar... Era totalmente distinta, por esta causa, de los demás. Y en una esquinita conocimos a Aleksandra, una hermosa niña con parálisis cerebral... Era mucho mayor que el resto de los niños, y solo sabía sonreír...

Rafa me miró con una terrible lástima: también él deseaba adoptarles a todos. El corazón se nos hundió...

Todos los niños corrían hacia nosotros, nos exigían amor, nos tocaban el pelo, extendían los bracitos para que los abrazáramos. No se me ocurrió otra cosa que sacar del bolso un pequeño bote de plástico con agua bendita, ¡y les rocié! «¿Cómo puede suceder esto, Madre?», pregunté a la Virgen. Aquellos niños, sin excepción, tenían la mirada triste. «Madre, no soporto este dolor...», susurré.

—Cuando cumplen los cinco años, estos niños son trasladados a los reformatorios hasta la llegada de los diecisiete –me dijo la asistente social–. Desgraciadamente no todos tienen buenos sentimientos, pues hasta nosotros, los rusos, reconocemos que estos hogares en donde se desarrollan, son horribles. Cuando llegan a los diecisiete, son llevados a hogares de adopción que son horribles también, en los que no reciben cariño, muestras de afecto o amor... Así es –sus palabras se me clavaron como un cuchillo oxidado en lo más profundo de mis entrañas.

—Señor, perdónanos –oré notando cómo los ojos se me humedecían–. Los hombres somos tus más terribles criaturas...

* * *

Cuando regresamos al día siguiente nos comunicaron que Nicolás no había podido dormir un solo minuto tras nuestra marcha.

—¡Ni siquiera ha aguantado la siesta! Ha estado muy agitado, alerta a todos los ruidos y a todo movimiento externo –nos dijeron. Parecía como si el niño hubiera presentido o notado nuestro amor y estaba excitado. Quizá fue nuestra forma de abrazarle, de acariciarle las mejillas o de besarle la frente... Nunca sabré la causa. Pero, en cuanto nos lo trajeron, abrió mucho los ojos, gateó hacia nosotros y se nos agarró a los tobillos. Cada vez que le visitamos hizo lo mismo: corría y corría hacia nosotros.

Durante el juicio, llevado a cabo tras cinco días de visitas, los cuidadores explicaron al juez que les conmovió observar lo contento que se ponía al vernos durante la única hora que nos era permitido hacerlo por las mañanas. Los encuentros siempre se llevaron a cabo en una sala gris, tétrica y vacía, en la que éramos vigilados por un asistente social. Después acudíamos al notario, en donde firmábamos papeles y más papeles... Y por la tarde nos dejaban regresar una hora más. La rutina era estrictamente vigilada con exhaustivo cuidado de no saltar horarios de comidas, siestas o recreos. Todo era marcado con una exactitud militar a la que nosotros nos acoplamos con enorme gusto, con tal de ver al niño feliz y sereno. Aprovechábamos la hora de las comidas para finalizar el terrible papeleo con el notario, y, tras ver a Nicolás de nuevo por la tarde, marchábamos al centro de la ciudad para realizar algo de turismo con el que ahogar nuestro estrés.

Un día, nuestros pasos nos condujeron hasta la entrada de una preciosa iglesia ortodoxa construida en honor a san Nicolás. Todo en su interior olía a incienso; cada rincón emanaba a santidad... Me estremecí al percibir una extraña presencia de paz a mi alrededor... Fue entonces cuando decidí llamar a nuestro bebé *Nicolás* y, en cuanto regresamos al hotel, busqué su historia en internet. Quedé profundamente conmovida... «San Nicolás», oré al acostarme. «Protégemelo hasta nuestro regreso». Estaba muy triste... Había llegado el día que debíamos regresar a casa. El plazo para luchar por la custodia de Nicolás había finalizado. Ahora serían los jueces quienes deberían decidir sobre el futuro de nuestro bebé y no adelantaríamos nada viviendo en San Petersburgo durante meses.

Debíamos regresar a Londres.

* * *

La despedida de Nicolás fue terrible. El niño comprendía que esos señores desconocidos que durante cinco días le habían abrazado se marchaban. Hoy no me cabe la menor duda de que los bebés captan el amor, lo palpan, lo contemplan, lo necesitan... Lloré a mares sabiéndome lejos de mi niño, pero me resigné pensando que no quedaba más remedio que dejarle en ese orfanato lejano, solo y aturdido.

—Te quiero, mi vida –le susurré al entregárselo a su cuidadora.

—No se preocupe, señora –dijo en su débil inglés–. Le cuidaremos mucho hasta su regreso.

¡Durante el vuelo de regreso a casa derramé tantas lágrimas! Sentía la fuerza, el coraje y la paz de la Virgen en mi corazón, y eso me procuró un enorme consuelo. Dios tampoco me abandonó: me concedió un momento de gracia en el que pude entender todo lo que me había concedido a lo largo de mi vida. Ciertamente había sufrido cruces duras –entre otras, la falta de un padre que se marchó al cielo demasiado pronto– pero también me inundó el entendimiento de que todo lo padecido había sido transformado por Dios para bien. Y así supe que la pérdida de mis bebés, y el terrible dolor que aquello supuso, lo había utilizado para llevarme hasta Nicolás. Con esto no deseo decir que Dios es un Creador malvado que se alegra de las heridas o la muertes. Todo lo contrario. Él debió de sufrir aún más que yo cuando esos bebés, que eran más suyos que míos, se fueron de mi lado incluso antes de nacer... Pero Él no se rindió: yo le pedí una gracia inmensa a través de la Virgen y Él escuchó mi lamento. La Virgen es la mejor transmisora de peticiones al cielo, pues a Ella no le niega Jesús nada. Así, las piezas de un complicado puzle sobrenatural comenzaban a encajar... La presencia de la Virgen en ese avión fue inmensa, palpable... La amaba y le agradecía más que nunca. «Madre», le dije. «Sabes bien que, si se cumplen los plazos, dentro de un mes y medio tendremos que regresar para asistir a un juicio en el que se decidirá sobre el destino del niño que has puesto en mi camino. Ya le quiero con toda el alma... Luego tendremos que esperar otro mes para que nos informen sobre la sentencia que, de ser positiva, nos hará trabajar varios meses más para obtener el pasaporte de Nicolás... Es mucho tiempo, Madre... Ayúdame a llevar bien la espera, pues sin ti no lograré hacerlo sin paz».

Fue en ese instante cuando caí en la cuenta de algo en lo que hasta entonces no había reparado... Algo que me estremeció y me descolocó por completo... Desde que Ella me había anunciado en Medjugorje que iba a ser de nuevo mamá, habían pasado exactamente nueve meses.

Eso era todo un embarazo.

* * *

Tras nuestra llegada a Londres informamos a todos nuestros familiares, amigos y allegados de la gran noticia. ¡Nuestros hijos se pusieron como locos de alegría! Todo tendría que ir bien, pues no concebíamos que se torcieran las sendas. ¡Estábamos ya tan cerca de lograr ese sueño...! Me sentía profundamente agradecida a Dios y a la Virgen por haberme concedido una gracia tan inmensa. ¡Volvería a ser mamá y esta vez mi niño no nacería de mi vientre! Ahora lo haría del corazón...

¡Pero, ay! Nuestra alegría se enturbió al vernos inundados por una montaña de descomunales problemas burocráticos... ¡Y es que a los de las leyes rusas se unieron de golpe los de las leyes inglesas! Qué pesadilla... Todo eran trabas: que si este papel no se había presentado, que si habíamos rellenado tal formulario, que si nuestro bebé no podría ser español, sino inglés y viceversa... A pesar de los cientos de inconvenientes, y de lo tedioso que resultaba revisar los documentos con nuestro abogado día sí y día no, el fuego de amor inmenso que nos había nacido en el corazón hacia Nicolás crecía. Yo pensaba en mi niño y a cada minuto me atormentaba al imaginar que podría no estar bien. «¿Y si enferma?», me preguntaba. «¿Le estarán alimentando correctamente? ¿Le consolarán si se hace daño?». Ansiaba verle, besarle, bañarle, cuidarle... Ansiaba ser su madre.

* * *

Por fin llegó la fecha y el lugar del juicio: sería definitivamente en San Petersburgo. Mis hijos se alegraron muchísimo y nos rogaron acompañarnos, así que Rafa organizó el viaje para todos e invitó a su madre y a la mía, que se trasladaron desde Madrid. En casa todo era nervios y oración... Mis hijos rezaban por su nuevo hermanito cada noche y al verles hacerlo me conmovía profundamente... Queríamos que a nuestra llegada al orfanato nuestro nuevo bebé fuera recibido por toda la familia, que comprendiera que ya no estaba solo en el mundo, que tenía hermanos que le aceptaban y le querían. Las abuelas también andaban locas de contentas. «¡A por todas, Madre!», oré a la Virgen. «Sé tú ahora mi abogada, mi chófer, mi secretaria, mi piloto, mi todo...». ¡La necesitaba más que nunca a mi lado!

El viaje fue largo... Los niños no se quejaban y me sorprendió que se portaran tan bien, ¡pues no siempre eran tan buenos! Se notaba en sus Cáritas la excitación y emoción de una verdadera aventura de amor, así que, cuando por fin llegamos a San Petersburgo cansados y algo sucios del viaje, no quisieron ni descansar. Soltamos las maletas en el hotel y volamos al orfanato. En la entrada descubrimos que, al ser verano, el jardín se encontraba más cuidado que de costumbre y hasta lucía cierto verdor. Los niños estaban jugando en el recreo y en cuanto las cuidadoras nos vieron entrar, así, en tropel, con rostros encendidos por la alegría y la excitación, fueron en busca de mi pequeño Nicolás.

—*¡Olegsca!* –gritaron–. ¡Corre, ven! Mira quién ha venido a verte... –yo ordené a mis hijos que esperaran unos pasos atrás, pues consideramos que era muy importante que el primer contacto lo tuviéramos solo nosotros dos. Temía que Nicolás pudiera asustarse de tantos rostros desconocidos, el ruido y la algarabía de mis niños y de las abuelas. Todos contuvieron la respiración...

Nicolás se acercó despacito, me miró y me reconoció. Me agaché para cogerle suavemente, ¡pero de pronto se echó a llorar con grandes lamentos y no fui capaz de consolarle! Esto me entristeció mucho. Sin embargo hacía algo misterioso: lloraba con furia, pero se dejaba abrazar...

—Regresen esta tarde –nos ordenaron–. Ahora Nicolás debe almorzar –así que nos fuimos algo apagados...

* * *

Los siguientes cinco días fuimos a visitarle mañana y tarde. Nadie podría haberse imaginado lo hermoso que iba a ser el encuentro de Nicolás con sus hermanitos españoles: ¡se rompió el hielo entre ellos muy rápido! Le cogían, le abrazaban, le besaban... Nicolás comenzó a sonreír más que a llorar... Las cuidadoras se miraban atónitas. Desgraciadamente también presenciamos una escena muy desagradable: una cuidadora perdió la paciencia con un niño retrasado y le golpeó... Esto nos turbó sobremanera y las abuelas comenzaron a fijar sus ojos en los muchos niños con retraso que también estaban en el grupo infantil.

—Son preciosos –murmuró mi suegra con lágrimas en los ojos.

Un pequeño con síndrome de Down estiraba los bracitos para que jugáramos con él, pero las cuidadoras le frenaron de inmediato. Ese patio de recreo tenía la apariencia de ser un jardín en el que jugaban los niños, pero realmente no lo era: todos estaban colocados en filas de uno. Era un modo muy surrealista de decir que *jugaban*... Una tarde llegó una ambulancia de la que bajó una chica con un bebé en brazos... Era un nuevo *invitado*... Me alertó mucho observar que el bebé no reaccionaba, no sonreía; se notaba a la legua que le había faltado amor y atención desde el día de su nacimiento. Era tan chiquitín y ya emanaba de él un cierto aire de rechazo... También me conmovió observar que algunos de los pequeñines que comenzaban a andar lloraban al ver a sus cuidadoras en un grupo distinto. Esto sucedía porque al dar los primeros pasos les cambiaban de grupo y eran vigilados por manos nuevas. Los pequeñines al verlas corrían hacia ellas, pero estas, con ojos tristes, les empujaban lejos de sus faldas... Una niñita de unos tres años se me acercó y me tiró del vestido, logró agarrarme y me dio un beso. Aquello me rompió el corazón... Me quise morir... Los del grupo de un año no tenían chupetes, les dejaban solos mucho rato sentados en un banquito y comían solos, sin ayuda alguna. A veces no atinaban a meterse el alimento en la boca y se ensuciaban mucho; nadie les limpiaba hasta el final. También capté que algunos de los niños, por muy pequeños que fueran, ya eran capaces de percibir que iban a cambiarles de grupo al sentir atención por parte de los organizadores de grupos y entonces lloraban desconsolados sintiendo esa anticipación desagradable... Los cambios no eran siempre buenos: había cuidadoras dulces y cariñosas, y otras bruscas y frías. Debe de ser extraordinariamente difícil ser cuidador en lugares así: los afectos se rompen y se dañan también en los adultos... Si se encariñan con los chiquitines, sus corazones lo pagarán duro. Comprendo que enfriar el contacto con los bebés debe de ser una defensa psíquica, un arma protectora del alma.

Todos aquellos detalles nos dejaban sin aliento y con un deseo irrefrenable de llevárnoslos a todos de allí, pues queríamos darles amor a todos y protegerles de las miserias del mundo. Obviamente sabíamos que eso no sería nunca una realidad..., y esa sensación nos dejó muy abatidos. Hoy sabemos que aquellas imágenes no las podremos borrar durante el resto de nuestras vidas. Forman parte de un aprendizaje sobre la dureza de la vida, descomunalmente poderosa, para mi familia. Sé que mis hijos, tras ese viaje, cambiaron la visión de su propia existencia. Desde esos duros días se sienten muy afortunados; y nosotros los adultos, también...

Debo aclarar que no es mi intención criticar o caer en la tentación de menospreciar la forma en la que los orfanatos rusos cuidan a los niños abandonados que recaen a su cargo, pues sé que habría que experimentar el día a día de esas vidas para poderse hacer una idea completa de la terrible realidad que se esconde tras la espantosa problemática del abandono infantil. No juzgo... Solo deseo que el hombre del siglo XXI, con todas su virtudes y defectos, cambie de corazón. Deben acabarse las guerras, el mal, el abandono, las violaciones... Al final son siempre los más inocentes quienes pagan las miserias del corazón humano, y esto nos hace pensar que no somos dignos ni de ser amados por Dios...

Fue extraordinariamente duro dejar atrás a Nicolás en el orfanato tras esos cinco días de contacto. Pero tuvimos que hacerlo: nos esperaba un frío juicio. Había llegado el momento de enfrentarnos al paso más duro del proceso: si nuestro caso agradaba al juez, Nicolás sería nuestro hijo. Pero cabía la posibilidad de que no fuera así...

Solo pensar en esa posibilidad me helaba la sangre.

* * *

El juicio fue muy duro. Nos explicaron como debíamos tratar a la jueza. Se trataba de una mujer firme e inteligente, a la que nos aconsejaron mirar siempre a los ojos. La lista de preguntas que hicieron a Rafa era interminable... Les preocupaba mucho su situación laboral, sus condiciones de empleo, los seguros médicos, su salud... Tuvieron que declarar muchas personas involucradas con mi bebé: el médico del orfanato, su cuidadora y el asistente social de Nicolás. El director del orfanato habló, gracias a Dios, extraordinariamente bien de nosotros... Después me acribilló a mí a preguntas: que si podría amarle igual que a mis hijos biológicos, que si le podría educar igual, si podría acudir al mismo colegio, llevar la misma ropa... Yo comprendía que todo aquello era necesario, pero me daban ganas de gritarle que la maternidad no está en la sangre, sino en el alma. Entonces pareció cambiar de expresión y hasta sonrió... Me preguntó cómo creía que reaccionarían mis hijos, ¡y le dije que estupendamente! ¿Acaso no habían venido con nosotros, junto a ambas abuelas, para conocer a su nuevo hermanito? Me miró sorprendida... Y ya no preguntó nada más.

Me contuve muchas veces y contesté lo mejor que pude, explicándole que Nicolás era absolutamente deseado y que ya vivía dentro de nuestro corazón. Esta última afirmación pareció descolocarla un breve instante, quizá la conmovió. Acto seguido se fue a otra sala a deliberar.

Agarré mi rosario y dije: «Niños, rezad».

* * *

Querido lector:

La historia de amor de Silvia es muy hermosa. Dios fue guiando a esta mujer para lograr que su sueño se hiciera realidad, y hoy soy testigo de que Nicolás es un bebé regordete, divertido, amoroso y muy amado. También muy achuchado. Vive con sus papás –Silvia y Rafa– y con sus tres hermanos –Silvia, Paula y Rafita– en Londres. Y pasa más tiempo de brazo en brazo que en su cochecito.

Cuando la juez les concedió al fin todo derecho paternal sobre el niño, el júbilo de esta familia fue inmenso. En Londres todos* sus amigos estábamos profundamente conmovidos... ¡Habíamos rezado tanto! Durante el largo proceso de esta bella historia habíamos visto a Silvia llorar, reír, sufrir, orar... Fue esto último lo que sin duda le dio más fuerza.

El proceso de adaptación de Nicolás a su nueva vida no fue fácil... El bebé lloraba mucho de noche, le aterraba la oscuridad y necesitó de mucha atención, estimulación y afecto para calmar su ansiedad.

---

* Silvia me pide encarecidamente que nombre aquí a las personas que no pararon de rezar, con todo el corazón, durante todo el proceso. Estas personas a quienes quiere agradecer consuelo, amistad y fe son: Ana Aróstegui, Marta Guerrero, Isa Arrieta, Ana Calvo, Amada Blanco y María Bunge (N. de la A.).

—Un día Rafita se portó muy mal y su padre le riñó duro... –me relató Silvia al regreso de unas vacaciones en la montaña. ¡Entonces sucedió algo que nos turbo mucho! Nicolás, cuando presenció esa regañina, lloró tan terriblemente asustado que nos alertamos... No sabíamos cómo calmarle, cómo protegerle de sus miedos... No nos cupo duda desde entonces que mi pobre bebé debió de presenciar cosas en su primer año de vida que no deseamos ni imaginar.

Las trabas legales fueron también inmensas: papeleo incesante, burocracia, diplomacia consular, arrestos innecesarios en el aeropuerto de Moscú, detención del padre adoptivo en una desagradable sala y mil avatares más que tuvieron que solucionar con la mayor de las paciencias, hasta que por fin el pequeñín pudo llegar, sano y salvo, a su nuevo hogar de Londres. ¡Entonces comenzaron los problemas abismales en suelo inglés! De pronto se apilaron nuevos obstáculos serios: padecieron un nuevo juicio en Londres, lograron un visado para poder traer al niño a España durante las vacaciones estivales –¡que costó muchísimo trabajo!– y lucharon para obtener un pasaporte español en toda regla para Nicolás. Desde estas líneas los padres del pequeño ruegan que agradezca públicamente y, en su nombre, al cónsul español en Moscú, sin cuya inestimable ayuda nunca hubieran podido lograr sacar al niño del país una vez aceptada su adopción. Los problemas fueron, verdaderamente, titánicos.

Hoy el recuerdo de todas esas vicisitudes se ha ido difuminando como humo en el olvido, y Rafa y Silvia solo desean mirar, abrazar y amar a su hijo...

—¡María, informa a tus lectores de que todo se lo debemos a la Virgen! –me ruega Silvia con ojos encendidos de amor.

Y dígame, querido lector: ¿cómo no voy a hacerlo? Aquí se lo dejo relatado de la mejor manera que he podido... Ya sabe que soy solo un torpe lápiz en las manos de la Madre de Jesús... Pero, eso sí: un lápiz enamorado de todo un Dios.

Capítulo 8

Un vientre de cristal (Parte I)

«Debes saber que cada vez que vienes a Mí, humillándote y pidiéndome perdón, derramo sobre tu alma superabundancia de gracias y tu imperfección se desvanece ante Mis ojos. Entonces veo solo tu amor y tu humildad. Pierdes nada y ganas mucho...».

(Palabras de Jesús a santa Faustina Kowalska; apéndice 1293, Diario de la Divina Misericordia de Dios*)*

¡Ah, mi querida María...! Aún recuerdo bien el día en el que me telefoneaste pidiéndome que relatara al mundo mi historia de amor con la Virgen. Sé que era un oscuro día de febrero, que hacía frío y que esa mañana había pasado por momentos amargos... Por ello tu llamada fue como un pequeño fogonazo de luz. «Verdaderamente el Señor nunca nos abandona; solo hay que esperar sus tiempos, que claramente no son los nuestros...», pensé al colgarte. Tu petición me había devuelto la fuerza y la paz que, a causa de los avatares sufridos en la mañana, me habían sido robadas.

¿Por dónde podría empezar, María? Mi vida ha sido muy común, pero a la vez con recovecos oscuros... Quizá deba aclarar antes de nada que no soy española, sino del precioso país de Colombia, en donde me esperan siempre con los brazos abiertos mi madre y mis dos hermanas. Desgraciadamente mi padre no me espera junto a ellas, pues falleció hace años y se me marchó al cielo. Fue una grave enfermedad coronaria la que me lo robó cuando yo contaba tan solo once años. Aún me desgarra la vaciedad en la que me dejó sumida su partida... ¡Le amé tanto! Fue un buen padre, quizá el mejor del mundo... Cuando se percató de que faltaba poco para que su corazón abandonara el pulso, nos reunió y nos hizo entender que deberíamos estar siempre unidas pasase lo que pasase. «¡Nunca olvidéis que la familia es lo más importante del mundo!», decía con voz debilitada. Hoy sé que papá tenía toda la razón: la vida me ha demostrado que, sin el amor y el apoyo de mi madre y hermanas, esta pequeña pecadora que te habla no hubiera sobrevivido a tanto tormento... Ellas fueron mi pilar en momentos delicadísimos en los que tuve que luchar contra viento y marea; sé que Dios me las regaló por puro amor. Deberíamos ver siempre a la familia como un gran don, María... Es una lástima que muchas se resquebrajen a causa de un corazón lleno de afectos tóxicos, capaz de arrastrar al resto de la familia hacia el desconsuelo.

Eso es algo muy duro de llevar... Te lo digo por propia experiencia.

* * *

Recuerdo a papá como a un hombre de Dios asiduamente agarrado a su rosario de cuentas marrones. «Niñas: procurad siempre dar cariño al prójimo, no desechéis a nadie y derramad amor», nos decía desde muy chiquitas. Incluso cuando ya la enfermedad le había minado las fuerzas, nos trató con alegría y cariño inmenso. Cuando mamá tenía que viajar, él nos pedía que metiéramos nuestros colchones en su cuarto, y así vigilaba nuestros sueños. Siempre buscó inculcarnos el amor entre nostras y nos pidió que, tras su marcha, no abandonáramos nunca a nuestra madre. «Ella es lo más grande que os dejo, hijas mías», nos decía sin apenas poder respirar. Yo siempre albergué el temor de que se marcharía pronto de mi lado.

Mira, ahora me viene a la memoria algo hermoso... Se trata de las Navidades en familia. ¡Qué felices éramos durante esos días tan importantes! Papá nos llevaba a la misa del Gallo y orábamos juntos hasta que mamá nos avisaba que debía adelantar su regreso a casa para que no se quemara el pavo que había dejado, a medio cocinar, en el horno. ¡Y, cuando regresábamos con papá de la iglesia, mira por dónde que ya había llegado Papá Noel con un porrón de regalos! Tengo la imagen de recibir unas chanclas de goma de colores brillantes para la playa que me parecieron las más preciosas del mundo. Los regalitos eran simples, un detalle nada más. ¡Pero nos hacían muy felices! Y es que no éramos ricos, ni mucho menos, María... Teníamos lo justo, lo correcto, lo necesario a nivel material. ¡En lo que éramos millonarios era en el amor! Hoy puedo asegurar que papá fue la persona que más me enseñó a amar. Fue el gran maestro del respeto y la ternura familiar.

A pesar de que ya no le veo físicamente, le siento aún a mi lado; y cuando le pido algo sé que me escucha desde el cielo e intercede por mí.

* * *

Papá se me marchó un día de octubre... ¿Cómo olvidar aquello? Yo sabía que se iba por la felicidad inmensa que reflejaban sus ojos. Le miraba callada junto a mis hermanas desde los pies de la cama. Mamá yacía tumbada a su lado... Y en un instante se fue. Así, como si la oscuridad de una noche da paso a la luz de la aurora. Corrí a la ventana y miré al cielo. «Adiós, papá...», susurré observando las nubes. «No lloraré porque sé que estarás sentado en una estrella esta noche, muy cerquita de Dios...». Tenía tan solo once años y aguanté las lágrimas. Hoy sé que esto me hizo mucho daño: ese día terrible el dolor se ocultó por los pliegues de mi alma de niña y, cuando salió años más tarde, fue peor. Por eso hasta el día de hoy siento su ausencia como un desgarro, echo de menos su consejo, su caricia y protección. ¡Cuántas veces le he necesitado en momentos de dificultad!

Mamá vive... Es un ángel que tuvo que lidiar con la muerte de su esposo sin haber llegado siquiera a cumplir los cuarenta años. Se quedó rota por dentro con la necesidad imperante de sobreponerse al dolor, pues había que sacar adelante a tres niñas aún pequeñas. Lo intentó hacer bien, hoy sé que lo ha logrado, pero el sufrimiento era demasiado profundo entonces... Así que cayó en la terrible tentación de discutir con Dios. ¡Se enfadó con Él! Su pequeño corazón asustado no entendía, no atisbaba a ver la luz entre las tinieblas. La pérdida le había dejado muy herida... Hoy sé que ama mucho a Dios, reza el Rosario y está muy cerca de Él... Pero entonces no pudo entender aquel extraño designio que le robó a su esposo y tuvo que sufrir mucho... Fue un inmenso error por su parte, pues, si no aceptamos a Dios en los momentos difíciles, ¿qué nos queda?: nada más que tristeza, desamor y desesperación. Son precisamente Jesús y su Madre los únicos que pueden verdaderamente aliviar el peso de la cruz, y, si les apartamos, ¿quién nos acompañará?

* * *

Pasaron algunos años y antes de que abriera los ojos había cumplido diecisiete primaveras. ¡Toda una mujercita! Y, como es natural, comencé a fijarme en los muchachos del barrio, de la pandilla y del instituto. ¡Y me enamoré! Ahí comenzó mi primera aventura en el mundo de los afectos de pareja, de cariño y de profunda amistad... Fui a escoger a un muchacho bueno, dulce y amable con el que mantuve una larga relación de noviazgo durante doce años. ¡Mucho tiempo fue! Él me quería mucho, pero en el fondo de mi corazón yo tenía dudas sobre si un día podría ser su esposa... Esto me atormentaba, pues se trataba de un alma noble y tranquila... ¡Y cometió una imprudencia!: mi pequeño amor, Diego, me insistía e insistía en que mantuviéramos relaciones sexuales. Al principio me negaba a causa del temor, pues sospechaba que era un paso grande en mi vida... Pero caí en la tentación y buscamos un lugar, una fecha... Y cuando llegó el momento me arrepentí. Entonces le rogué que me dejara irme, que tenía miedo, que no era lo correcto.

Él no me escuchó... Ya era tarde; ya estaba hecho.

Me arrepentí de inmediato. ¡Cuánto odié ese día después! No fue tan mágico como lo que había soñado tantas veces... Hoy sé que fui terriblemente injusta con él, pues yo le tentaba, jugaba, coqueteaba difuminando la raya límite de la prudencia y luego le exigía que me dejara libre. Repetía ese comportamiento varias veces, conociendo los riesgos y contemplando la incorrección del acto en sí, dada nuestra juventud e inexperiencia. Ambos sabíamos que jugábamos con fuego... Así que, una vez consumado nuestro acto loco, ya perdió mucho el valor del pudor, y quedó relegado a un segundo plano en nuestro noviazgo.

Fue entonces cuando tomamos la incorrecta decisión de seguir manteniendo relaciones...

* * *

Qué triste es saber que algo tan importante, tan hermoso, que debemos cuidar y proteger, deja de tener valor, María... Pues antes de que meditáramos en el problema en el que podríamos estarnos metiendo, una mañana de lluvia me di cuenta de que me había quedado encinta. ¡Si supieras el pánico que me embargó! Temblaba... Un sin fin de preguntas sin respuesta comenzaron a atormentarme día y noche, sin descanso ni tregua. ¿Qué le diría a mi madre y a mis hermanas? El vecindario chismorrearía, me desprestigiarían y me sentiría horriblemente señalada... Tuve miedo.

El muchacho, lleno de amor, me rogó que me casara con él. ¡Pero yo me negué! Tenía tan solo 18 años, toda una vida por delante y mil sueños que cumplir. Él no poseía nada, no podía ofrecerme manutención ni cobijo... Le rechacé con furia, con corazón soberbio y frío. Y le exigí que me ayudara a *«deshacerme del problema...»*. Diego sufría, rogaba, lloraba... Me pedía que lo pensase despacio y luchaba por elucubrar cualquier otra solución. Pero mi decisión era férrea: la vida me esperaba para ser alguien y un hijo no entraba en ninguno de mis planes.

Recuerdo el día que acudimos a esa horrible clínica... Diego seguía rogando y lo hizo hasta que ya no hubo remedio. Tiemblo, María, al recordar ahora el aspecto de aquel médico, de las enfermeras, de mi pareja... Y rezo con todo mi corazón a Dios para que les conceda el don del arrepentimiento y Él pueda perdonarles. Hace años que sucedió aquello y aún sus rostros todavía me acompañan en mis días tristes... Ese fatídico día todos pecamos terriblemente: ellos tenían «un negocio» que atender, yo un «problema» que quitarme de encima y Diego pocas fuerzas y valor para frenar tal barbarie. Después de aquello mi alma quedó rota, como anestesiada... Comprendí que, si las mujeres tuviéramos un vientre de cristal mientras viviéramos un embarazo, no se abortaría en el mundo al ver con los ojos, día a día, lo que se lleva dentro. Pero mi vientre no era de cristal, sino de carne, sangre y músculos. Eso no fue lo peor...

Lo peor fue que mi pobre corazón, antes de piedra, había quedado terrible y profundamente dañado.

* * *

En Colombia estaba permitido tomar *la píldora del día después* y comencé a tomarla. Y, por ello, tras el aborto pensé que todo seguiría igual entre Diego y yo –las relaciones, el noviazgo, los estudios y la diversión juvenil...–. No fue así. En mi interior sabía que lo que había sucedido estaba mal, que no era justo para la pequeña vida que había crecido en mi interior. Y cuando transcurrieron once largos años más, unidos en un noviazgo que escondía un espantoso secreto, de una forma inesperada decidí romper nuestra relación. «No me caso contigo», le dije. El muchacho quedó ofuscado y confundido*. Intentó que no tomara esa drástica decisión, pero mi alma me decía a gritos que ya no estaba enamorada de él, que debía romper, alejarme y comenzar una nueva vida.

* * *

La sensación de no tener pareja de pronto resultó muy extraña... ¡Había estado junto a él tantos años! Me miraba al espejo y veía a toda una mujer cercana a la treintena, con grandes sueños y deseos de ser feliz, de encontrar el amor verdadero. Ansiaba formar una familia junto a alguien muy especial, alguien que me respetara y amara... Tenía hambre de amor... ¡Y quizá por ello cometí aún más errores!: tuve varios novios, no muchos, pero sí varios,

---

* Hoy sé que, gracias a la misericordia de Dios, es un hombre felizmente casado; es un buen padre y creyente. Saberlo me ha dado gran alegría (N. de la protagonista).

con los que mantuve, ¡cómo no!, relaciones sexuales. Simplemente no me planteaba que podría ser un error o un acto equivocado. Al fin y al cabo ya era adulta, trabajaba y tenía, en teoría, una madurez psicológica bien amueblada. Y, si mi pareja me agradaba, ¿qué error podía esconder aquello?

Hoy sé que estaba terriblemente equivocada. Hoy sé que el cuerpo es un inmenso regalo de Dios, una máquina perfecta de amor hecha con infinito cuidado y precaución, y que debe cuidarse como algo extraordinariamente valioso que se puede dañar a causa de las imprudencias. Sé que amar no es entregar el cuerpo a una, a otra y a otra persona diferente. Eso no es amar: es jugar con el cuerpo. Y eso trae consecuencias negativas...

Fue precisamente durante uno de esos vacíos entre relaciones vanas cuando, en una revisión rutinaria ginecológica, mi médico me informó que lamentablemente no podría concebir. Aquello me dejó sumida en el más sublime desconcierto.

—¿Está seguro, doctor? –pregunté horrorizada.

—Es tan solo una sospecha; no podría asegurárselo... No obstante, si usted desea ser madre, mi consejo es que se decida pronto. Aun es joven y fuerte y cuanto antes se lance menos costará... Aun así, siempre basándome en mi criterio médico, creo que su útero tendrá que superar muchos obstáculos para concebir.

Salí de ahí preocupada y llena de ansiedad. No tenía pareja, estaba muy sola... Nunca me había planteado no poder llegar a ser mamá. Me había quedado una vez embarazada y rechacé a mi hijo. ¡Y ahora se cernía ante mí la posibilidad de no poder volver a concebir! La angustia que me provocó aquel diagnóstico me turbó terriblemente y comencé a obsesionarme... De pronto deseaba ser madre, tener un hijo al que llenarle de amor, al que cuidar y proteger. ¿Pero cómo lo haría si no existía una pareja estable en mi vida? Entonces caí en una nueva trampa: ¡comencé a visitar a un brujo! Este charlatán me echaba las cartas, me hizo el horóscopo y me contaba muchas mentiras que yo creía a pies juntillas. ¡Y me cobraba un buen dinero! Cómo engaña el diablo, María... Cuántas mentiras, cuántos errores acarrea no confiar en Dios. Pero Él también me buscaba y, aunque tenía una fe tibia hecha a mi manera, no dejé de pedirle ayuda. Y así, por pura gracia y misericordia, comencé a sentir nostalgia verdadera de Jesús en mi vida. Empecé a recordar pequeños regalos de la fe infantil que tanto procuraron sembrar en mi alma mis padres, y así, con gran confusión, comencé a acudir de nuevo a misa mezclando intereses que no venían de Él –como aquel brujo y sus supercherías...–. Y pedía y rogaba a la Virgen que me ayudara, que me diera luz y arrancara las terribles tinieblas en las que había sucumbido mi vida. Comencé a orar más y más, y hasta acudí a venerar al Divino Niño tan amado en Colombia. ¡Cuánta confusión espiritual tenía mi corazón, María! Tales eran mis obsesiones y ansiedades que una noche tuve un sueño verdaderamente diabólico. En él veía a una hechicera que me hablaba y me decía cosas muy desagradables...: «Jamás podrás ser madre», me decía. «¡Olvídate!». Desperté empapada en sudor e infinitamente asustada, llorando a mares y sin saber a quién acudir. Mi soledad era inmensa...

Entonces, sintiendo que mi camino ennegrecía hasta límites inconcebibles, rogué a Dios un milagro... ¡Oh, cómo comencé a rezar, María!

—¡Dame una señal! –grité. Entonces me la dio.

* * *

Agarré la Biblia y la abrí. Esto es lo que mis ojos captaron:

Libro de Eclesiastés o Qohélet: (Cap. 3, 1-9)

Hay un tiempo para cada cosa.
Todo tiene su momento
y hay un tiempo para cada cosa bajo el cielo;
tiempo de nacer y tiempo de morir,
tiempo de plantar y tiempo de arrancar lo plantado,
tiempo de matar y tiempo de curar,
tiempo de derruir y tiempo de construir,
tiempo de llorar y tiempo de reír,
tiempo de llevar luto y tiempo de bailar,
tiempo de tirar piedras y tiempo de recoger piedras,
tiempo de abrazar y tiempo de dejarse de abrazos,
tiempo de buscar y tiempo de perderse,

tiempo de guardar y tiempo de desechar,
tiempo de rasgar y tiempo de coser,
tiempo de callar y tiempo de hablar,
tiempo de amar y tiempo de odiar,
tiempo de guerra y tiempo de paz.
Al final, ¿qué saca uno de sus afanes?

Me quedé muy pensativa notando cómo los ojos se me llenaban de lágrimas. ¡Qué manera de hablarnos tiene nuestro Dios, María! Aquellas palabras calaban despacito en mi alma... Entonces consideré, por primera vez, la posibilidad de que Dios nunca se aleja. Él estuvo a mi lado durante aquel aborto, lo vio todo y lloró... Sin embargo no había dejado de amarme, de perseguirme y vigilarme. Supe que Él tiene sus tiempos y que los nuestros no suelen coincidir con los suyos, pues solo Él sabe cuándo tendrán más fruto o cómo nos harán más dichosos. La Palabra de Dios está viva, María... Lo está. Solo tenemos que confiar en Cristo, leer sus enseñanzas y amarle con todo el corazón. Entonces entra en las almas como un huracán y lo cambia todo...

Comencé a sollozar. ¡Cuántas veces le dije que le amaba, que me perdonara! No lo sé... Pero lo que sí sé es que Él me habló y lo hizo al corazón:

«***Tendrás un hijo, y lo llamarás David***».

—¿Quién soy yo, Señor, para que me hables así al corazón y me procures consuelo? –respondí.

Eso fue todo. Hasta hoy me pregunto cómo no me desmayé...

* * *

Transcurrió el tiempo. Aquella sensación de ser amada por Dios Padre ya no me abandonó. Pero la confusión seguía anclada en mí... Ansiaba perdidamente encontrar a aquel hombre que pudiera hacerme feliz, y le buscaba en los lugares equivocados. Mi única obsesión radicaba en escapar de la soledad afectiva a cualquier precio. No me faltaban galanes y admiradores que me prometieran amor eterno, y yo, torpe, volvía a intentarlo tropezando en las tentaciones. Vivía mi religión a mi manera, con mis leyes y mis normas, y por ello tonteé con otras vertientes cristianas protestantes en las que, en alguna ocasión, mencionaron de forma despectiva a la Madre de Dios. Esto me desagradó mucho...

Recuerdo que esa noche tuve de nuevo otro sueño extraño: en él la Virgen y el Divino Niño me hacían entender que me amaban y que deseaban que no me separara nunca de Ellos. Pero mi vida rondaba entre caminos rectos mezclados con caminos extraviados, lo que impedía que me centrara en la Verdad. Tuve incluso algún novio de otra religión no cristiana, al que prometí que, de esposarnos, lo haríamos dentro de su fe, sabiendo en mi corazón que de nacerme hijos los bautizaría en la mía. ¡Imagínate, María, la inmensa confusión en la que vivía inmersa! Pensaba que, al tratarse de amor, todo sería bendecido por Dios...

Obviamente la relación con aquel hombre también acabó en ruptura.

Mientras tanto, intentaba esconder infructuosamente el aborto cometido en mi pasado entre los pliegues más ocultos de mi memoria, pero regresaba terco cuando menos lo esperaba. A veces sucedía durante la oración, otras simplemente en medio de cualquier actividad que no tenía nada en común con la espiritualidad. Estaba por ahí rezagado, aunque despierto en mí.

* * *

Un día, rezando de nuevo con la Biblia, y pidiendo a Dios Padre auxilio, me salió esto:

Fecundidad de la estéril. ***Isaías*** **54 (1-2):**

«Grita de júbilo, estéril, la que no diste a luz,
prorrumpe en cantos de júbilo y alégrate, la que no tuviste dolores de parto,
porque son más los hijos de la abandonada
que los hijos de la casada, dice el Señor».

¡Qué infinita alegría me invadió, María! Sentí que todo a mi alrededor se colmaba de paz, de alegría y de amor de Dios. Y me propuse confiar en Él con todo mi corazón y con toda mi alma.

«¡Gracias, Señor!», recé jubilosa. «Eres muy bueno conmigo».

* * *

Sin embargo nada me hizo presagiar lo que a continuación iba a suceder... Forma parte de una zona borrosa y triste de mi vida de la que me cuesta mucho hablar, porque, en contra de todo lo que había avanzado hacia Dios, cometí la inmensa imprudencia de quedarme embarazada en una relación muy poco profunda. ¡Y para que veas la gravedad del estado de mi alma, incluso me planteé de nuevo abortar! La causa fue el espantoso temor que me invadió y que me bloqueó por completo. Lloraba a veces de alegría por sentir vida en mí, y otras, abrumada por las incertidumbres, deseaba perderlo o abortar. Mi espíritu no había sanado aún y anduvo muy en la cuerda floja. Mi hermana salió en mi rescate de forma valiente y firme cuando me dijo:

—Si lo abortas, quizá sea la última vez que Dios te dé la oportunidad de tener un hijo.

Esto me vapuleó el corazón y comprendí que estaba confundida, aturdida y que no debía caer en la misma trampa. Pero fíjate cómo es la vida, María: al poco tiempo de ponerme en manos de mi ginecólogo, este descubrió que mi pequeño estaba mal situado, atrapado en una trompa y que era necesario que me lo sacaran...

—Lamento decirle que no podrá usted tener más hijos –me informó taciturno mi doctor–. Tiene una trompa dañada y la otra, obstruida... De verdad que lo siento.

Aquello fue un golpe terrible para mí... Sentí una tristeza mortal... De pronto no entendía a Dios ni sus designios. Me pregunté muchas veces si me estaría castigando a causa de mis terribles pecados; me sentía culpable de ellos y reconocía que clamaban al cielo.

—«Dios mío», le dije entre lágrimas. «Ten misericordia de mí».

Capítulo 9

Un vientre de cristal (Parte II)

«Mi corazón es tu refugio».
(Palabras de Jesús a Sor Josefa Menéndez
el 18 de mayo de 1921)

Me marché a Madrid con la intención de finalizar mis estudios, pues necesitaba huir de Colombia, comenzar una nueva vida lejos de los recuerdos y de los fracasos. España me brindaba la oportunidad de conocer gente nueva, una cultura diferente y hasta quién sabe qué... ¡Y, mira por dónde que fue en Madrid donde encontré el amor que tanto anhelaba, María! O al menos eso creí yo... Porque perdí la cabeza totalmente por un hombre de tu tierra. Los españoles sois muy alegres, divertidos y con ansia de vivir la vida a tope...

Miguel me impresionó desde el principio. ¡Cuánto reímos en nuestra primera cita! La atracción era inmensa, fortísima... Desde el mismo momento en el que empezamos a salir le idealicé. ¡Deseaba tanto enamorarme y de que ese alguien «perfecto» se enamorara de mí! Y parecía que Miguel tenía todos los ingredientes para hacerme feliz: era honrado, alegre, y quería disfrutar de la vida. El romance en sus primeros momentos engaña mucho, María... Una se ciega, cree tener el mundo en las manos y no nos asusta ninguna afrenta, pues la compañía del ser amado suple todo percance. Vivía loca por Miguel: me gustaba todo lo que decía y hacía.

Hoy miro para atrás y me doy cuenta de que durante esos primeros meses de noviazgo mi entendimiento no fue capaz de ver ni escuchar lo que él me intentaba decir: que no estaba preparado para una relación seria, que aún tenía alma de niño y que no quería tener responsabilidades de futuro ni sentirse atado. Estaba cómodo con su libertad. Pero yo no captaba su lenguaje, o quizá no deseaba hacerlo. Viví muchos meses de negaciones, puesto que cada vez que yo le pedía asentar nuestra relación en bases más sólidas, él me suplicaba no romperle las alas. Hoy sé que Miguel era egoísta, y que estaba bien conmigo en tanto no le presionara para formar un día una familia.

—No puedo darte más de lo que te doy, Nina –me decía acongojado cuando yo le amenazaba con una ruptura–. Te quiero con todo el corazón, pero no puedo prometerte que un día me case contigo.

—Pero eso es comodidad y atracción, no amor –le contestaba notando cómo algo se quebraba en mi alma... Él se encogía de hombros. Pero le amaba mucho y, aunque alguna vez rompí el noviazgo, poco después regresé a su lado. Fue entonces cuando nos fuimos de viaje...

Fue un viaje triste, María: hablamos mucho y noté claramente que, aunque quizá me amaba profundamente –a su manera– en ciertos momentos, en muchos otros se le veía ausente y en su mundo. Entonces yo comprendía que aquello no podría llegar a buen fin, y me rebelaba y desesperaba... Le perdonaba y seguía a su lado aceptándolo todo: separaciones, días enteros sin verle o salidas constantes con los amigos.

Hoy sé que solo formaba parte de un pedazo de su vida: ese que solo sirve para rellenar espacios vacíos.

* * *

Un día, harta de sentir el desgarro de no ser madre y sospechando que quizá nunca volvería a tener la posibilidad de concebir un hijo con un hombre al que amaba con toda el alma, corrí a una iglesia cercana en donde me postré ante la Virgen y coloqué tres rosas a sus pies en su honor. «Madre», le dije. «Vengo a echarte un órdago... Deseo ardientemente un bebé que es casi imposible tener. Es el momento, Madre. Por ello te suplico ayuda: dentro de un año, en estas fechas, deseo estar embarazada. Sé que lo que pido es un milagro inmenso... Pero así funciona mi corazón».

Sé que era un 13 de mayo de 2008.

Pero, cuando corrí a contarle a Miguel mis deseos y a proponerle un tratamiento de fertilidad para darle un hijo, evadiendo el tema hábilmente me dijo que *«no hacía falta, pues en el fondo ya lo estábamos buscando»*. Esta discusión la tuvimos tan solo dos días después, el 15 de mayo. Entristecida hasta lo más hondo de mis entrañas, comprendí al fin que Miguel no deseaba crear un futuro a mi lado, ni me amaba lo suficiente... Por ello, rota por dentro, dejé de verlo...

Me había topado con una muy cruda realidad: no andábamos ni buscábamos un mismo camino.

* * *

Lo has adivinado, María... ¡No habían pasado ni diez días cuando me di cuenta de que estaba embarazada! No podía creérmelo... ¡Mi sueño de ser madre se estaba forjando! Corrí al médico, quien me dijo que no me hiciera ilusiones, que quizá me lo tuvieran que quitar tal y cómo había sucedido en mi último embarazo. Jamás me olvidaré de lo que pasó después... ¡Qué dolor tan grande me esperaba tras una esquina, querida amiga! Porque lo que jamás pude imaginar fue la reacción que tuvo Miguel. Le telefoneé tan feliz... Pero él no mostró ninguna emoción. Es más: ¡desapareció de golpe! Pensé que se sentía muy asustado... O tal vez era lo que deseaba que ocurriera... Cierto es que de vez en cuando enviaba algún mensaje, pero simplemente nuestra relación se fue del todo a pique... Aquello supuso el golpe más grande jamás recibido en mis afectos, ya de por sí dañados. De pronto la realidad de saberme sola me abofeteó, pues Miguel no mostraba interés, ni siquiera curiosidad... Y eso lo vi claro el día en que me hicieron mi primera ecografía.

Le telefoneé soñando que me acompañara, que quisiera ver al bebé formándose en mi *vientre de cristal...* Ya no era la niña joven que abortó aterrorizada a los 18 años con un vientre oscuro cuyo contenido no quería descifrar. Ahora mi vientre era sentido como la más hermosa cuna de un hijo que anhelaba, que ansiaba acariciar y proteger frente al mundo. *Ahora era de cristal...*

«Tengo una cena y no puedo acompañarte», fue la contestación que me dio. Yo me enfadé mucho, María... Le lancé improperios terribles y le dije que el bebé no era un par de zapatos que se pudieran encargar y luego devolver como si apretaran un callo. «Si no deseas tener a este hijo, dímelo ahora mismo», le dije. Me rompió literalmente el corazón.

Me di cuenta por fin de que tenía un embarazo y no una familia...

* * *

Al día siguiente acudí a la cita del ginecólogo junto a una amiga. Ella fue, aparte de mí, la primera que vio a mi pequeño en mi *vientre de cristal...* ¡Qué alegría tan inmensa nos invadió a ambas!

—Además tengo buenas noticias –dijo el médico–. El bebé está perfectamente. Todo va bien –se me saltaron las lágrimas, María... ¡Por fin mi sueño de ser mamá parecía que se hacía realidad! Miguel acudió a recogerme. Le insistí en que entrara a hablar con el médico, que viera las fotos de la eco. Pero no quiso...

—Solo he venido para hablar contigo –dijo secamente–. Tomemos un café... –y lo tomamos. Fue el café más amargo de mi vida... Me dijo que no deseaba anunciar aún a nadie el embarazo.

—¿Cuándo creerás que es correcto anunciárselo a tu familia? –pregunté temblando.

—Alrededor de los cuatro meses –fue su parca respuesta.

—¿Y nosotros...?

Noté un sudor frío recorrerme la espalda cuando contestó:

—Solo el tiempo dirá qué pasará con nuestra relación.

* * *

Viví mi embarazo prácticamente sola... Él iba y venía, como un viento de verano. Yo seguía enamorada, soñando que todo se solucionaría entre nosotros y que un día seríamos una familia unida y feliz. Por ello –tonta de mí–, le permitía ciertas cosas que hoy jamás permitiría a nadie. Dormía a mi lado y luego desaparecía durante días y días... Era entonces cuando yo echaba mano de teléfono y llamaba a mis amigas. ¡Qué regalo inmenso me ha hecho Dios con ellas y con mi familia! Porque sin esas preciosas amistades, y sin el amor de mi madre y hermanas, no sé cómo hubiera aguantado tanto sufrimiento.

Mis amigas de Madrid venían a visitarme, me cuidaban, me daban mucho cariño y ánimos, y luego mi madre y hermanas me telefoneaban. Ellas estuvieron muy pendientes desde la distancia. Hoy sé que mi madre debió de sufrir muchísimo con toda la situación. Lloró y también rezó sin cesar por mí... Ansiaba tenerla a mi lado, pero no pudo ser. A pesar de la frialdad del hilo telefónico, fue capaz de derramar un amor tan grande como todo el océano que nos separaba. Colombia está tan lejos, María... Pero ella acortaba la distancia con las llamadas, con sus risas y sus muestras de infinito amor de madre.

También mis hermanas derramaron un cariño inmenso. Recuerdo que, cuando se acercaba el parto, una de mis hermanas lo preparó todo para estar a mi lado. Pero los planes se desvanecieron a causa de que su esposo pensó que, tal y como era el carácter de Miguel, sería prudente anular el viaje.

—Sería ocupar el espacio de Miguel –dijo–. Mi esposo piensa que, si este ve que estoy contigo, él no se acercará al niño. Creemos que será mejor que sienta su responsabilidad.

Obviamente aquella decisión nos dolió profundamente a todos pero, pensando en Miguel, todos dimos el brazo a torcer.

* * *

Mi ángel, mi luz y mi alegría, llegó el 22 de enero de 2009. Era precioso, perfecto, guapísimo... Me derretí en cuanto lo tuve en brazos y le amé como jamás he amado a nadie.

Miguel, tal y como sucedió a lo largo del parto y los días posteriores, estuvo frío y distante. Se mostró taciturno y pensativo; meditaba en silencio sus cosas... Creo que debía de sentirse asustado.

Cuando el doctor me dio el alta yo me trasladé a una casa nueva de alquiler. Había decidido que, ya que Miguel no quería vivir con nosotros, debía marcharme a un lugar nuevo para empezar de cero junto a mi bebé. El padre de mi hijo no me acompañó a nuestro nuevo hogar; lo hizo su hermana mientras él se quedaba abajo, sin subir siquiera para ver el lugar que yo había encontrado para vivir. Cuando por fin atravesé la puerta se me heló la sangre, ¡pero no solo por la pena inmensa que sentía mi corazón ante la situación, sino porque no había calefacción! Qué duro fue ese momento, María... Un invierno crudo azotaba Madrid y su aspereza me golpeó la cara. Turbada y pensando en mi hijo, busqué los interruptores para encender la calefacción. ¡Pero no lo logré! Entonces miré a la hermana de Miguel, quien se encogió de hombros y dijo:

—No sabes lo que lo lamento, Nina... Pero debo marcharme de inmediato. Miguel me ha dicho que baje ya, pues al parecer ha quedado con un amigo y llega tarde a su cita.

Cuando se fue y oí el golpe de la puerta al cerrarse, me derrumbé y abracé a mi pequeño. Lloré y lloré y lloré, María... Tenía el corazón hecho añicos y me atormentaba que mi bebé pudiera caer enfermo por ese frío que helaba mis huesos. Le enrollé con varias mantas. «Estamos solos tú y yo, pequeñín, frente a todo un universo...», le susurré.

Fue así como al fin caí de bruces en la realidad: mi relación con Miguel siempre había sido flaca; yo había amado más, sacrificado más y entregado todo. El amor apasionado se había desvanecido al fin.

Pero tenía a mi hijo. Y por él valía la pena luchar hasta el fin de mi último aliento.

* * *

Miguel volvió por la tarde. «¿Cómo estáis?», preguntó. Hoy supongo que su inmadurez no le dejó reaccionar. Iba y venía como un animal enjaulado... Y así estuvo ocho meses seguidos. Yo seguía soñando con que nuestra relación funcionara, y por ello, un día, tras recibir una propuesta laboral desde Bogotá, me rogó que no nos marcháramos. Entonces dijo que nos quería, pero que no deseaba casarse ni vivir conmigo. No obstante comenzó a venir mucho por casa y yo –boba y ciega ante lo evidente– le aceptaba. Pasaba algunos días a nuestro lado y luego se iba. ¡Y me harté de embustes, de frialdad y desdén! Simplemente ya no me encontraba con fuerzas para seguir perdonando y tragando tantas humillaciones injustas. Mi hijo no merecía eso y yo tampoco.

* * *

Pasaron los años. Mi pequeño David crecía sano y alegre, y eso era todo lo que me importaba. Pero Miguel nos rondaba: a su manera quería al niño y le visitaba, aunque quedó claro que no era su prioridad.

Hoy me estremezco al recordar un día en el que paseaba junto a mi niño en un parque de Bogotá. Habíamos ido a pasar unas vacaciones junto a mi madre y hermanas, cuando de pronto vi a mi niño muy feliz... Los ojos le brillaban como dos soles y su carita resplandecía de alegría.

—¿Qué te pasa, mi vida? –pregunté al observar su sonrisa.

—Mami... He pensado que aquí estoy muy bien. Pero echo de menos a mi papá.

Me quedé de una pieza cuando le oí pronunciar semejantes palabras. ¡Los niños se dan cuenta de todo, María! Son observadores callados de una realidad latente que los adultos no sabemos esconder. Lo captan todo y sacan conclusiones certeras... Pero fue doloroso saber que sentía la ausencia de su padre en su vida. Entonces tomé una decisión: llamé a Miguel y le propuse regresar antes a España para que el niño tuviese un tiempo extra junto a él.

—Tengo que hablarlo primero con mis amigos –contestó. Así que no adelanté el regreso y el niño se quedó en Bogotá hasta el fin del verano.

Hoy sé que Dios lo permitió todo por una razón: Él no deseaba que siguiera dentro de una relación dañada, vacía de amor y de respeto. Debía alejarme del padre de mi hijo y hacerlo con prudencia. De lo contrario, moriría de tristeza.

* * *

En España la vida continuó llena de adversidades... Comenzaba a meditar seriamente mi regreso definitivo a Bogotá, pues en tu país no lograba ser feliz, María... Todo era sufrimiento y lucha constante. Miguel me llamaba de vez en cuando, creo que por comodidad. Yo me sentía en un callejón sin salida, sin saber ya qué hacer o qué decisión tomar.

Pero la Madre de Dios andaba tras de mí...

Lo supe un día de noviembre de 2012, cuando salí de casa y me topé con una amiga de Bogotá a la que hacía mucho tiempo que no veía. ¡Qué alegría me llevé al verla! Ella captó mi semblante entristecido...

—¿Quieres que nos tomemos algo? –preguntó–. Tenemos mucho de qué hablar –fue un alivio compartir con ella mis inquietudes y problemas. Me escuchó atenta hasta el final...

—¿Has oído hablar de un retiro espiritual precioso, llamado *el Camino de Emaús*? –me preguntó de sopetón–. Lo acabo de realizar en Colombia –observé sus ojos encendidos del fuego que solo da el amor de Dios, y me conmovió verla feliz y convencida–. Debes hacerlo –insistió–. Durante ese retiro he sentido muy de cerca el amor de la Virgen. ¡Deja que Ella te consuele!

—No sé... –contesté dubitativa–. Si Dios quiere que lo haga, sin duda me dará una señal.

Nos despedimos con un abrazo y no pensé más en el tema. ¡Pero no habían pasado ni dos horas cuando el Señor me la concedió! Sucedió durante un almuerzo en casa de una amiga española, quien, sin saber nada sobre mi encuentro previo, me contó muchas cosas sobre el retiro de Emaús.

—Mi hermana lo ha realizado y me dice asombrada que ha enriquecido su corazón y su alegría hasta límites insospechados –remarcó–. ¡Vamos, Nina! ¡Hagámoslo!

* * *

No tengo palabras para describir lo que sentí durante ese retiro lleno del amor de Dios, María... Estar ahí fue sentir el abrazo de la Virgen, fue amar a todo el mundo, fue descubrir a Jesús... Puedo decir que literalmente rocé el cielo con la punta de los dedos.

Lloré, reí, perdoné... Comencé a tener una relación con Dios como jamás la había tenido.

Conocer a Jesús lo cambia todo. Es cierto que a mi salida del retiro los problemas no habían desaparecido, pero lo que había cambiado era mi enfoque sobre los mismos. Porque, junto a Él, todo se ve desde otra perspectiva, de otra manera... Recuerdo que lo primero que me sucedió fue notar una inmensa hambre de Dios. Le amaba y le sentía como un fuego devorador en mi interior que solo lograba templar si acudía a misa. La paz me inundaba por completo y no era capaz de discernir con la razón de forma clara... Sabía que provenía de Dios, ¿pero cómo descifrar aquel impulso de amarle si no le veía? Descubrí que cuanto más comulgaba, más mejoraba el estado de mi alma. Me alegraba, me fortalecía... Sabía que era una gran pecadora, pero no sentía vergüenza ante Dios; por el contrario, junto a Él, comulgando o rezando el santo rosario en honor a su Madre, el estado de mi alma florecía hasta límites desconcertantes.

* * *

Mi fe comenzaba a ser grande... La Madre de Dios me perseguía y me rociaba de regalos. Uno de ellos fue apuntarme llena de júbilo a un pequeño grupo de oración. ¡Cuánto he disfrutado, y aún lo hago con esas nuevas amistades! En él rezamos, compartimos y reímos mucho. Dios es alegría, María... Y su Madre, todo ternura.

* * *

Un día, una amiga me hizo una pregunta que me inquietó:

—Nina, ¿crees que amas a Dios más que a tu hijo? –dijo.

Me quedé turbada... No me lo había planteado nunca.... Pensé la respuesta durante todo el fin de semana, pues sabía la respuesta, pero también sabía que no quería aceptarla: el amor que sentía por mi hijo era superior a todo un universo, al amor de un hombre y, efectivamente, mayor que el amor que sentía por todo un Dios. Saberlo con claridad me sumió en un singular estado de tristeza... Entonces tomé mi rosario entre los dedos y fui a misa, en donde pedí con mucho amor a la Virgen y a Jesús que me colmaran de protección y ternura. «Madre», le dije entre lágrimas. «Sigo siendo un alma confundida... Intercede por mí. Deseo que seas mi guía y que me enseñes a amar a Dios». Entonces, como si surgiera de la nada, me invadió un deseo inmenso de entregar toda mi vida a Jesús: lo bueno, lo malo y, por encima de todo y de todos, a mi pequeño David. Le entregué a David con un deseo sincero; solté en los dedos de Dios las riendas de mis preocupaciones con respecto a él y le rogué que me lo cuidara con todo esmero. «Y, a cambio, solo te pido fe, Señor», le dije.

Ese día confié plenamente en mi Creador, pues, si Él me había concedido un hijo a pesar de todas las trabas y dificultades que tuve para concebirlo, ¿acaso no era David más de Él que mío? Ese día aprendí a amar a Dios y que, amando a mi hijo, amo a Jesús.

Nada hay comparable al amor a Dios...

* * *

El demonio es muy astuto: nos persigue, nos observa de cerca y, como un lobo entre las sombras, espera tranquilo hasta que nos ve caer rendidos ante la adversidad. Entonces ataca y lo hace sin piedad. He descubierto que también se aterroriza cuando ve que un alma se le escapa de entre los dedos, ¡y yo había pecado tanto antes de mi conversión, querida amiga! Estaba, pues, inquieto y rabioso... Y muy enfadado. ¡Su pequeña Nina se había escabullido de sus sombras y había decidido entregar toda su vida a la Virgen! Creo que por eso se revolvió cuando pisé Medjugorje... Entonces utilizó mi debilidad humana y sembró dudas en mí. Yo no entendía por qué de pronto, tras atisbar las primeras calles de ese pueblo bendito, mi corazón se llenaba de incertidumbres... «Dios mío...», pensé. «¿Qué hago aquí? ¿Y si después de todo lo vivido resulta que la fe forma parte de una quimera más...?». Hoy, con mucho más recorrido en el camino de Dios, veo de forma cristalina que aquello fue una patraña de las suyas. Qué misterio tan grande es el mundo sobrenatural, María...

La Virgen no es tonta ni está sorda, ¡y es mucho más fuerte y poderosa que Satanás! Así que, cuando observó que mi corazón se llenaba de dudas, actuó rápido. ¡Lo hizo utilizando una estatua! Qué cosas extrañas nos presenta Dios a veces... Me acerqué a una gran imagen de hierro que representa a Cristo resucitado tras la iglesia del pueblito bosnio y ante mis ojos, y con total estupor, del lado derecho de su pierna vi que brotó agua. Los peregrinos mojaban sus pañuelos y rezaban... ¡Yo vi manar esas gotas de la nada! Luego me informaron que son miles los enfermos que han sanado cuando se colocan esos pañuelos sobre sus cuerpos dañados. Pero no fue realmente eso lo que me conmovió –aunque sí sorprendió–. Lo que verdaderamente acabó de un soplo con mis dudas fue el inconmensurable amor que sentí mientras observé ese peculiar fenómeno... Sentí la paz de Jesús, su deseo de que me convirtiera y de que confiara más, mucho más, en Él. Entonces, sobrecogida, caí de rodillas y le pedí perdón con todo el corazón. Había dudado, y esas dudas no venían de Él.

También me enamoré en Medjugorje de la confesión y de la Eucaristía. Comprendí que Jesús vive en ella, que no hay diferencia entre el que andaba por Galilea y el que está sobre una custodia en forma de un pequeño trozo de pan. Todas estas realidades me habían sido explicadas desde la niñez, pero tuvo que ser durante ese viaje cuando calaron hasta lo más profundo del corazón. ¡Y cuánto recé! Puse en las manos de Dios a todos mis seres queridos, a mis difuntos, a mis amistades y hasta algún enemigo que me había dañado y a quien no conseguía perdonar... Me sorprendió recordar de pronto, insistente y tozudamente, a una familia de Colombia a quien hacía veinticinco años que no había visto. Regresaban a mi mente una y otra vez durante las misas y Adoraciones y me preguntaba por qué...

La respuesta llegó tras mi regreso a España. ¡Porque resultó que vinieron a Madrid y quedamos en vernos! Compartí con ellos mi nueva fe, mi alegría y mi nueva fuerza espiritual. Ellos se alegraron mucho y me confiaron que también vivían momentos de luz espiritual. No eran coincidencias, María. ¡Yo prefiero llamarlo *Diosidencias*! Me relataron algo muy hermoso: hay una vidente del Ecuador –en un lugar precioso llamado Cuenca–, a quien se le aparece la Madre de Dios desde hace casi treinta años. La vidente transmite mensajes muy hermosos de la Virgen bajo la advocación de «*María, guardiana de la fe*». La historia me conmovió mucho, ¡y me invitaron a ir con ellos! La Madre de Dios me perseguía y lo hacía ya sin disimulo... Y así aterricé en ese hermoso país y pude conocer a Patricia Talbot, la vidente que durante tantos años ha vivido experiencias celestiales de inmenso interés.

Junto a esas buenas gentes viví la Semana Santa más maravillosa de toda mi vida, María... Al rezar con ellos sentí, como jamás había sentido, el infinito amor de Nuestra Madre del cielo. El corazón comenzó a latirme a velocidad de vértigo, se inflamó de amor, la sentía, la palpaba a mi lado... No sé cómo explicar el amor tan inmenso que me colmó ante la presencia de la Virgen. No vi nada con mis ojos, pero lo absorbió todo mi corazón.

—El Señor Jesús un día me dijo que el rosario es la puerta del cielo, y que para abrirla se usa como llave su Cruz –me explicó la vidente. Antes de marchar añadió algo extraño–: La Virgen te ha dado su manto y ahora te toca a ti extenderlo.

No entendí bien su mensaje... Pero ahora lo entiendo mucho más. A veces me río y le digo: «Madre, no me compliques más la vida, que ya la tengo bastante complicada». La quiero con todo mi corazón y con toda mi alma, María... ¡Me está enseñando cosas sobre el amor de Jesús Eucaristía y lo está haciendo muy rápido!

Mi entendimiento espiritual crece día a día a su lado... Pero también sé que es necesario tener un director espiritual que aconseje mi alma, pues solo con directores espirituales podemos evitar los tropiezos. La considero mi Madre, mi refugio, mi cobijo, mi protectora, mi compañera, mi consolación... Y a Ella también he entregado a David.

Hoy duermo tranquila sabiéndola cerca de mí. Mis amistades notan un gran cambio en mi corazón... Soy menos soberbia, más paciente y he logrado, gracias a su intercesión y junto a Jesús, lo que pensé que jamás lograría: he perdonado al padre de mi hijo. Es la persona por la que más rezo y en la distancia le bendigo.

Confío en que la Virgen me escucha y atiende mi ruego... Por ello no hablo mal de él ante David, como tampoco consiento que otros lo hagan.

Si Ella, a cuyo Hijo yo crucifiqué, me ha perdonado, ¿acaso no debo perdonar yo a quienes me dañaron?

Nada se puede comparar con el amor de la Virgen, excepto el *amor de Dios*, amiga mía. Grítalo al mundo.

Yo también, a tu lado, lo haré.

* * *

Oración por los hijos

«Señor, como cada día, quiero orar por mis hijos. Son mi alegría y el regalo más valioso que Tú me has hecho, pero sufro por ellos. Yo les amo y deseo de todo corazón que sean felices, pero tengo miedo porque les rodea un mundo engañoso y lleno de trampas. ¡Pasan tantas cosas y vemos a tantos chicos desorientados que malgastan su vida! Esto me angustia, Señor...

Dame sabiduría para guiarlos, generosidad para amarlos, paciencia para educarlos. Haz, Señor, que sepamos enseñarles a volar, a descubrir su propio camino: el suyo, el que Tú quieres para ellos y no aquel que yo busco quizá con egoísmo. Si deciden casarse, ayúdales a encontrar a la persona que les quiera de verdad y con la que puedan llevar a buen término un proyecto común que dé sentido a su vida. ¡Tiene tanta influencia la pareja en la vida de una persona, Señor!

Señor: me gustaría que te conocieran bien. Quiero transmitirles mi fe para que descubran que en su interior tienen una luz y una fuerza que no les fallará nunca. Pero sé que cada persona es libre y quizá no acepten esta herencia que les deseo dejar. Haz, Señor, si llega el caso, que siga dando un testimonio de coherencia, sin desánimo ni sentimiento de culpabilidad. Ayúdame a no olvidar jamás la importancia de rezar por ellos, para que un día, el que Tú dispongas, abran los ojos a Ti, te conozcan y te amen.

Tú sabes, Señor, que no siempre resulta fácil ser padres. Hay momentos en los que me desanimo y en los que tengo la sensación de que mis esfuerzos son en vano o que mis oraciones no tienen eco. No permitas, Señor, que me deje abatir por el pesimismo. Permite que siempre siembre la buena semilla en sus corazones, convencido de que, tarde o temprano, dará fruto.

Por encima de todo, ayúdame a enseñarles a amar y respetar a todo prójimo.

Soy consciente de que como padre/madre he cometido muchos errores y de que no son pocas las veces en las que he fallado. Pero sabes que ha sido a causa de mi debilidad y no por mala voluntad.

Que tu fuerza y bondad, Señor, superen mis limitaciones.

Te pido, finalmente, que no dejes de tu mano nunca a mis hijos, especialmente cuando deseen recorrer su propio camino lejos de casa.

Te los confío plenamente, convencido de que Tú siempre cuidarás de ellos y que un día nos encontraremos todos juntos a tu lado en el cielo.

Gracias, Señor. Gracias de todo corazón por mis hijos.

Amén».

Epílogo
María, puerta del cielo

«En todas las penas, sean del alma, sean del cuerpo, después de Dios, hemos de concebir una gran confianza en la Virgen María».

(Santo Cura de Ars, del sermón sobre la esperanza)

Bueno, querido lector... Nos acercamos al final de este escrito y ahora ya espero que no tenga duda: somos muchos los que nos hemos topado con la Madre de Dios y, a quienes lo hemos hecho, nos ha sido robado el corazón. Ahora ya no nos pertenece; solo le pertenece a Ella.

Hoy sé con toda seguridad que vivir nuestra vida cristiana contemplando el ejemplo de la Madre de Jesús nos colmará de infinitos bienes sobrenaturales y nos sintonizará en perfecta armonía con el Espíritu Santo. Él acompaña a María, acude a su llamada, la ama y respeta con un poder incalculable y siempre está junto a Ella. Por su lado, la Virgen está invadida del poder y la fuerza del Espíritu Santo y está deseando derramar abundantemente sus gracias sobre cada uno de nosotros. ¡Para recibirlas solo tenemos que pedírselo, querido lector!

Un ejemplo muy hermoso de lo que le cuento sucedió allá por el año 720 en Europa, en donde el caos, las guerras y las enfermedades reinaban por doquier. En aquellos tiempos la cuidad más importante de los reinos cristianos –Constantinopla– vivía bajo una tremenda persecución musulmana. Europa temía seriamente ser invadida por la violencia... Entonces se decidió llevar a cabo una poderosa estrategia sobrenatural para frenar el ataque en la que los cristianos no echaron mano de lanzas, flechas, espadas y cañones, tal y como habían hecho siempre. En esta ocasión fue el patriarca de la ciudad, san Germán (635-732), quien pidió que dejaran las armas para suplirlas por oración sincera y verdadera. Para ello organizó una gran procesión en la que portarían un vistoso lienzo o bandera, con la imagen de la Madre de Dios bordada sobre la tela. La procesión debería recorrer todo el espacio interior de las murallas protectoras de la cuidad. San Germán, además de proponer que se rezara, insistió en que también debían cantarse alabanzas e himnos en honor a María. ¡La procesión se llevó a cabo durante un año entero! Mientras tanto los guerreros musulmanes no descansaban, atacaban sin tregua y su fuerza atemorizaba y sorprendía hasta rayar el desconsuelo. Pero he aquí que la Madre de Dios acabó ganando la batalla: al cabo del año, los musulmanes, agotados, huyeron.

Usted puede pensar que esta preciosa historia del triunfo de María puede pertenecer solo a mi imaginación, pero no es verdad, querido lector, pues el mismo Papa Benedicto XVI mencionó este curioso milagro en una de sus catequesis:

«*De hecho Constantinopla fue liberada del ataque. Los adversarios decidieron permanentemente abandonar la idea de establecer su capital en la cuidad que era el símbolo del Imperio Cristiano, y la apreciación de la ayuda divina de María fue extremadamente grandiosa entre las gentes*» (Papa Benedicto XVI, Catequesis del miércoles 29 de abril de 2009).

En esa misma catequesis el Santo Padre reflexionó sobre otra enseñanza importante de san Germán y habló largo y tendido sobre el inmenso poder de la Madre de Dios como intercesora de los cristianos, utilizando tan solo su amor para alcanzar siempre la paz.

«*¿Acaso podría suceder, Santa Madre de Dios, que los cielos y la tierra, tan honorados con tu presencia, pudieran dejar desamparados a los hombres y mujeres sin tu protección? No. Es imposible pensar tal cosa... No abandonaste a aquellos a quienes Tú garantizaste salvación... Tú, Oh Madre, estás siempre cerca de todos y a todos proteges, y, aunque nuestros ojos son incapaces de verte, sabemos,*

¡oh, Santa Madre!, que habitas entre nosotros y que te haces presente de las más peculiares maneras...» (Palabras de san Germán –circa año 730–, leídas por el Papa Benedicto XVI durante la catequesis).

No me quedaría tranquila si no le relatara otro ejemplo que demostró históricamente el inmenso poder sobrenatural de la Virgen en momentos de angustia. Este es más reciente y hace referencia a la devoción del santo rosario como elemento muy central de la piedad cristiana. Es tan conocido e importante que, cuando sucedió, se señaló la fecha como *fiesta litúrgica del santo rosario*. La fiesta fue establecida por el Papa san Pío V y se conoce como *«Fiesta de la Virgen del Rosario o de Nuestra Señora de las Victorias»*. Se celebra cada 7 de octubre y por ella se considera hoy el mes de octubre como *el mes del santo rosario*.

Esta preciosa devoción nació en 1571, cuando la situación de Europa no era mejor que la que le relaté en el ejemplo anterior. La agitación política era terrible. Nuestro continente se veía rodeado otra vez por un poderoso ejército, el del Imperio Otomano, cuya cabeza se asentaba en Turquía. Luchaba con fuerza para expandirse hacia el Este a través del Mar Mediterráneo con la intención de invadir la totalidad de la Europa cristiana. Su avance era extraordinariamente eficaz y sangriento.

Pero no solo era esa la herida mortal que padecía Europa. También se enfrentaba a otro monumental problema del que no sabía cómo salir: la reforma protestante había provocado batallas internas de inmensa gravedad en varios países cristianos que, ciegos, se enzarzaban en duras empresas militares fratricidas. La vieja Europa sufría así terribles guerras civiles internas y la maldad humana reflejada en ella parecía no tener fin. Para colmo, su poderosa flota naviera –la veneciana– había sido devastada por un incendio incontrolable, y una plaga de enfermedades contagiosas y de enorme gravedad se había extendido por toda Italia. El panorama no podía ser peor para nuestra vieja Europa en el año 1571, querido lector... Sin embargo contaba con un gran aliado: un Papa magnífico y valiente que entendía la situación y atisbaba el posible fin de un continente cristiano. Se trataba del Papa san Pío V, quien rogó a su pueblo y a los soldados que formaran un nuevo ejército, el de los orantes cristianos. Para ello contactó con todos los reyes europeos, a quienes rogó que pidieran a todos los soldados y a los marinos sin excepción, que, cuando defendieran su territorio del ataque de los turcos, no cesaran de rezar el santo rosario.

La flota europea zarpó el 7 de octubre de 1571 con todos sus marinos protegidos por un rosario al cuello, mientras que los habitantes de tierra, por su parte, organizaron procesiones solemnes en poblados y ciudades en las que no cesaron de rezar rosarios pidiendo auxilio a la Madre de Dios. La atmósfera de cada población se impregnó de almas orantes llenas de confianza... Los habitantes –de ancianos hasta niños– se unieron a las plegarias por la paz, y rogaban a la Virgen incesantemente que protegiera a los marinos que en pocas horas tropezarían con la flota turca en alta mar.

¡Y la batalla marítima estalló! Vaya si lo hizo... Con furia y agresividad cerca de un puerto llamado «Lepanto» en la costa griega. El primer zarpazo tuvo lugar a la puesta del sol, cuando Don Juan de Austria –cabeza de la flota cristiana– mandó izar una imponente vela mayor sobre el mástil de su nave, en lo que iba bordado un enorme crucifijo. Dicha vela también tiene su historia, pues fue entregada por el mismo san Pío V. En cuanto la vela ondeó al viento fue como si se diera pie para comenzar la batalla más sangrienta jamás vivida en esas costas. Entonces ocurrió algo muy peculiar: las cien naves cristianas se unieron en oración, los marinos cristianos tomaron sus rosarios y comenzaron a rezar a la Virgen con inmensa devoción por la victoria.

Tenía mucho sentido que temieran perder, pues el ejército otomano era enormemente más poderoso, en proporción de tres naves musulmanas por cada una cristiana.

El mismo día del comienzo de la contienda el Papa se encontraba en Roma reunido con sus cardenales, deliberando y esperando noticias trágicas. Cuentan los escritos históricos del momento que, a media tarde y en mitad de una de las reuniones, el Papa, sin previo aviso, se levantó bruscamente de su asiento y se acercó a las ventanas del palacio. Los cardenales le observaron con sorpresa y curiosidad... ¿Qué le sucedía al Santo Padre? Su Santidad corrió el gran cortinaje y miró hacia un bellísimo cielo soleado;

quedó unos instantes ensimismado y pensativo... Luego se giró, miró a sus cardenales y cerrando los ventanales dijo: «Ahora ya no es momento de discusiones ni negociaciones... Ha llegado el momento de dar gracias a Dios Padre, porque nuestros soldados cristianos acaban de vencer en esta terrible batalla».

¡El Santo Padre había recibido una milagrosa inspiración! En ella le fue revelado, con sobrenatural conocimiento, la victoria de los soldados cristianos sobre los del Imperio Otomano. Así en efecto había sucedido tal y como se demostró horas más tarde.

Fue en honor a tal victoria por la que el Santo Papa Pío V estableció la fiesta *«De la Sra. del Santo Rosario»*, bajo la advocación de *«La Señora de todas las Victorias»*. Así que ya lo sabe, querido lector: en octubre, ¡a rezar el rosario!

* * *

La batallas históricas que he contado se llevaron a cabo cuerpo a cuerpo; siempre podía verse al enemigo y existía la posibilidad de una defensa directa. Sin embargo, y para nuestra desgracia, no todas las luchas pueden captarse con los ojos: los hombres también tenemos nuestras batallas espirituales y a veces nos vemos atacados de las más variadas maneras. También la Virgen María es inmensamente eficaz para defendernos en esas situaciones y triunfar. Hoy en día, y, a pesar de que incluso muchos lo niegan, el mal sobrenatural invisible al ojo humano es más activo y feroz que nunca. Esto no hace falta que se lo diga yo, pues con solo encender el televisor se dará usted mismo cuenta de que no me invento nada. Entonces es cuando vemos guerras, hambruna, muerte, violencia y todo tipo de odios. Pero la Virgen es la mejor maestra de las cosas de Dios y la que mejor explica que la vida espiritual no es otra cosa que un campo de batalla en donde se mezclan el bien y el mal. Nosotros solo debemos elegir a qué bando pertenecer...

Lamentablemente el demonio es un ser real, poderoso y extraordinariamente soberbio que odia la luz y que se esconde tras su forma espiritual. Esto hace que sea dificilísimo pillarle en movimiento. Lucha con todo su poder para engañarnos y alejarnos de Dios. Esa es su meta, pero no nos olvidemos que, bajo ningún concepto, debe ser la nuestra. Y entre todos los demonios Satanás es el más poderoso... Cuando siente que se le escapa un alma (como sucedió con el caso de Nina), se enfurece hasta límites insospechados. Es entonces cuando nos ataca sin tregua, se desenmascara y la batalla se convierte en una verdadera lucha por sobrevivir. No parará ante nada: intentará paralizar al converso y humillarle utilizando personas con corazón perverso en las que generará un odio injusto hacia la víctima. Es capaz incluso de manejar la naturaleza (accidentes sorprendentes, envenenamientos insospechados, roturas mecánicas que nadie entiende, etc.), para enfermar o accidentar al hombre que le afrenta o que defiende a Cristo. Por eso, dirige su odio de manera extraordinaria a los sacerdotes, cuyas manos consagradas le pueden hacer retroceder. Si no fuera por la protección de la Virgen y de nuestros ángeles de la guarda –de san Miguel y san Rafael, entre muchos otros– sucumbirían.

Le he percibido personalmente –he ayudado aportando mi humilde oración en varios exorcismos– y, tras ver lo que he visto, estoy convencida de que las fuerzas del mal desean no solo la destrucción de nuestro cuerpo, sino sobre todo la del alma. Sé que ansían vernos caer en el infierno y permanecer junto a ellos para sufrir durante el resto de la eternidad, pues los demonios odian a Dios y nos odian a nosotros. La razón más clara es porque envidian el amor infinito que Nuestro Padre del cielo nos muestra y les joroba que desee solo nuestro bien. ¡Y no soportan la piedad y misericordia que el Señor muestra con nosotros tras la confesión!

El infierno se creó para ellos, no para el hombre... Ese es su dominio y no el nuestro. No lo olvide jamás.

La mayoría de la gente no desea hablar de estos temas, pues son incómodos y quitan la paz. No obstante, si muestran temor, significará que creen en el poder del maligno... Y esto siempre es bueno, pues les empujará tarde o temprano hacia Dios.

Ya no nos podemos engañar por más tiempo, querido lector... Todos formamos en este momento parte de un inmenso ejército espiritual, lo queramos o no. Pero no se me aterre: nunca olvide que Dios nos ha dado la posibilidad de estar en el campamento ganador y para ello nos ha proporcionado unas armas infalibles y una ayuda celestial mucho más poderosa que todo el infierno junto. El arma es la oración y la ayuda celestial es la de los ángeles buenos, los santos y la de la más grande de las Reinas.

Es cierto que en toda batalla hay heridos... Y quizá en nuestro camino hacia Dios, inmersos en esta lucha encarnizada, las balas nos alcancen. Puede incluso que en cierto momento podamos llegar a pensar que hemos perdido la batalla o que hemos muerto en el intento. Es entonces cuando Jesús nos pide que acudamos a su Madre, la Virgen María, para recuperar el consuelo y la fuerza. Mi consejo es que corra veloz, siempre y en todo momento, hacia Ella. Es la puerta del cielo y amarla es la forma más segura de arrancar gracias al cielo. Es la Reina de Reyes y del universo: alguien a quien siempre podremos pedir auxilio hoy, mañana y siempre.

Nunca olvide que es la que pisará, finalmente, la cabeza al diablo.

Con todo mi cariño,

La autora

BIBLIOGRAFÍA

Sor María De Ágreda, *Mística Ciudad de Dios*, Ed. M.M. Concepcionistas de Ágreda (Soria), 1992.

Peter Kalellis, *God's Power within you (Attitudes for Living)*, Ed. Paulist Press (New York), 2010.

John M. Mulder, *Finding God (A Treasury of Conversion Stories)*, Ed. Wm. B. Eerdmans Publishing Co, 2012.

San Luis Mª Grignion de Montfort, *Tratado de la Verdadera devoción a la Santísima Virgen*, Ed. Combel S.A., 2006 (sgmontfort@wanadoo.es).

Dante Alighieri, *La Divina Comedia*, Ed. Homo Legens, 2005.

Carmela Carabelli, *The Message of Merciful Love*, Divine Mercy Publications, 1991.

Yitta Halberstam & Judith Leventhal, *Small Miracles of Love and Friendship*, Adams Media Publishers, 1999.

Fray Ángel de León, *Mendigo por Dios (Vida de Fray Leopoldo de Alpandeire)*, Publicaciones del Arzobispado de Granada, 1986.

Rev. Robert DeGrandis S.S.J & Linda Shubert, *Sanación*, Publicaciones Asociación María Santificadora, 1999.

Scott Hahn, *La cena del Cordero*, Publicaciones Patmos, Ediciones Rialp, 2005.

Rainiero Cantalamesa, *La sobria embriaguez del Espíritu*, Servicio de Publicaciones de la R.C.C. (Sereca), Madrid 1999.

Apéndice de oraciones marianas:

Oración a la Reina de los Ángeles

Esta oración fue dictada por la propia Virgen, el 13 de enero de 1863, al padre Cestac, fundador de la Congregación de las Siervas de María, en Anglet, para combatir y derrotar las potencias del infierno, después de que tuviera una visión de los «destrozos indescriptibles» causados por los demonios en la tierra. Ha sido recomendada por el Papa Pío IX y enriquecida de indulgencia por los Papas León XIII y san Pío X.

Augusta Reina de los Cielos y Señora de los Ángeles, tú que has recibido de Dios el poder y la misión de aplastar la cabeza de Satanás, te pedimos humildemente que envíes tus legiones celestes para que, bajo tus órdenes y por tu poder, persigan a los demonios, los combatan en todas partes, repriman su abundancia y los echen al abismo. ¿Quién como Dios?

¡Oh! buena y dulce Madre, siempre serás nuestro amor y nuestra esperanza. ¡Oh! divina Madre, envía los santos Ángeles para defendernos y apartar lejos de nosotros al cruel enemigo.

Oración a Santa María (L. de Grandmaison)

Santa María, Madre de Dios, consérvame un corazón de niño, puro y cristalino como una fuente. Dame un corazón sencillo que no saboree las tristezas; un corazón grande para entregarse, tierno en la compasión; un corazón fiel y generoso que no olvide ningún bien ni guarde rencor por ningún mal. Fórmame un corazón manso y humilde, amante sin pedir retorno, gozoso al desaparecer en otro corazón ante tu divino Hijo; un corazón grande e indomable que con ninguna ingratitud se cierre, que con ninguna indiferencia se canse; un corazón atormentado por la gloria de Jesucristo, herido de su amor, con herida que solo se cure en el cielo.

Ante las tentaciones

Madre querida acógeme en tu regazo, cúbreme con tu manto protector y con ese dulce cariño que nos tienes a tus hijos, aleja de mí las trampas del enemigo, e intercede intensamente para impedir que sus astucias me hagan caer. A Ti me confío y en tu intercesión espero. Amén.

Memorare (Fray Luis de Granada, O.P. (1504-1588))

No me desampare tu amparo,
no me falte tu piedad,
no me olvide tu memoria.
Si tú, Señora, me dejas, ¿quién me sostendrá?
Si tú me olvidas, ¿quién se acordará de mí?
Si tú, que eres Estrella de la mar
y guía de los errados, no me alumbras, ¿dónde iré a parar?
No me dejes tentar del enemigo,
y, si me tentare, no me dejes caer,
y, si cayere, ayúdame a levantar.
¿Quién te llamó, Señora, que no le oyeses?
¿Quién te pidió, que no le otorgases?

Súplica a la Virgen (Para ser buen cristiano) (San Efrén)

Santísima Señora, Madre de Dios; tú eres la más pura de alma y cuerpo, que vives más allá de toda pureza, de toda castidad, de toda virginidad; la única morada de toda la gracia del Espíritu Santo; que sobrepasas incomparablemente a las potencias espirituales en pureza, en santidad de alma y cuerpo; mírame culpable, impuro, manchado en el alma y en el cuerpo por los vicios de mi vida impura y llena de pecado; purifica mi espíritu de sus pasiones; santifica y encamina mis pensamientos errantes y ciegos; regula y dirige mis sentidos; líbrame de la detestable e infame tiranía de las inclinaciones y pasiones impuras; anula en mí el imperio de mi pecado; da la sabiduría y el discernimiento a mi espíritu en tinieblas, miserable, para que me corrija de mis faltas y de mis caídas, y así, libre de las tinieblas del pecado, sea hallado digno de glorificarte, de cantarte libremente, verdadera madre de la verdadera Luz, Cristo Dios nuestro. Pues solo con Él y por Él eres bendita y glorificada por toda criatura, invisible y visible, ahora y siempre, por los siglos de los siglos. Amén.

* * *

Oraciones con las que me consagré frente a la *Madonna della Bocciata,* Cuidad del Vaticano, 20 de enero de 2014 (cuya historia es referida en el capítulo 11 de la primera parte del presente escrito):

(Se trata de tres oraciones de Consagración a la Virgen que le protegerán de forma muy eficiente y procurarán consuelo en momentos difíciles).

(I) Oración de Consagración sencilla

«¡Oh, Señora mía! ¡Oh, Madre mía! Me ofrezco enteramente a ti, y en prueba de mi filial afecto te consagro en este día mis ojos, mis oídos, mi lengua, mi corazón; en una palabra: todo mi ser. Ya que soy todo tuyo, ¡oh Madre de bondad! Guárdame y defiéndeme como pertenencia y posesión tuya.

Amén.

(II) Oración de Consagración a María Auxiliadora

¡Oh Santísima e Inmaculada Virgen María, tiernísima Madre nuestra y poderoso Auxilio de los Cristianos! Me consagro enteramente a tu dulce amor y a tu santo servicio. Te consagro la mente con mis pensamientos, el corazón con mis afectos, el cuerpo con sus sentidos y con todas sus fuerzas, y prometo obrar siempre para la mayor gloria de Dios y la salvación de las almas.

Tú, pues, ¡oh Virgen incomparable!, que fuiste siempre Auxilio del pueblo cristiano, continúa, por piedad, siéndolo especialmente en estos días. Humilla a los enemigos que desean hacerme daño injustamente y frustra sus perversas intenciones. Ilumina y fortifica a los obispos y sacerdotes, y tenlos siempre unidos y obedientes al Papa, maestro infalible; preserva del vicio y las drogas y alcohol a mis hijos y a la juventud; promueve las vocaciones y aumenta el número de los ministros, a fin de que, por medio de ellos, el reino de Jesucristo se conserve entre nosotros y se extienda hasta los últimos confines de la tierra.

Te suplico, dulce Madre, que no apartes nunca tu piadosa mirada de la incauta juventud expuesta a tantos peligros, de los pobres pecadores y moribundos, y de las almas del purgatorio (especialmente mis difuntos). Sé para todos dulce Esperanza, Madre de Misericordia y Puerta del Cielo.

Te suplico que me enseñes a imitar tus virtudes, particularmente tu modestia y humildad profunda, a fin de que con tu presencia, con mis palabras y ejemplo representemos en medio del mundo a tu Hijo Jesús, y logremos que te conozcan y amen, y podamos llegar a salvar muchas almas.

Haz, María Auxiliadora, que todos permanezcamos reunidos bajo tu maternal manto y que salgamos victoriosos contra el enemigo de nuestra alma, en la vida y en la muerte, para que podamos formarte una corona en el Paraíso.

Amén.

(III) Oración de Consagración al Corazón Inmaculado de la Virgen María: (bellísima y muy eficaz)

Virgen María, Madre de Misericordia, Reina del Cielo y de la Tierra, refugio de los pecadores, nosotros, adhiriéndonos al Movimiento Mariano, nos consagramos de un modo especialísimo a tu Corazón Inmaculado. Con este acto de consagración queremos vivir contigo y, por medio de ti, todos los compromisos asumidos con nuestra consagración bautismal; nos comprometemos a realizar en nosotros aquella conversión interior tan requerida por el Evangelio, que nos libre de todo apego a nosotros mismos y a los fáciles compromisos con el mundo, para estar, como Tú, solo disponibles para hacer siempre la Voluntad del Padre.

Y mientras, queremos confiarte nuestra existencia y vocación cristiana, para que Tú dispongas de ellas para tus designios de salvación en esta hora decisiva que pesa sobre el mundo. Nos comprometemos a vivirla según tus deseos, en particular por lo que se refiere a un renovado espíritu de oración y de penitencia, a la participación fervorosa en la celebración de la Eucaristía y al apostolado; al rezo diario del santo rosario y a un austero modo de vida conforme al Evangelio. Que sea un buen ejemplo para todos en la observancia de la Ley de Dios, en el ejercicio de las virtudes cristianas, especialmente de la pureza.

Te prometemos también estar unidos al Santo Padre, a la jerarquía y a nuestros sacerdotes. Bajo tu protección queremos también ser los apóstoles de esta hoy tan necesaria unidad de oración y de amor al Papa sobre el cual invocamos de ti una especial protección.

Finalmente, te prometemos llevar a las almas con las cuales entremos en contacto, en cuanto nos sea posible, a una renovada devoción hacia ti. Conscientes de que el ateísmo ha hecho naufragar en la fe a un gran número de fieles, de que la desacralización ha entrado en el Templo Santo de Dios, de que el mal y el pecado se propagan cada vez más en el mundo, nos atrevemos a levantar, confiados, los ojos a ti, Madre de Jesús y Madre nuestra misericordiosa y poderosa, y también hoy, invocar y esperar de ti la salvación para todos tus hijos. ¡Oh clemente, oh piadosa, oh dulce Virgen María, protégeme siempre y en todo lugar!

Amén.

Bendita sea tu pureza

Bendita sea tu pureza y eternamente lo sea, pues todo un Dios se recrea en tan graciosa belleza. A Ti, celestial princesa, Virgen Sagrada María, te ofrezco en este día alma vida y corazón. Mírame con compasión, no me dejes, Madre mía. Amén.

Bajo tu amparo

Bajo tu amparo nos acogemos, Santa Madre de Dios, no desprecies nuestras súplicas en las necesidades, antes bien líbranos de todo peligro, oh Virgen gloriosa y bendita. Amén.

Ofrecimiento a la Santísima Virgen

¡Oh Señora mía! ¡Oh Madre mía! Yo me ofrezco enteramente a ti y en prueba de mi filial afecto te consagro, en este día, mis ojos, mis oídos, mi lengua, mi corazón; en una palabra, todo mi ser. Ya que soy todo tuyo, Oh Madre de bondad, guárdame y defiéndeme como a pertenencia y posesión tuya. Amén.

Angelus

V. El Ángel del Señor anunció a María.
R. Y concibió por obra del Espíritu Santo.
Avemaría.
V. He aquí la esclava del Señor.
R. Hágase en mi según tu palabra.
Avemaría.
V. Y el Verbo se hizo carne.
R. Y habitó entre nosotros.
Avemaría.
V. Ruega por nosotros, Santa Madre de Dios.
R. Para que seamos dignos de alcanzar las promesas de Nuestro Señor Jesucristo.

Oración:

Te suplicamos, Señor, que derrames tu gracia en nuestras almas para que los que, por el anuncio del Ángel, hemos conocido la encarnación de tu Hijo Jesucristo, por su Pasión y Cruz seamos llevados a la gloria de su Resurrección. Por el mismo Jesucristo Nuestro Señor.

R. Amén.

Regina coeli

V. Alégrate, Reina del cielo; aleluya.
R. Porque el que mereciste llevar en tu seno; aleluya.
V. Ha resucitado, según predijo; aleluya.
R. Ruega por nosotros a Dios; aleluya.
V. Gózate y alégrate, Virgen María; aleluya.
R. Porque ha resucitado Dios verdaderamente; aleluya.
Oración:
Oh Dios que por la resurrección de tu Hijo, nuestro Señor Jesucristo, te has dignado dar la alegría al mundo, concédenos que por su Madre, la Virgen María, alcancemos el gozo de la vida eterna. Por el mismo Jesucristo Nuestro Señor.
R. Amén.

Magnificat
(Lc 1, 46-55)

Proclama mi alma la grandeza del Señor, se alegra mi espíritu en Dios, mi salvador; porque ha mirado la humillación de su esclava.

Desde ahora me felicitarán todas las generaciones, porque el Poderoso ha hecho obras grandes por mí: su nombre es santo, y su misericordia llega a sus fieles de generación en generación.

Él hace proezas con su brazo: dispersa a los soberbios de corazón, derriba del trono a los poderosos y enaltece a los humildes, a los hambrientos los colma de bienes y a los ricos los despide vacíos.

Auxilia a Israel, su siervo, acordándose de la misericordia –como lo había prometido a nuestros padres– en favor de Abrahán y su descendencia por siempre. *Gloria al Padre.*

Dulzura de los ángeles
(de la liturgia bizantina)

Dulzura de los ángeles, alegría de los afligidos, abogada de los cristianos, Virgen madre del Señor, protégeme y sálvame de los sufrimientos eternos.

María, purísimo incensario de oro, que ha contenido a la Trinidad excelsa; en ti se ha complacido el Padre, ha habitado el Hijo, y el Espíritu Santo, que cubriéndote con su sombra, Virgen, te ha hecho madre de Dios.

Nosotros nos alegramos en ti, Theotókos; tú eres nuestra defensa ante Dios. Extiende tu mano invencible y aplasta a nuestros enemigos. Manda a tus siervos el socorro del cielo. Amén.

Oración de san Bernardo
Doctor de la Iglesia, 1090-1153
20 de agosto

Salve, Reina de misericordia, Señora del mundo, Reina del cielo, Virgen de las vírgenes, Sancta Sanctorum, luz de los ciegos, gloria de los justos, perdón de los pecadores, reparación de los desesperados, fortaleza de los lánguidos, salud del orbe, espejo de toda pureza. Haga tu piedad que el mundo conozca y experimente aquella gracia que tú hallaste ante el Señor, obteniendo con tus santos ruegos perdón para los pecadores, medicina para los enfermos, fortaleza para los pusilánimes, consuelo para los afligidos, auxilio para los que peligran.

Por ti tengamos acceso fácil a tu Hijo, oh bendita y llena de gracia, madre de la vida y de nuestra salud, para que por ti nos reciba el que por ti se nos dio. Excuse ante tus ojos tu pureza las culpas de nuestra naturaleza corrompida: obténganos tu humildad tan grata a Dios el perdón de nuestra vanidad. Encubra tu inagotable caridad la muchedumbre de nuestros pecados: y tu gloriosa fecundidad nos conceda abundancia de merecimientos.

Oh Señora nuestra, Mediadora nuestra y Abogada nuestra: reconcílianos con tu Hijo, recomiéndanos a tu Hijo, preséntanos a tu Hijo.

Haz, oh Bienaventurada, por la gracia que hallaste ante el Señor, por las prerrogativas que mereciste y por la misericordia que engendraste, que Jesucristo tu Hijo y Señor nuestro, bendito por siempre y sobre todas las cosas, así como por tu medio se dignó hacerse participante de nuestra debilidad y miserias, así nos haga participantes también por tu intercesión de su gloria y felicidad.

Amén.

Oración de san Anselmo
Doctor de la Iglesia, 1033-1109
21 de abril

¡Oh bendita entre todas las mujeres, que vences en pureza a los ángeles, que superas a los santos en piedad! Mi espíritu moribundo aspira a una mirada de tu gran benignidad, pero se avergüenza al espectro de tan hermoso brillo. ¡Oh Señora mía!, yo quisiera suplicarte que, por una mirada de tu misericordia, curases las llagas y úlceras de mis pecados; pero estoy confuso ante ti a causa de su infección y suciedad. Tengo vergüenza, ¡oh Señora mía!, de mostrarme a ti en mis impurezas tan horribles, por temor de que tú a tu vez tengas horror de mí a causa de ellas, y sin embargo yo no puedo, desgraciado de mí, ser visto sin ellas.

Amén.

Oración de san Luis Gonzaga
1568-1591
21 de junio

Oh Señora mía, Santa María: hoy y todos los días, y en la hora de mi muerte, me encomiendo a tu bendita fidelidad y singular custodia, y pongo en el seno de tu misericordia mi alma y mi cuerpo; te recomiendo toda mi esperanza y mi consuelo, todas mis angustias y miserias, mi vida y el fin de ella: para que, por tu santísima intercesión y por tus méritos, todas mis obras vayan dirigidas y dispuestas conforme a tu voluntad y a la de tu Hijo. Amén.

Oración de
san Alfonso María de Ligorio
Doctor de la Iglesia, 1696-1787
1 de agosto

Virgen Santísima Inmaculada y Madre mía María, a Vos, que sois la Madre de mi Señor, la Reina del mundo, la abogada, la esperanza, el refugio de los pecadores, acudo en este día yo, que soy el más miserable de todos. Os venero, ¡oh gran Reina!, y os doy las gracias por todos los favores que hasta ahora me habéis hecho, especialmente por haberme librado del infierno, que tantas veces he merecido. Os amo, Señora amabilísima, y por el amor que os tengo prometo serviros siempre y hacer cuanto pueda para que también seáis amada de los demás. Pongo en vuestras manos toda mi esperanza, toda mi salvación; admitidme por siervo vuestro, y acogedme bajo vuestro manto, Vos, ¡oh Madre de misericordia! Y, ya que sois tan poderosa ante Dios, libradme de todas las tentaciones o bien alcanzadme fuerzas para vencerlas hasta la muerte. Os pido un verdadero amor a Jesucristo. Espero de vos tener una buena muerte; Madre mía, por el amor que tenéis a Dios os ruego que siempre me ayudéis, pero más en el último instante de mi vida. No me dejéis hasta que me veáis salvo en el cielo para bendeciros y cantar vuestras misericordias por toda la eternidad. Así lo espero. Amén.

AGRADECIMIENTOS

Señor, bendice a estas personas que ahora te presento sin cuyo cariño y apoyo esta nueva obra no hubiera salido de mi seco tintero...

1) A mis editores, Ricardo Regidor y Darío Chimeno, quienes confiaron en mí para este trabajo. Gracias de corazón: sin vuestro entusiasmo, empuje y confianza no hubiera hecho nada.

2) A mis protagonistas: Silvia, Nina, Mary-Anne, John, AB (a quien no he dejado leer el libro aún y está furiosa), Kristina, Angie, el padre O'Malley, J.C.M., Rafa, Lola, David, Anne, Lucy, V.H. y Nico. Gracias y mil veces gracias por haberme regalado vuestra amistad, por haber sido compañeros de viaje tantas veces, por brindarme vuestro cariño y por haber confiado en una humilde pluma como la mía para contar vuestras valiosísimas historias al mundo.

3) A mi director espiritual, J.C.M., *curilla de pueblo:* gracias, padre, por tus manos consagradas, por todo lo que me das día a día y por proteger mi alma. No dejes nunca de pulverizar mis pecados y no me sueltes del pescuezo hasta meterme de cabeza en el cielo. De ti depende el estado de mi alma...

4) Al maravilloso pintor francés Louis Treserras, quien me permitió utilizar una de sus maravillosas obras como portada del libro sin apenas conocerme, confiando tan solo en mi persona a través de la distancia fría del mundo de internet. Tu trabajo es espectacular, querido pintor. Te deseo mil éxitos en tu carrera.

5) Al beato don Álvaro del Portillo, a quien encomendé esta obra en el día de su beatificación y a quien le pedí que rogara

directamente a la Santísima Virgen para que bendijera esta obra. Él ya la ve, ya está con Ella, y por eso sé que lo hizo. Gracias de todo corazón, querido beato de Dios: sigue protegiendo esta obra y logra que toque muchos corazones.

6) Y a la pequeña Lucía Moreno Calvo, una preciosa *princesa* de 11 años que oró por mí y por esta obra desde su pequeño corazón de niña, cuando estuve a punto de tirarla por la borda. Tus oraciones, querida Lucía, sé que me ayudaron a retomar el arduo trabajo y superar los avatares que han intentado impedir varias veces el avance de este libro...

Con todo mi cariño, siempre.

MARÍA VALLEJO-NÁGERA ZÓBEL

ÍNDICE

PALABRA HOY

libros para enriquecer los temas de mayor actualidad

MI VIAJE HACIA EL PERDÓN
Renaciendo de las cenizas del genocidio de Ruanda
Immaculée Ilibagiza

C. S. LEWIS Y LA IGLESIA CATÓLICA
Joseph Pearce

SAXUM: VIDA DE ÁLVARO DEL PORTILLO
John F. Coverdale

LA MUERTE DEL EGOÍSMO
Historias reales y extraordinarias de entrega a los demás
Pepe Álvarez de las Asturias

MI CARRERA CON EL DIABLO
Del odio racial al amor racional
Joseph Pearce

EL VIAJE DE BILBO
Descubriendo el significado oculto en «El Hobbit»
Joseph Pearce

EL ECLIPSE DE DIOS
Viejos náufragos y nuevos ateos
José Ramón Ayllón y Francisco Conesa

LA MADRE TERESA DE CALCUTA
Un retrato personal
Leo Maasburg
4ª edición

SIN PLANIFICAR
El testimonio conmovedor de la ex directora de una clínica abortista en su viaje hacia la vida
Abby Johnson

ÉTICA
Aristóteles
Versión resumida y comentada por
José Ramón Ayllón

100 PREGUNTAS SOBRE ENCONTRARÁS DRAGONES
Ignacio Gómez-Sancha

CICELY SAUNDERS
Fundadora del Movimiento *Hospice* de Cuidados Paliativos
Shirley du Boulay

CIUDADANO CHESTERTON
Una antropología escandalosa
José Ramón Ayllón
2ª edición

DE LA PIEDRA AL MAESTRO
Etsuro Sotoo - José Manuel Almuzara
3ª edición

UN SACERDOTE EN DACHAU
Memorias en primera persona (1941-1942)
Jean Bernard

ÉTICA BORROSA
Ensayo sobre la necesidad del silencio
Carlos Goñi

DIEZ CLAVES DE LA EDUCACIÓN
José Ramón Ayllón
3ª edición

EL CIELO SOBRE HOLLYWOOD
Grandes películas que hablan sobre Dios, familia y amistad
José García Pelegrín

UNA BELLA HISTORIA
La conversión de Eduardo Verástegui y las vidas que ha cambiado
Jaume Figa i Vaello y Tim Drake

10 ATEOS CAMBIAN DE AUTOBÚS
José Ramón Ayllón
8ª edición

ÁNGELES EN LA TIERRA
Experiencias de madres valientes
Ondina Vélez Fraga y Pablo F. Gutiérrez Carreras
2ª edición

EL PLANETA PRIVILEGIADO
Cómo nuestro hogar en el cosmos está diseñado para el descubrimiento
Guillermo González y Jay W. Richards

BENEDICTO XVI
Una mirada cercana
Peter Seewald
2ª edición

BENEDICTO XVI
Una mirada cercana
Peter Seewald
2ª edición

LA GUERRA CONTRA LOS CHICOS
Cómo el feminismo mal entendido daña a los chicos jóvenes
Cristina Hoff Sommers

DESCODIFICANDO A DA VINCI
Los hechos reales ocultos en El Código Da Vinci
Amy Welborn
9ª edición